本书出版得到"西北师范大学重点学科建设经费"、西北师范大学国家级"新农村发展研究院"、西北师范大学青年教师科研能力提升计划项目(项目编号NWNU-LKQN-13-26)，以及国家自然科学基金项目"基于共词分析的科学计量信效度研究"（项目编号71563042）、教育部人文社科基金规划西部项目（项目编号14XJA870002）和第58批中国博士后科学基金项目（项目编号2015M580763）的资助。

企业发展理论与实践丛书

马文静 周翔◎著

甘肃省小微企业发展：
▶▶▶ 环境、政策与战略

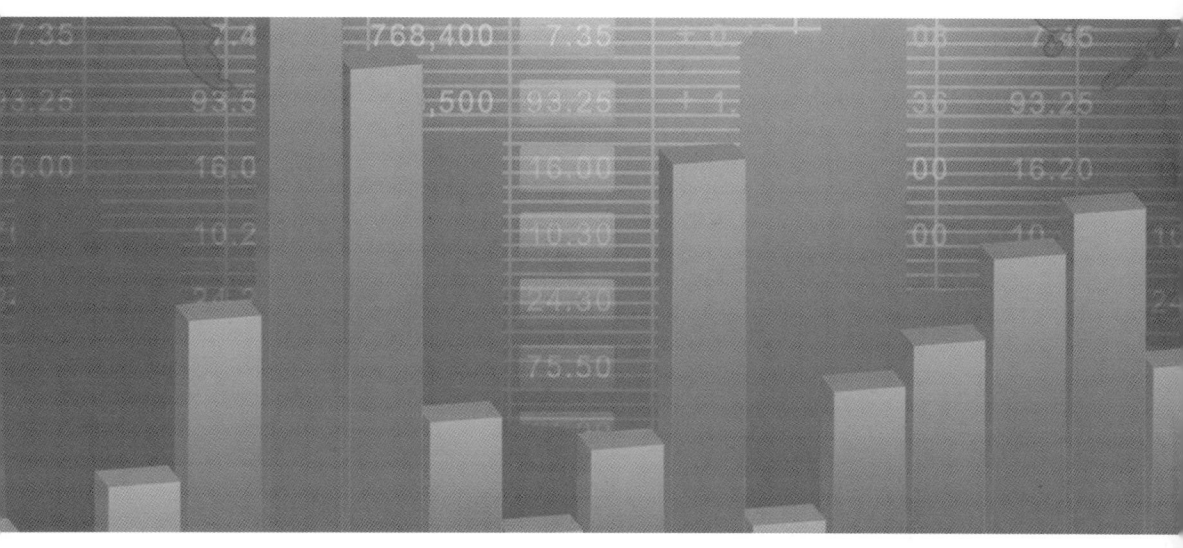

中国社会科学出版社

图书在版编目(CIP)数据

甘肃省小微企业发展：环境、政策与战略/马文静，周翔著.
—北京：中国社会科学出版社，2015.12
（企业发展理论与实践丛书）
ISBN 978-7-5161-7191-2

Ⅰ.①甘… Ⅱ.①马…②周… Ⅲ.①中小企业—经济发展战略—研究—甘肃省 Ⅳ.①F279.243

中国版本图书馆 CIP 数据核字(2015)第 291009 号

出 版 人	赵剑英
责任编辑	王 茵
特约编辑	王 称
责任校对	王 影
责任印制	王 超

出　　版	中国社会科学出版社
社　　址	北京鼓楼西大街甲158号
邮　　编	100720
网　　址	http://www.csspw.cn
发 行 部	010-84083685
门 市 部	010-84029450
经　　销	新华书店及其他书店
印　　刷	北京君升印刷有限公司
装　　订	廊坊市广阳区广增装订厂
版　　次	2015年12月第1版
印　　次	2015年12月第1次印刷
开　　本	710×1000 1/16
印　　张	17
插　　页	2
字　　数	254千字
定　　价	65.00元

凡购买中国社会科学出版社图书，如有质量问题请与本社营销中心联系调换
电话：010-84083683
版权所有　侵权必究

《企业发展与实践丛书》编委会

主　　编：张永丽

副主编：刘　敏

编　　委：李长著　张学鹏
　　　　　赵爱玲　关爱萍
　　　　　柳建平　周文杰
　　　　　魏彦珩　马文静

总　　序

　　企业是国民经济的细胞，是市场经济的主体，是技术进步的主导力量，是社会财富的创造者，是社会文明与物质进步的倡导者与推动者。企业发展水平决定社会与经济的发展水平。

　　改革开放30多年，虽然我国企业在数量、规模和创造财富的能力等方面飞速发展，但如今仍面临生死存亡的严峻挑战：2008年经济危机的后续影响带来的经济增长减速、市场需求滞缓导致实体经济效益下滑，越来越多的企业生存困难，企业停产、破产数量增加；企业发展模式中对固定资产投资的路径依赖限制了企业技术进步的积极性，导致企业技术创新动力不足，产品附加值低，在国际分工和全球价值链上处于中低端；技术创新动力不足，缺乏核心技术，部分企业成为实质上的"加工制造商"，压缩了企业的利润空间，降低了企业抗风险能力，加剧了同质竞争，非正常竞争手段被频繁运用，助长了企业经营中的"劣币驱逐良币"现象；高速发展过程中忽视商业伦理建设，导致企业在追求利润的同时忽视其作为"公司公民"应承担的社会责任，牺牲环境创造利润的现象屡禁不绝，食品安全、产品严重质量缺陷等问题时有发生，使企业和企业家的社会形象受到损害；忽视现代企业制度建设、治理制衡机制缺乏、所有者与经营者权利纷争等问题严重困扰企业长期发展；中小微企业虽然在吸收就业、经营创新等方面发挥着重要作用，但获得的支持远远无法支撑其发展需要，导致其获利能力与抗风险能力弱于大企业，其发展战略与支持政策研究仍有待深入；企业在日常经营管理中，对市场信息把握不够及时，捕捉市场机会的能力不足，导致企业"蓝海战略"制定能力和执行力不足，"红海竞争"缩短了企业的生命周期；企业薪酬分配中内部薪酬差距过大，对员工的成就导向、敬业度等积极工作心理与工作行为产生不利影响；等等。

创百年企业、树百年品牌是每个企业可持续发展的"梦"。系统介绍企业竞争情报分析的原理、工具与手段，帮助企业用科学手段参与市场竞争，在纷繁复杂的环境中发现机遇，捕捉稍纵即逝的市场机会；解读并建立企业股东会内部股东关系的均衡，股东会与董事会关系的均衡，股东会与监事会关系的均衡，董事会与监事会关系的均衡，股东会、董事会、监事会与经理层关系的均衡，公司财务控制权分配的均衡，关联公司关系的均衡，公司与债权人关系的均衡，健全公司与社会关系等均衡关系治理机制，保障企业运营；深入分析小微企业发展的战略重点、战略原则与战略政策，从融资发展战略、自主创新战略、集群发展战略与社会化服务体系建设等方面，提出小微企业的发展环境、政策及战略；在视角创新与理论创新的基础上深入研究薪酬差距拉大的客观现实，回答宏观层面劳动报酬增长对物价水平增幅的联动作用，解析企业层面持续增大的薪酬差距对企业绩效产生的积极作用，以及薪酬差距对员工积极性工作心理与行为产生影响的情境等问题，对提高企业管理水平，增强企业环境竞争力，保障企业可持续发展，实现人民生活水平提高与经济增长同步，建设和谐社会意义重大。

目　　录

第一章　小微型企业概述 ……………………………………（1）
　第一节　小微型企业的界定 ……………………………………（1）
　第二节　小微型企业的特点 ……………………………………（10）
　第三节　小微型企业的类型 ……………………………………（15）
　第四节　小微型企业的组织形式 ………………………………（19）

第二章　小微型企业发展的理论基础与战略选择 ……………（23）
　第一节　小微型企业发展的理论基础 …………………………（23）
　第二节　小微型企业发展的战略选择 …………………………（32）

第三章　甘肃省小微型企业发展的相关政策与战略重点 ……（40）
　第一节　我国中小微型企业发展的扶持政策 …………………（40）
　第二节　甘肃省小微型企业发展的相关扶持政策 ……………（47）
　第三节　甘肃省小微型企业发展的战略重点 …………………（52）

第四章　甘肃省小微型企业发展战略环境分析 ………………（57）
　第一节　甘肃省发展小微型企业意义重大 ……………………（57）
　第二节　甘肃省小微型企业发展概况 …………………………（61）
　第三节　甘肃省小微型企业发展的困境与挑战 ………………（68）
　第四节　"一带一路"建设为甘肃省小微型企业发展带来战略
　　　　　新机遇 ………………………………………………（74）

第五章　典型国家与地区中小微型企业发展政策 …………… （85）
第一节　美国中小微型企业发展的相关政策 ……………… （85）
第二节　日本中小微型企业发展的相关政策 ……………… （90）
第三节　我国香港、台湾地区中小微型企业发展的
相关政策 ……………………………………………… （93）
第四节　国内外中小微型企业政策的经验借鉴与启示 ……… （100）

第六章　甘肃省小微型企业融资发展战略 ……………………… （106）
第一节　企业融资战略概述 …………………………………… （106）
第二节　甘肃省小微型企业融资现状及问题分析 ………… （113）
第三节　解决甘肃省小微型企业融资难的对策 …………… （124）

第七章　甘肃省小微型企业自主创新 …………………………… （133）
第一节　自主创新概述 ………………………………………… （133）
第二节　甘肃省小微型企业自主创新的现状及
存在的问题 …………………………………………… （146）
第三节　解决甘肃省小微型企业自主创新问题的
对策及建议 …………………………………………… （153）

第八章　甘肃省小微型企业集群发展战略 ……………………… （162）
第一节　小微型企业集群战略概述 …………………………… （162）
第二节　甘肃省小微型企业发展现状及问题 ………………… （173）
第三节　甘肃省小微型企业发展对策及建议 ………………… （181）

第九章　甘肃省小微型企业社会化服务体系建设 ……………… （189）
第一节　企业社会化服务体系概述 …………………………… （189）
第二节　甘肃省小微型企业社会化服务发展现状 ………… （198）
第三节　甘肃省小微型企业社会化服务体系建设对策 ……… （209）

第十章　甘肃省小微型企业国际化发展战略 …………………… （219）
第一节　企业国际化概述 ……………………………………… （219）

第二节　甘肃省小微型企业国际化发展的现状与
　　　　存在的问题 …………………………………………（233）
第三节　甘肃小微型企业国际化发展的对策 ……………（249）

参考文献 ………………………………………………………（256）

第一章

小微型企业概述

企业是市场经济的主体,而小微型企业以其独有的特点和优势,成了市场竞争中的佼佼者。在我国经济发展格局中,小微型企业已经成为国民经济发展中的一支重要力量。在发展经济、缓解社会就业压力、创新科技、催生产业、深化改革、稳定社会和谐等方面起到了巨大作用。近年来,国务院和各级政府十分重视中小微型企业发展,出台了相关发展纲要和一系列扶持政策。进入 2012 年后,小微型企业更成为经济领域中的关键词。在中国经济开始步入低速增长与结构转型相结合的新历史时期后,作为中国经济最活跃的群体,同时也是最脆弱的群体,小微型企业的生存与发展,关系到中国能否成功转变经济发展方式。从这个意义上说,发展小微型企业乃是中国的大战略。

第一节 小微型企业的界定

中小微型企业是企业规模形态的概念。小微型企业,顾名思义,是小型企业和微型企业的简称。一般认为,中小微型企业就是指生产规模较小,其市场所占份额较低,并基本不具有大企业复杂的管理结构特征的企业。由于不同类型的企业(大型、中型、小型、微型)在经营管理上存在诸多方面的差异,如何科学合理地划分企业规模、界定企业大小,是国家对企业实施科学有效的分类管理和指导的前提。

一 小微型企业界定的"定性"与"定量"准则

关于中小微型企业的定义，一般以企业的特征或数量为准则来界定，前者属于定性定义，后者为定量定义。定性定义较为准确地反映了中小微型企业的本质特征，定量定义是从某些指标的数量上来界定中小微型企业，可以较为直观地反映企业的经济实力。

1. "定性"准则

从理论上为小微型企业定性，基本上是以反映企业经营本质的指标，即质的指标作为划分标准，如企业的独立性、所有权与经营权的一体化、经营者对劳动过程的直接参与、自主决策的程度等方面。显然，从定性的方面界定小微型企业更能反映出该类企业的本质特征，具有极强的稳定性。各国一般以企业所有权的集中程度、自主经营的程度、管理方式和它在本行业所处地位作为衡量标准。但由于比较抽象，无法作为政府制定小微型企业促进政策的基础依据，而是学术理论研究的标准。

2. "定量"准则

为了便于政府对中小微型企业的宏观管理，各国普遍采用"量"的标准来界定中小微型企业。从定量的方面界定小微型企业，主要指标有职工人数、销售额及资产总额等。职工人数能直接反映出企业规模的大小，同时这方面的数据较容易取得，也易于横向比较。一般来说，世界上通行的界定标准大致可分为三种：一是实收资本；二是经营额（生产销售能力）；三是从业人数。其原因有三：①雇员人数多少可以直接反映劳动力就业情况，以便于劳动部门的管理。②资本金额的大小可以直接反映企业实物形态情况，以便于金融部门开展工作。③营业额的多少可以客观地反映企业规模状况，以便于财税部门工作。

多数国家同时适用其中的两个或者三个指标，以求更大的科学性。譬如，我国于2003年颁布的《中小企业标准暂行规定》，企业分类参考的数据包括：企业职工人数、销售额和资产总额。如针对工业企业，中小型企业须符合职工人数2000人以下或销售额3亿元以下或资产总额4亿元以下；其中中型企业须同时满足职工人数

300人及以上，销售额3000万元及以上，资产总额4000万元及以上；其余为小型企业。但2003年的这项《中小企业标准暂行规定》并无微型企业这一类别，导致这类企业长期被忽视，得不到政府政策的合理倾斜，多年来政府给予中小企业的优惠政策实际上过度偏向了中型企业。

因此，对于小微型企业无论是根据"定性"还是"定量"准则进行界定，都应考虑到：小微型企业在市场竞争中是弱者，但在提供就业机会、创新和经济增长等方面却有着巨大作用，政府必须在政策上有所倾斜，要动员社会力量，采取具体措施，给予扶持。① 某些国家采取定性和定量相结合的方法区分企业类型，但在具体实施上仍以定量为准则。我国的现状是采取单一的定量标准进行企业划型。因而，我国的小微型企业，就是指符合《中小企业划型标准规定》的小型企业及微型企业标准的企业。

二 国外对于小微型企业的界定

微型企业是中小企业中的重要组成部分，将企业按大、中、小标准进行分类是国际通用的做法。事实上，国内外对于中小型企业的研究已经非常丰富，对中小企业的界定也已比较规范。由于微型企业本身的特点，不同的国家有不同的情况，微型企业的划分标准也就不尽相同，各国都是根据自己的实际情况加以确定。这里主要探讨微型企业的界定。

在20世纪90年代前，绝大多数国家还没有微型企业这一称谓。直到90年代中期，微型企业才真正进入政府和理论界的视野。当时知识经济在发达国家率先兴起，雇员规格在9人以下的高科技微型企业大量出现，资本主义经济的快速发展客观上让微型企业受到各界的关注。发达国家提出微型企业这一概念不单单是因为规模的差异，也是基于反贫困和雇员人数、资产总额等指标的考虑，更是为了体现不同的发展政策。就目前来看，除了对微型企业的称谓略有

---

① 郑之杰、吴振国、刘学信：《中小企业业法研究》，法律出版社2002年版，第9页。

不同，国外（包括国家、地区和一些国际组织）大多对微型企业做出了比较规范的界定，而且通过出台相关法律来保证界定的权威性。包括资产总额和雇员人数在内的投入规模和产出规模即年销售额是国外用来界定微型企业的两个最主要的标准。也有一些国家将其他因素也考虑进去用来界定微型企业。比如，日本在界定微型企业时将产业特征也考虑在内。

综合而言，国外针对微型企业内涵的界定，主要有以下几种。

（1）美国对微型企业内涵的界定。按照美国国会于2000年通过的《微型企业自力更生法》和2003年美国总统签署的《微型企业援助法》的规定，微型企业包括没有薪水的家庭成员在内员工总数不超过10人、其业主或经营者为贫困人口的当地人所创立的小企业。

（2）欧盟对微型企业内涵的界定。1996年4月，欧盟委员会通过一项建议，就15个成员国的中小企业如何界定，做了若干具体规定。把雇员人数在10人以下的企业称为微型企业。

（3）日本对微型企业内涵的界定。在战后的十多年里，日本对中小企业的划分标准设置都是由行政判断进行的。为了便于将中小企业纳入国家经济建设的轨道，促成其健康发展，日本政府实行了中小企业扶持政策。1968年，日本政府颁布了《中小企业基本法》，此后历经数次修改与完善，形成了现行的中小企业划分标准（表1-1）。考虑到了小微型企业的产业特征，将20人以下的制造企业、5人以下的商业服务业企业定义为微型企业，又称零细企业。[①]

表1-1　日本《中小企业基本法》的划分标准

中小企业		
	零售业、服务业	从业人数<50人或资本<1000万日元的企业或个人
	批发业	从业人数<100人（50人）或资本<3000万（1000万）日元的企业或个人

① 陈剑林：《微型企业生存与发展研究》，博士学位论文，北京大学，2012年。

续表

中小企业		
	制造业	从业人数<300人或资本<1亿（5000万）日元的企业或个人
小规模企业		
	制造业等	从业人数<20人的企业或个人
	服务业、商业	从业人数<5人的企业或个人

资料来源：锁倩：《中小企业的国际发展比较》，中国社会科学出版社2001年版，第24页。

（4）亚洲开发银行（ADB）对微型企业内涵的界定。由于微型企业暗含着收入和资产的限制，基于反贫困的考虑，亚洲开发银行（ADB）简单直接地把微型企业界定为"穷人的企业"，包括雇主及家庭成员工人在内，但是不包括专业人员及专业服务提供者的雇员总数不超过10个人的企业。

（5）按照意大利工业家联合会研究中心的企业规模分类标准规定，雇员不足10人者为手工业；雇员10—19人的为微型企业；雇员20—99人的为小型企业；雇员100—199人的为中型企业；雇员200—499人的为中大型企业。

（6）菲律宾对微型企业内涵的界定。菲律宾划分企业规模的标准主要有资产总额和雇员人数两个指标。根据菲律宾政府1997年颁布的第8289号修正法案，在菲境内从事制造业、农业经济或服务业的独资企业、合伙企业、合作企业或有限责任公司等，按企业划分标准分，分为微型、小型、中型和大型企业四种类型，如表1-2所示。[1]

表1-2　　　　　菲律宾政府的企业规模类型的划分

企业类型	雇员人数：个	资产总额：比索（万）
微型企业	1—9	<150
小型企业	10—99	150—1500

---

[1] 蔡翔等：《微型企业的内涵及其理论基础》，《当代财经》2005年第12期。

续表

企业类型	雇员人数：个	资产总额：比索（万）
中型企业	100—199	1500—6000
大型企业	200	>6000

资料来源：《21世纪亚太国家小企业发展与支持系统研究》，《小企业亚太论坛第四届国际研讨会文集》，暨南大学出版社2000年版，第405—406页。

三　我国小微型企业的界定与意义

1. 我国小微型企业的界定

新中国成立以来，我国对企业规模的划分标准进行过几次调整，但都没有"微型企业"的类型划分。由国家经贸委、国家计委、财政部、国家统计局研究制定的《中小企业标准暂行规定》中，在确定了大企业的标准后，按照惯性思维将不属于大企业范围的企业统称为中小企业。

1978年国家计委下发了《关于试行加强基本建设管理几个规定的通知》，其附件"关于基本建设项目和大中型划分标准的规定"中，以产品生产能力或固定资产原值为标准划分企业规模，如把年产钢铁10万吨以下、炼油50万吨以下、汽车0.5万辆以下、纺织5万锭以下或固定资产原值800万元以下者，均称为小企业。1988年，国家计委、国家统计局、财政部、劳动人事局，联合发布了《大中小企业划分标准》。根据劳动力、劳动手段、劳动对象和产品在企业的集中度，将工业企业划分为特大型、大型、中型、小型四类。在这基础上，1992年国家经贸委又发布了《大中小型工业企业划分标准》，根据此标准，我国企业规模划分为特大型、大型（又区分为大型一级、大型二级两档）、中型（又区分为中型一级、中型二级两档）和小型四大类。这四类企业的划分标准，一般是先以生产能力为依据，无法以生产能力来划分的，再以固定资产原值为依据界定。1999年，对原标准再次进行修改，颁布的《大中小型工业企业划分标准》将销售收入和资产总额作为主要考察指标，将企业分为四类：特大型、大型、中型和小型。其中年销售收入和资产总额均在5亿元以下、5000万元以上的为中型企业，年销售收入和资产总额均在 5000 万元以下的为小型企业,参与划型的企业范围原则上包括所有行业各种组织形式的工业企业。2002 年 6 月 29 日,第九届全国人民代表大会常务委员会第二十八次会议通过了《中华人民共和国中小企业促进法》,该法中将中小企业界定为:在中华人民共和国境内依法设立的有利于满足社会需要,增加就业,符合国家产业政策,生产经营规模属于中小型的各种所有制和各种形式的企业。关于中小企业的划分标准,则是强调由国务院负责企业的工作部门根据企业职工人数、销售额、资产总额等指标[①],结合行业特点制定。

由于中小企业的概念及其分类过于笼统,缺乏精准对接的政策措施,政策的支持力度分散,政策支持的边际效应在实际操作中递减。正是在这个背景下,国家有关部门积极调研,及时出台了企业划型的新标准,并提出了小微型企业的概念。2011 年 7 月,工业和信息化部、国家统计局、国家发改委和财政部四部门研究制定了《中小企业划型标准规定》,中小企业划分为中型、小型、微型三种类型,具体标准根据企业从业人员、营业收入、资产总额等指标,结合行业特点制定。表 1-3 列举了几个行业小微型企业划型的详细标准。

表 1-3　　　　　　　　　　小微型企业行业划型

行业	企业类型	从业人员(人)	营业收入(万元)
工业	中小微型	<1000	<40000
	中型	≥300	≥2000
	小型	≥20	≥300
	微型	<20	<300

---

① 企业划分指标以现行统计制度为准。(1)从业人员,是指期末人员数,没有期末人员数的采用全年平均人员数代替。(2)营业收入,工业、建筑业,限额以上批发和零售业、限额以上住宿和与饮业以及其他设置主营业务收入指标的行业,采用主营业务收入;限额以下批发与零售业企业采用商品销售额代替;限额以下住宿与与饮业企业采用营业额代替;农、林、牧、渔业企业采用营业总收入代替;其他未设置主营业务收入的行业,采用营业收入指标。(3)资产总额,采用资产总计代替。

续表

行业	企业类型	从业人员（人）	营业收入（万元）
农、林、牧、渔业	中小微型		<20000
	中型		≥500
	小型		≥50
	微型		<50
零售业	中小微型	<300	<20000
	中型	≥50	≥500
	小型	≥10	≥100
	微型	<10	<100
房地产开发经营	中小微型		<200000（或资产总额<10000）
	中型		≥1000（且资产总额≥5000）
	小型		≥100（且资产总额≥2000）
	微型		<100（或资产总额<2000）
餐饮业	中小微型	<300	<10000
	中型	≥100	≥2000
	小型	≥10	≥100
	微型	<10	<100
租赁和商务服务业	中小微型	<300（或资产总额<120000）	
	中型	≥100（且资产总额≥8000）	
	小型	≥10（且资产总额≥100）	
	微型	<10（或资产总额<100）	
软件和信息技术服务业	中小微型	<300	<10000
	中型	≥100	≥1000
	小型	≥10	≥50
	微型	<10	<50

资料来源：根据2011年工业和信息化部、国家统计局、国家发改委和财政部四部门研究制定的《中小企业划型标准规定》整理而得。

如表 1-3 所示，按照新标准，农、林、牧、渔业营业收入 50 万元以下的为微型企业。关于工业的划型标准为：从业人员 1000 人以下或营业收入 40000 万元以下的为中小微型企业。其中，从业人员 300 人及以上，且营业收入 2000 万元及以上的为中型企业；从业人员 20 人及以上，且营业收入 300 万元及以上的为小型企业；从业人员 20 人以下或营业收入 300 万元以下的为微型企业。软件和信息技术服务业从业人员 10 人以下或营业收入 50 万元以下的为微型企业；房地产业营业收入 100 万元以下或资产总额 2000 万元以下的为微型企业。在统计上，年营业收入 2000 万元以下的工业企业为规模以下工业企业，因此也可把规模以下工业企业统称为小微工业企业。"微型企业"这一世界绝大部分国家和地区都有的企业标准形式正式出现在我国。

2. 我国小微型企业概念提出的意义

小微型企业的概念在其他国家、地区早已存在并受到重视，也受到立法的特殊"关照"。自 1999 年以来，APEC 连续多年将微型企业的发展作为重要议题，并将 2002 年定为"微型企业年"。但微型企业的概念在我国长期以来未能成为一个法律概念，致使其得不到产业促进类立法与政策的惠顾。因此，小微型企业这一精准概念的出台，对于最需要得到政策阳光沐浴的小微型企业，是一个里程碑式的转变，是国家层面重视中小企业发展政策的延续和深化，无论对于准确落实扶持小微型企业发展的政策，还是对于法律规范、政策实施和理论研究，均具有重要的意义。

首先，精准的中小微企业类型划分有助于提高产业政策制定和实施的针对性与实效性。我国企业众多，财政资源有限，对中小企业作进一步的细分，将微型企业从中小企业单独区分出来，作为其他各项产业政策及产业促进法制定和实施的基础，有助于提高各级政府对小型、微型企业的重视，将更多的财政资源分配到亟须政策扶持的企业上，对于财政资源的有效配置、政策执行的降低成本将产生很大帮助。其次，原有的中小企业划型标准明显过高。① 与美国、日本等发达国家相比，标准跨度过大，有些在我国被划分为小企业的在其他国家、地区已是中型企业甚至是大型企业，导致针对中小企业的产业促进法律、政策的实效大打折扣，无法对小企业实施有针对性的产业促进政策。新的划型标准将微型企业独立出来，并且在划分标准上与其他国家在很大程度上保持了一致，有利于提高政策执行的效率，也有助于加强中小企业的基础数据统计，为政府的相关决策提供科学依据。

2011年国家有关部门召开的研究部署进一步支持小型和微型企业健康发展会议指出，小微型企业是提供新增就业岗位的主要渠道，是企业家创业成长的主要平台，是科技创新的重要力量。这样的定位符合我国现阶段经济发展的实际，也充分说明小微型企业在国民经济发展中的重要作用。② 数据显示，截至2013年年底，全国各类企业总数为1527.84万户。其中，小型微型企业1169.87万户，占到企业总数的76.57%。将4436.29万户个体工商户纳入统计后，小型微型企业所占比重已达到94.15%。我国有劳动力人数近8亿，就业人数已达7.67亿。全国的小型微型企业，仅企业主自身一项就解决了几千万人的就业问题，加上企业雇佣员工，已经解决我国1.5亿人口的就业。新增就业和再就业人口的70%以上集中在小型微型企业。目前中国70%的城镇居民和80%以上的农民工都在小型微型企业就业。小型微型企业成为社会就业的主要承担者。③

第二节 小微型企业的特点

实践证明，小微型企业在促进经济增长、产品技术创新、产业结构调整、区域经济发展、解决城镇就业和农村劳动力转移等方面

---

① 中小型工业企业须符合以下条件：职工人数2000人以下，或销售额30000万元以下，或资产总额为40000万元以下。其中，中型企业须同时满足职工人数300人及以上；销售额3000万元及以上，资产总额4000万元及以上；其余为小型企业。
② 徐凌云：《微型企业创业与和谐社会的建立》，《经济问题》2005年第12期。
③ 国家工商总局全国小型微型企业发展报告课题组：《全国小型微型企业发展情况报告》，《中国工商报》2014年3月31日。

发挥着日益重要的作用,成为构造市场经济主体、促进社会稳定发展的一支基础力量。明确小微型企业与中小企业的关系,对小微型企业的类型和特点的清晰认识,有利于我们正确把握小微型企业的形成和发展规律,找准小微型企业发展的困难和问题,认识和探讨小微型企业的改革和发展方向,从而为政府的支持提供理论依据,促进小微型企业走上正常的轨道。

一 小微型企业的特点

小微型企业独特的发展优势与特点是其他类型的企业所不具备的,因此小微型企业引起国外理论界乃至有关政府部门的重视也是必然的。

1. 小微型企业的产权清晰,发展活力巨大

小微型企业的所有者往往是管理者,同时还是生产者、企业所有者,发展企业的积极性很高,十分有利于促进微小型企业的迅速成长。绝大多数小微型企业都是独资企业、合伙企业、个体工商户或家庭作坊,企业投资者人数很少,投资者以及企业员工之间关系简单。虽然也有部分小微型企业采取有限公司或者股份公司的法律形式,但较少出现复杂的现代公司利益冲突治理问题,更多的是家族企业治理困境。因此,小微型企业的产权十分清晰,权责明确,对投资者的激励和约束机制十分健全,基本不存在代理成本等大型公司制企业的复杂内部治理问题。

2. 小微型企业善于发现和捕捉到市场机会,行动灵活

小微型企业的生存机理正在于经济中存在"利基市场"[①],它们能够通过专业化、个性化的生产而在市场上顽强地存续下去。著名管理学家迈克尔·波特(Michael E. Porter)指出,"零散产业的特殊结构意味着产业中有许多小型、私营企业"。在规模不经济的领域,大型企业缺少经济动力进入,只能依靠小微型企业提供这类市场所需的个性化的产品和服务。小微型企业往往接近消费者、接近

---

① 利基战略(Market-nicher strategy)是指企业为了避免在市场上与强大的竞争对手发生正面冲突而受其攻击,选取被大企业忽略的、需求尚未得到满足、力量薄弱的、有获利基础的小市场作为其目标市场的营销战略。

市场，能及时发现市场需求。高度的产品差异化可以为创建小微型企业提供广泛的产品特色选择范围，小微型企业便不必面对面与大中型企业展开直接竞争，可充分发挥机制灵活、市场适应性强、行动快捷等特点，灵敏迅捷地寻找市场的"缝隙"。

3. 小微型企业进入壁垒低，易于创建

小微型企业最显著的特点，就是规模很小，不仅雇员数量很少，绝大多数微型企业的资产总量与经营规模也都很小。从资金方面来说，开办微型企业并不需要大量的资金，筹资渠道也相对宽泛，利用自有资金和一部分外借资金就可以完成起步资金的筹集。微型企业的进入壁垒较低，非常适合资金并不充裕的创业者。同时，这种低投入也使得小微型企业的转换和转移成本较低，在经营不善的时候可以及时退出市场，避免更大的损失。除少部分拥有丰厚资金的人以外，大多数创业者初次创业时只需要少量的资金，这就在客观上使得微型企业易于创建，在现实中大量存在，从而在企业数量上占有很大的比重。

4. 小微型企业的转换成本低，反应迅速

相对于大企业，小微型企业的建设周期更短，这种先天优势使小微型企业可以更加灵活地经营。大企业转换成本高，要放弃原有产业进军新行业风险太大，成本也太高。而转换成本低是小微型企业的一大特点，它们往往可以率先进入一些开创性的领域。譬如，汽车行业、计算机行业，最初都是小微型企业最先进入的，电商的发展也是一个非常好的例子。同时，小微型企业经营的灵活性使得小微型企业可以抓住消费者对商品服务新奇的要求，第一时间调整经营策略，率先推出消费者需求的商品和服务，从而获得竞争优势。

5. 小微型企业的结构简单，易于管理

与大型企业相比较，小微型企业在组织结构、管理方法、生产运作、员工素质等许多方面都具有明显的特点。加拿大小企业秘书局给小微型企业下的定义是：独立所有，并无大公司管理结构特征的企业。① 在我国，小微型企业的主要法律形式是个人独资企业、合伙企业等。《中小企业划型标准规定》第六条规定个体工商户参照本规定进行划型，因此个体工商户也可以划入小微型企业的范畴，并且由于个体工商户的数量超过 3000 万户，它成为小微型企业的主体部分。无论是个人独资企业、合伙企业，还是个体工商户，均不存在正式的组织形式以及管理架构安排，无须采用类似公司的治理结构。② 因而，小微型企业一般没有严密的组织结构，管理方法也比较简单，生产运作简单而且员工素质比较低，这些特点与大企业形成了鲜明对比。此外，从小微型企业的从业人员结构来说，微型企业的雇员主要以创建者的家庭成员和有一定血缘、地缘等私人关系的人员为主，这部分劳动者一般没有太高的文化素质，很难进入大企业或者政府部门工作，加上和企业主的私人关系，因而更容易接受小微型企业较低的薪酬，也比较容易管理。

二 小微型企业与中小企业的区别

小微型企业与中小企业存在着很大程度的概念关联。一些学者认为虽然微型企业是从中小企业中独立分化出来的一个集合，理论上属于中小企业的范畴，但同时仍具有微型企业自身的一些特点。如与其他类型企业相比，微型企业数量大，分布范围广。但微型企业生产规模小，资本存量水平低，资信程度不高，筹措资金也相对困难。小微型企业是中小企业概念中的"小企业"的细化，是为解决产业促进政策实际运行中的偏向而提出的。具体而言，小微型企业和中小企业的区别主要体现在以下几个方面。

第一，从概念上看，小微型企业的概念界定更加准确。按照原来的企业划型标准，经常出现职工人数、销售额及资产总额三个指标之间互相矛盾而无法将某一特定企业进行归类的情况，故而仅能用"中小企业"这一笼统而又模糊的概念，导致实践中政策的

---

① 郑之杰、吴振国、刘学信：《中小企业法研究》，法律出版社 2002 年版，第 8 页。

② 李建伟：《中国企业立法体系改革：历史、反思与重构》，法律出版社 2012 年版，第 402—403 页。

偏向。

第二，从划分标准看，小微型企业有量的界限。中小企业的概念过于笼统而又模糊，涵盖量太大，同属于这一概念外延之下的不同企业之间在企业职工人数、销售额、资产总额等核心指标上的差异过大，大大影响了概念本身的科学性。依据定量准则可以将小微型企业与中小企业进行方便的区分。

第三，在组织管理、金融支持、固定资本、销售方式、薪酬制度、生产运作、人力资源、财务会计等方面，中小企业和微型企业也具有许多不同的特点（见表1-4）。

表1-4　　　　　微型企业与中小企业特点比较

	中小企业	微型企业
金融支持	合作伙伴共同出资，与正式的融资渠道有融资联系	所需的本金少，融资渠道主要是亲戚朋友和熟人，很少有正式的融资渠道
销售模式	与产品相关的产业链、供应链有联系	直销方式，只以服务本地市场为主
组织管理	有明确的组织结构，有正式的管理工作内容	没有正式的组织方式，拥有者和经营者大都为穷人，妇女往往是微型企业的经营者，缺乏管理工作内容
固定资本	拥有机器、设备与专门的场地	固定资本少，经营所需的工具和设备粗糙而简单，且大多是家庭生活用品
薪酬制度	有正式的薪酬制度，实行了岗位工资制	没有非正式的薪酬制度，工资低，接近维持生存的水平，企业成为家庭的主要经济保障
财务会计	存在面向中小企业的会计制度	没有也不需要建立正式的会计科目，少量而不规范的会计活动也只是为了应付上缴的税费
人力资源	有一定的招聘制度，进入企业的员工都接受过专门的专业训练	企业员工以家庭成员为主，且大都是通过正式的就业渠道不能就业的人，因此对社区和社会稳定具有重要意义

续表

	中小企业	微型企业
生产运作	有一定的采购、生产、存货和质量管理制度；有一定的竞争战略选择，具有一定的竞争力	微型企业有十分相似的经营模式，大部分是以"前村后店"的模式组织生产运作；经营的产品大多是与当地居民的生活息息相关；缺乏质量管理；采用劳动密集型的技术和手艺；运作方式灵活而富有流动性，容易改行；经营环境具有高度竞争性，经营风险相当大

资料来源：根据2002年APEC微型企业高峰会（High Level Meeting on Microenterprises, HLMM）资料整理而得。

第三节　小微型企业的类型

根据不同的标准，从不同的角度出发可以对中小企业进行不同的类型划分。由于小微型企业是中小企业的重要组成部分，因此小微型企业的类型划分可以借鉴中小企业的类型划分。

一　多重视角的小微型企业类型划分

1. 按生产方式特征分类

按生产方式特征分类可分为传统中小微型企业和现代中小微型企业。传统中小微型企业的特点主要有：一是生产方式以手工为主；二是资本来源和组织方式以家族为主；三是市场对象以本地为主；四是分工程度低，市场分工和企业内分工水平都较低；五是产业性质以农产品加工业和手工服务业为主。历史上，以手工业为代表的传统中小企业曾经发挥过巨大的作用，后来世界经济格局发生了巨变，工业革命改变了西方世界的资本结构、生产方式和组织方式，我国传统中小企业才逐渐淡出了世界舞台。现代中小企业大多产生于工业化浪潮，生产方式也不再像过去以手工为主，而是利用机器批量生产，资本的筹集渠道也呈多样化，市场对象更是脱离了过去的狭隘而更加广阔，市场分工和企业内分工水平都得到了较快发展，涉及的产业范围也十分广泛，几乎所有行业都不同程度地存在着中小企业。现代中小企业不再是落后的象征，有一些中小企业已经成为经济发展新兴行业的潮头，如软件行业、信息服务行业等。

2. 按市场特征分类

按市场特征分类可分为外向型中小微型企业和内向型中小微型企业。根据市场半径的大小，内向型中小企业还可进一步划分，例如，可分为社区性中小企业、地区性中小企业和区域性中小企业。中小企业也有外向型的，这一点往往被人忽视。例如，以传统工艺为基础形成的中小企业在工艺品的出口上就占有重要地位。中小企业的市场特征受行为的约束比较明显，零售业的中小企业往往都是社区性的，要成为地区性的或区域性的一般比较困难。而技术行业的小型企业可能起始规模很小，但如果其产品具有广泛的适用性，很快就会成为地区性或区域性的中小企业，然后规模扩大，向中型、大型发展，这种中小企业的演变规律在新兴产业中表现得十分明显。

3. 按生产要素特征分类

按生产要素特征分类可分为技术密集型中小企业、劳动密集型中小企业和知识密集型中小企业。我国的中小企业仍然以劳动密集型的加工业为主，但在当前形势下小微型企业格局发生了新的变化：更能适应小微型企业规模的知识密集型企业发展迅速，主要向市场提供快捷的信息收集和信息处理业务。知识和技术总是相伴而生的，在知识密集型中小企业迅速发展的同时，技术密集型的中小企业较之过去也取得了可喜的发展，尤其是在各地科技开发产业园区更容易出现知识密集型中小企业。

4. 按与大型企业的关系分类

按与大型企业的关系分类可分为独立型中小微型企业、互补型中小微型企业、替代型中小微型企业和竞争型中小微型企业。

（1）独立型中小微型企业。这类中小企业的运行基本上是与大型企业并行的，不与大型企业竞争原料、劳动力和市场，也不依赖大型企业的资本和技术支持。这类中小企业见于新兴行业，如电脑行业、无线通信行业、电脑软件业和玩具业等。

（2）互补型中小微型企业。这类中小企业是大型企业分工体系中的一个环节，专门为大型企业提供原料或中间产品、生产零部件、代理大型企业提供的产品销售。这类中小企业一般具有某种特殊优势，比企业自主自营的成本要低。如有些中小企业本身具有技术优势，生产某种配套产品的专业化程度高；或者具有地理优势，离原料产地和销售市场近；或者具有劳动力成本优势，所在地的工资水平低等。

（3）替代型中小微型企业。大型企业根据自身战略发展的需要退出一部分市场或一些经营领域，而由这类中小企业去填补这些空缺，以这些领域作为其生存和发展的条件和基础。这多见于一些传统行业，如服装、纺织等行业。

（4）竞争型中小微型企业。这类中小企业与大型企业在原料、劳动力、技术和市场等方面是一种竞争关系。由于国有大中型企业存在许多问题和困难，使一些中小型企业敢于向大企业挑战。加上地方政府的鼓励和扶持或外资的帮助，降低了进入成本，使它们有能力进入大中型企业所在的部分行业，如零售业和餐饮业。

二 以地方经济发展视角划分小微型企业类型

一些学者从地方经济发展的角度出发，把中小微型企业划分为大企业关联型、传统型、产地型和商业街中小微型企业群体。①

1. 关联型小微型企业

所谓关联型产业，是指围绕着特定地域内的主导产业或大企业为其提供零部件、半成品的中小企业聚集体。例如，日本丰口市的中小企业，大多数是围绕着丰田车来展开的。我们一般认为大企业是主导地区经济发展的主要力量，但是在上游为大企业提供配套设施的中小企业也是不容忽视的，没有这些中小企业为其提供必需的零部件，大企业的影响力也就难以发挥出来。从这个意义上讲，说

---

① 刘伟东：《中小企业现代经营》，东北财经大学出版社2002年版，第20—24页。

中小企业才是主导地区经济的力量也不为过。关联型的中小企业群体主要有四个方面的特征：第一，关联型产业由于直接利用地区资源和吸纳当地人口就业以及利用当地成熟的技术，所以关联型产业和特定地区的契合程度是非常高的。第二，关联型产业大多是劳动和技术复合的产业，因此可以一方面广泛吸纳劳动力就业，一方面还可以根据需求及时更新技术。第三，顾名思义，关联型产业不是独立存在的，因此关联型企业要获得生存发展就必须跟得上大企业的节奏，这就需要关联型中小企业要根据形式及时进行产品和技术的升级换代。第四，关联产业的存在无论对大企业还是关联型中小企业都是互利共赢的，因此双方一般都会有意识地建立长期合作关系。

2. 传统型小微型企业

所谓传统型产业，主要是与外来的或机械化程度较高的产业相对应的产业，如蜡染产业等。一般来说，传统型产业具有以下特征：第一，传统型产业大多产生于商品经济不发达时期，大部分产业都有着上百年甚至几百年的历史。第二，传统产业大多采用传承的手工技艺生产，利用机器很难生产出来。传统产业的产品一般以工艺品或者纪念品居多，因而不会呈大批量生产，这种差异就体现在传统手工商品的平均价格要高于利用机器大批量生产出来的商品。第三，从技术层面来讲，许多企业虽然拥有先进的生产设备和尖端的生产技术，但是传统型中小企业的经营对这些要素的依赖性非常低，甚至几百年来都没有更新过生产技艺，这在客观上就使传统型中小企业形成了一定规模的垄断，因此别的企业再要涉足相同或相似领域都是比较困难的。同时，无论外部环境发生多大的变化，传统型中小企业受到的冲击相对而言是非常轻微的，这又使得传统经济具有非常稳定的发展环境。很多国家已经认识到传统型中小企业是维护宏观经济稳定的重要力量，尤其在发达国家，各级政府非常重视传统型中小企业，并出台了相关法律政策来促进传统型中小企业的健康发展。

3. 产地型小微型企业

所谓产地型产业，是指利用地区内原材料、人力、技术等资本优势,并有效地经营这些资本从事生产、销售活动的中小微型企业聚集体。纤维、服装及其他纤维制品、副食品、水泥、机械、木工家具、杂货、陶瓷以及相关的资源指向型产业都是典型的产地型产业。产地型产业和传统型产业一样,也有着几百年的发展历史,明显体现出地区性产业的特征,有其独有的特殊性。产地型产业的主要特征归结起来有以下三点:第一,地区性专业化生产是其最明显的特征,如江西景德镇陶瓷生产、宜兴紫砂壶生产等。第二,产地型产业不像传统型产业那样有垄断性质,生产技术与工艺的趋同使得同一地区甚至不同地区行业间的竞争非常激烈。第三,产地型企业非常重视创新,领先竞争对手开发出新产品、及时更新生产技术和降低生产成本都是产地型产业孜孜以求的。

4. 商业街

商业街是指为了适应居民生活的需要,有组织地把中小批发、零售业集中在都市中某一特定区域内所形成的中小商业聚集体。商业街的形成,最初主要是从方便地域内居民的生活来考虑建立的。随着商业街经营不断合理化,有许多商业街不仅成为活跃地区经济的主要力量,而且也成为全国某一产品的经济活动中心。例如,义乌市的小商品市场、沿海城市的服装市场等已经成为全国的该种商品经济活动中心。相对于大商业企业和分散型的产业,商业街具有三个明显特征:第一,劳动密集型产业是商业街中小企业的主要形式,这种形式的产业能够大量吸纳劳动者就业。第二,鉴于中小企业之间往往通过压低价格的方式来竞争,为避免产品的高度相似和低价恶性竞争,商业街中的中小企业大多都旗帜鲜明,尽量避免相似并进行专业化的经营。第三,商业街中的中小企业经营方式灵活多变,较小的规模为商业街中小企业根据不同季节、消费者的消费喜好和商品本身的生产周期灵活调整经营策略。

第四节 小微型企业的组织形式

小微型企业几乎都是私有企业。按照我国企业法律制度的规定,并结合小微型企业的资本、投资人等约束条件,适合小微型企业的组织形式主要有五种。

一 个体工商户

作为我国的独特主体，个体工商户是我国居民以个人、家庭财产作为营业资本，依法经核准登记后从事经营的个人或家庭。《个体工商户条例》第2条第1款规定："有经营能力的公民，依照本条例规定经工商行政管理部门登记，从事工商业经营的，为个体工商户。"[①] 在法律上，个体工商户主要以个人劳动为基础，多是纯粹通过个体劳动维持的生存型创业。2011年6月新颁布的《中小企业划型标准规定》第6条规定，"本规定适用于在中华人民共和国境内依法设立的各类所有制和各种组织形式的企业。个体工商户和本规定以外的行业，参照本规定进行划型。"[②] 因此，从小微型企业的产业促进立法的意义出发，个体工商户是小微型企业可选择的一种组织形式，并且是目前最为主要的组织形式。根据《2015年4月全国市场主体发展报告》数据显示，截至2015年4月，中国实有个体工商户5139.8万户，资金数额3.2万亿元，[③] 对我国经济发展、缓解就业、解决贫困问题都起到了重要作用。

二 个人独资企业

个人独资企业即为个人出资经营、归个人所有和控制、由个人承担经营风险和享有全部经营收益的企业，是最古老、最简单的一种企业组织形式。个人独资企业主要盛行于零售业、手工业、农业、林业、渔业、服务业和家庭作坊等。由于其对于个性解放、自我实现的价值作用，即便在高度市场化的经济环境里，它仍具有广泛存在的空间。个人独资企业设立过程简单，设立费用较低，业主对企业的日常经营拥有直接的控制权。当然，业主要对个人独资企

[①] 《个体工商户条例》（2014年修订），2011年4月16日国务院令第596号公布，2014年2月19日国务院令第648号修订。

[②] 工业和信息化部、国家统计局、国家发展和改革委员会、财政部：《关于印发中小企业划型标准规定的通知》（工信部联企业〔2011〕300号），2011年6月18日。

[③] 中华人民共和国国家工商行政管理总局：《2015年4月全国市场主体发展报告》。

业的债务承担无限责任。目前我国的个人独资企业有几十万户之多，基本上都是小微型企业。

三 合伙企业

合伙企业是指自然人、法人和其他组织依照《中华人民共和国合伙企业法》在中国境内设立的，由两个或两个以上的自然人通过订立合伙协议，共同出资经营、共负盈亏、共担风险的企业组织形式。我国的合伙企业分为普通合伙、特殊的普通合伙以及有限合伙三种组织形式，特殊的普通合伙主要由会计师事务所、律师事务所等专业服务机构采用，有限合伙则主要由私募股权投资基金、风险投资基金等投资机构采用。采用这两类组织形式的主体大多资金规模雄厚，盈利能力很强，与小微型企业多为个人创业者创办和解决生存、贫困问题不相适应。因此，实践中采用合伙企业这种组织形式的小微型企业主要为普通合伙。

四 有限公司

从有限公司最初的制度设计目的观察，这种组织形式正是为了给中小企业提供合适的制度选择。有限公司具有有限责任的优势，并且治理结构相对比较规范，适合已具一定规模的小微型企业采用。《公司法》仅要求有限公司的最低注册资本额为3万元或者10万元（一人有限公司），较低的资本要求使得绝大多数普通民众能够自如选择此组织形式。

五 股份有限公司

现代意义的股份有限公司适应了大规模的工业化发展，在融资方面具有极大的优势，这一组织形式主要为大型企业采用，它要求较高的运行成本支出、规范的治理结构与较高的资金（《公司法》要求股份有限公司的最低注册资本额为500万元），这些都是生存型的小微型企业难以具备的。当然，从我国《中小企业划型标准规定》来看，资产总额在300万元与5000万元之间的建筑业企业、资产总额在2000万元与5000万元之间的房地产开发经营企业为小型企业，有可能极少数的这两类企业采用股份有限公司形式。

上述几类企业组织形式，是在我国现行企业立法框架下为小微型企业提供的制度选择，这些组织形式在运营风险、责任承担等方面各有优劣势，但在现实中，各地政府出台的小微型企业促进政策却并未完全照顾到不同的企业组织形式的需求。值得注意的是，美国通过创设特殊的企业类型为小微型企业提供更多的选择，极大促进了国民财富的创造。在美国，人们普遍把创立小微型企业看成是提高自身的社会经济地位的重要手段，小微型企业成为年轻人"个人表演"、施展个人价值的舞台。[①] 德国人认为，一个国家自主创业的人员越多，人的自我发展和自我完善的机遇就越高，就越容易培养一批成功的企业家。[②] 作为新兴的市场经济国家，我们更要注意汲取美国、德国立法的经验，通过制度创新，创造多样化的企业组织形式供小微型企业选择，充分发挥社会财富的潜力，为国民经济的持续稳定发展提供广阔的空间。

[①] 陈剑林、李朝晖：《我国中小企业研究理论中存在的偏差——兼论将微型企业从小企业中独立出来的意义》，《南昌大学学报》（社科版）2007年第1期。

[②] 郑春荣：《中小企业：德国社会市场经济的支柱》，上海财经大学出版社2003年版，第54页。

第二章

小微型企业发展的理论基础与战略选择

制定企业经营战略是基于企业所处的外部环境条件及对未来的不确定性的预测分析。理论和实践都表明，战略的制定并不与企业的规模有必然联系，无论什么样的企业，都需要制定相应的发展战略，为其发展指明方向。小微型企业为了能够在激烈竞争的市场环境下存活下去，必须建立战略管理意识，提高战略管理能力，使其灵活的战略选择成为发展中的优势之一，从而在复杂的市场环境中立于不败之地。

第一节 小微型企业发展的理论基础

虽然企业的产生可以追溯到1200多年前，现代企业的诞生也已经有100多年的历史，但理论界对企业的真正研究却只有区区几十年，对中小微型企业的专门研究则为时更短。特别是由于中小微型企业本身的复杂性，不同国家（地区）、不同时期中小微型企业的作用和发展状况都不尽相同，也导致了理论认识上的差异。因此，直到现在中小微型企业的相关理论都还处于不断的发展、成熟当中。在众多的经济与管理理论中，这里主要讨论与中小微型企业发展密切相关的企业规模理论、技术创新理论、产业集群理论、产业选择与专业协作理论和市场缝隙理论等。

一 企业规模理论

企业规模理论主要从企业规模与企业效率、企业优势的相互关系来进行研究的。这是中小企业理论中最基本、最直接的部分，同时又是研究得最深入、成果最丰富的部分。不同时期的经济学家的观点差异很大，对中小微型企业的优势与作用基本上经历了一个由否定到肯定的过程。

（1）古典经济学规模经济理论。古典经济学认为规模经济的产生与两个因素高度相关，即分工和专业化。第一次工业革命拉开了大机器生产的帷幕，蒸汽机代替了大部分的人力，生产在很大程度上取决于机器设备而不是劳动者的数量。在这样的背景下，规模更大的工厂代替了传统手工作坊。采用机器设备的工厂生产的效率远远高于手工作坊，同时对专业化技术的要求也远远高于手工作坊。随着专业化技术的不断引进，对劳动分工进一步深化的要求也越来越迫切。古典经济学家亚当·斯密在其成名之作《国富论》中对此作了深刻阐述。他认为，企业规模越大，劳动分工就越细，专业化就越深入，企业的劳动生产率就越高。因此企业大型化代表未来经济发展方向。这一思想对其后的经济思想产生了极大的影响。正因为"大才有优势""大就是效率"，新兴工业企业竞相扩大生产规模，在市场竞争中，规模往往是成败的关键因素。依靠扩大规模赢得竞争优势的战略到21世纪初走向极盛，"福特生产方式"（大规模生产）正是在这个时期产生的。未来学家托夫勒在《第三次浪潮》一书中指出，"第二次浪潮"（工业化浪潮）的基本理念就是"集中化""大型化"和"好大狂"。马克思、恩格斯也以此为依据提出了"社会大工厂"和计划经济的设想。

（2）新古典经济学适度规模理论。新古典经济学运用生产函数理论来分析生产要素投入与产出之间的关系，并通过长期平均成本曲线来分析企业的规模经济情况。企业的长期平均成本在一定的范围内随企业规模的扩大而递增，过了这一范围则会随企业规模的扩大而递增，从而产生了适度规模的概念。新古典经济学适度规模理论认为处于长期平均成本最低点的企业更具有成本优势，因而在市场竞争中也容易获得相对竞争优势，处在长期平均成本最低点以外的企业将被市场淘汰。中小企业，顾名思义，能达到适度规模的很少，成本优势与市场优势都相对不足，发展受阻是必然趋势。同时，古典经济学的观点也否定中小企业的优势和作用，这样看来，淘汰出局将是中小企业最终的宿命。

（3）最佳规模理论。罗宾逊（E. A. G. Robinson）最早在1931年提出最佳规模理论，他认为大企业相对于小企业虽然有规模效益带来的增益，但大企业的管理费用高，管理效率低，因而规模效益被抵消。如果企业达到了利润率、利润额、附加价值额、人均附加价值生产率最低的规模，罗宾逊认为企业就达到了最佳规模。按照最佳规模理论，不单单是大企业能达到最佳规模，小企业只要有适度的规模一样能够生存和发展。美国芝加哥学派的经济学家乔治·施蒂格勒（George Stigler）在《规模经济》（1958）中较深入地探讨了企业最佳规模及其决定因素。施蒂格勒通过大量实证研究得出结论：不同的规模也可以实现相同的效率，即使在同一行业，不同的规模都可能是适度的。因此他认为凡是在竞争中得以生存的规模都是企业的最佳规模，也就是说，在相当大的范围内都可以实现企业的最佳规模。当然，这并不表示企业最佳规模的实现不受约束，除技术和市场之外，还有很多难以观察和度量的因素，比如国家的政策指向和企业家个人的能力都很难准确度量。

（4）交易成本理论对企业最佳规模的界定。诺贝尔经济学奖获得者罗纳得·科斯（Ronald H. Coase）于1937年发表了经典论文《企业的性质》，通过引入交易成本概念来论述企业与市场之间边界的形成，以此来说明企业的最佳规模。科斯认为，企业和市场是两种性质不同的、但在一定条件下可以相互替代的资源配置方式。企业边界决定于企业与市场的均衡，即企业内的边界组织费用与市场边界交易费用相等之处，也即企业最佳规模为交易费用与组织费用之和的最小处。一般说来，随着企业规模的扩大，交易费用递减，组织费用递增，交易费用与组织费用之和在最佳规模处达到最低。最佳规模不一定很大，中小企业同样也可以达到最佳规模。

（5）大规模时代终结论对中小企业优势的肯定方面走得更远。这一理论由日本经济学家中村秀一郎在《大规模时代的终结——多元化产业组织》中提出。中村秀一郎认为，20世纪70年代后，"大规模时代的结束"和多元化产业结构的出现促使了日本中小企业的迅速发展，信息化、社会化、产业网络化促进传统的重工业和化学工业进一步成熟。在这一时期，大企业的发展势头呈下降趋势，反倒是小企业迅猛发展的势头不减并显现出结构性大发展的可能。这些变化都离不开产业转型的推动：需求结构不再是单一的而是多样的，市场对于多品种和小批量生产的要求迫使少品种和大批量生产大幅萎缩；技术密集型和知识密集型产业结构也在相当大的程度上取代了资金密集型产业；产业结构多元化的局面已经形成。

（6）发展经济学对中小企业的研究。到20世纪六七十年代，中小企业的发展迎来了新的机遇——人们逐渐发现过去偏重于大企业和着重于政府计划作用的发展战略有严重缺陷，中小企业的发展顺理成章地被提升到战略地位的高度。值得一提的是，发展经济学不单单是从纯粹的经济范畴来研究中小企业，而是系统地从社会的角度以宏观的视角来研究和定位中小企业的地位和作用。英国学者舒马赫（Schumacher, E. F.）在其1973年出版的《小的是美好的》一书中指出，专业化和大型化的生产模式似乎极大地提高了生产效率，但这种模式只是一种假象，随之产生的许多负面影响是无法掩盖的。这种生产模式导致经济效率降低，环境污染，资源枯竭，并滋生了许多社会问题，失业率居高不下，农村经济发展缓慢，城乡差距拉大，收入水平相差悬殊。鉴于此，走小型化、中间化的道路，大力发展中小企业和"中间技术"是促进社会可持续发展的必然要求。这种论点得到十分广泛的认可，成为最近20年来西方各国普遍建立中小企业的扶植政策的基本出发点。

二 产业选择与专业协作理论

企业规模理论对中小微型企业的研究都是基于宏观层面展开的，有些经济学家认为宏观研究太过于笼统，研究中小企业的生存与发展必须细化到产业层面，这样就产生了产业选择与专业协作理论。美国经济学家斯蒂格勒（George Stigler）认为不同产业的最佳规模不相同，并提出生存技术理论来确认产业的最佳规模：将某一产业的厂商按规模分类，根据不同时期不同规模类别的厂商在产业中所占份额，计算出各类规模厂商的份额的变化。若份额上升，就说明对应的规模效率较高,反之则规模效率较低,从而确定该产业的最佳规模范围。适合中小企业发展的产业就是最佳规模比较小的产业,如表 2-1 所示。

表 2-1　　　适合中小企业发展的产业选择规模情况　　单位:千美元

产业	最佳公司规模 (1948—1951 年)	最佳公司规模范围		经营单位平均规模 (1947 年增加值)
		起始点	终点	
罐头水果、蔬菜和海产食品	6536	1000	敞开	240
宽幅织品(棉)	5847	50	敞开	2595
鞋(硅胶除外)	4359	1000	100000	524
纸袋、纸板容器和纸板箱	4127	1000	100000	428
雪茄烟	3753	250	50000	174
肉类产品	2665	500	100000	322
非铁铸造品	2365	500	50000	172
毛皮物品	1966	1000		55
分隔物、棚架、有锁的器具等	1545	500	50000	121
葡萄酒	1304	500	5000	227
女子服装	1304	500	50000	150
书籍	1137	50	50000	399
期刊	1117	250	10000	307
窄幅织物和其他小商品	1382	500	5000	226

资料来源:斯蒂格勒:《产业组织和政府管制》,上海三联书店 1989 年版,第 102 页。

说明:敞开,意味着该产业现有最大规模公司也包括在最佳规模范围内。

施太莱(Staley)和奠斯(Morse)1965 年对美国产业组织结构进行了实证分析,认为从技术和经济两方面分析生产成本、规模经济、市场特征及地缘区位等因素,可知不同产业适合不同规模的企业经营。根据这些因素，他们归纳出 8 种适合中小企业经营的细分产业：原料来源分散；地区性产品市场；服务性产业；可分割的制造过程；手工制品；简单装配、混合及装饰工艺过程；特异性产品；产品市场小。日本学者太田一郎将经济部门分为使用大型设备，生产大型产品段成套设备，需要巨额投资，适合大企业经营的集中型部门和多品种、小批量生产或为大企业配套生产，往往适合中小企业发展的分散型部门。

还有一些学者从中小企业与大企业的关系入手来深究中小企业的发展空间及价值所在。他们认为，中小企业与大企业之间并不是截然对立的孤立个体，而是紧密联系、专业协作，组合成比独立个体更富效率的综合经济体。艾夫里特（R. T. Averitt）提出了"中心—外围论"。他认为在现代经济中，垄断企业是处在核心地位的核心企业，中小企业集聚在其周围。核心企业以规模大、多元化、复合化的跨国公司居多，外围的中小企业大多规模小、市场密度低而且经营期短。日本学者则提出了"系列化论"，认为现代经济体系是以大企业为顶点，以中坚企业为骨干，以大量中小企业为基础而组成的垂直型协作方式。不同规模企业的系列化不仅能为大企业节约交易成本和产品开发、生产与管理成本，也减少了中小企业的信息收集成本和销售成本，提高了中小企业经营的稳定性。有大量的实证分析数据说明这些理论的合理性，如美国在 1991—1997 年有 250 万家中小企业为 500 家大公司生产配套产品；日本平均每个汽车厂家拥有一级协作配套企业 168 个，二级协作配套企业 4700 个，三级协作配套企业 31600 个。

三 技术创新理论

"创新"的概念最早由熊彼特（J. A. Sclmmpeter）在 1912 年发表的《经济发展理论》一书中提出。根据熊彼特的定义，"创新"是指"新的生产函数的建立"，即"企业家对生产要素的新的组合"。创新包括五种基本类型：引入一种新的产品或提供一种产品的新质量；采用一种新的生产方法；开辟一个新的市场；获得一种原料或半成品的新的供给来源；采取一种新的企业组织形式。① 技术创新和组织创新是创新的两种基本形式，相对于组织创新，技术创新更算得上是创新的本质与核心。经济学家对于创新推动经济增长，决定经济增长的速度、模式与周期毫无争议，但在企业技术创新能力与企业规模的关系问题上，不同时期的经济学家做出的解释也是大相径庭的。早期的经济学家，包括熊彼特本人，认为大企业是推动技术创新的最主要、甚至是唯一的力量。这种观点在20世纪60年代以前占有统治地位，其主要理由是：第一，创新需要较大的成本，只有大企业才能承担；第二，创新具有不确定性，大企业可以对多个项目进行分散投资，从而有效规避风险。第三，大企业的规模效应能将创新带来的收益扩大，大企业对于创新的内在动力也因此而得到强化。

对于上述论断被后期大量的实证研究证明是不正确的。1965年谢勒尔（F. Scherer）对448家名列《幸福》500强的大企业进行了分析，结果表明大部分产业中的企业R&D支出随企业规模的扩大而增大，但发明专利（创新能力）并不与企业规模的增长成正比。班德（Bond, E, A.）1984年对2852家美国公司及其拥有的4553件发明专利进行的研究表明，小企业（年销售额少于1千万美元）的销售额占总体的比例仅为4.3%，所拥有的发明专利数则占总体的5.7%。还有一些经济学家对企业的技术创新能力进行定量分析，得到了大致相同的结论：中小企业的技术创新能力明显优于大企业。如1982年格耳曼（Gellman）研究得到的结果表明中小企业中每位员工的技术创新能力平均比大企业多2.45倍，1995年奥德斯（Audl‐etsch, D. B.）所做的同样的研究得到的结论是多2.38倍。

对于中小企业的技术创新优势，谢勒尔等人从企业内部结构方面进行的解释总结起来可以归纳为三点：①相对于大企业烦琐费事的层层申报程序，中小企业的创新决策用时较少，从而节省了人力，缩减了时间，提高了效率；②中小企业和大企业对创新人员的

---

① [美] 约瑟夫·阿洛伊斯·熊彼特：《经济发展理论》，北京出版社2008年版，第12页。

奖励机制一般有较大差别，大企业多把创新人员调任管理岗位作为对他们的奖励，而中小企业将创新人员视作核心人员。这样看来，中小企业的创新能力相比大企业更具持续性；③大企业的创新偏重于有较大市场盈利潜力的业务，中小企业受自身实力限制，创新只能落实到大企业无暇顾及的边缘产业。

四 市场缝隙理论

在现代市场经济之中，可以用"有限的商品、无限的市场"来形容。如何利用无限的市场增加有效供给，这就需要不断地寻找市场中的"盲点"、市场中的"缝隙"。基于这种思考，日本著名经营学家长岛总一郎通过对几百家企业的企业管理诊断，提出了"市场缝隙战略"理论。他认为，在现代市场中，永远存在着市场的盲点。中小微型企业生产经营活动要围绕着"寻找市场缝隙"而展开，并以新产品的开发作为实施市场缝隙战略的核心。① 从本质上讲，"市场缝隙战略"是一种企业开拓市场的个性战略，是一种能够充分反映中小企业特性的企业经营与发展战略。凡是能够在竞争激烈的市场经济之中生存与发展的中小企业，除了政府的扶持之外，更重要的就是每个中小企业都要具有与其他中小企业所不同的地方，才能创造商品的差异性，并带来市场的繁荣。

战略管理理论领域的学者认为，有三种因素导致了市场结构里存在大量的市场缝隙：其一，在产业集中度较高的行业中，微型企业与大中型企业相比具有进入优势；其二，现存大企业将降低自身的纵向整合能力，这就为战略灵活性、适应性强的微小型企业占据大企业放弃的细分市场提供了更多的行业进入机会；其三，高度的产品差异化可以为创建微小企业提供广泛的产品特色选择范围，小微型企业便不必面对面与大中型企业展开直接竞争，从而增加了存活率。因此，微型企业可充分发挥机制灵活、市场适应性强、行动快捷等特点，千方百计、灵敏迅捷地寻找市场的"缝隙"。由于技术革新与市场的动态结合所导致的服务经济化和科技创新的发展，

---

① ［日］长岛总一郎：《市场缝隙战略》，长春出版社1990年版，第122页。

为中小企业带来新的"缝隙市场",结果大企业越来越大,微型企业越来越多。

五 产业集群理论

哈佛商学院教授迈克·E. 波特（Michael E. Porter）在《国家竞争优势》（2002）中认为产业集群是在某一特定区域内的特定领域中存在着一群相互关联的供应商、关联产业和专门化的制度和协会。而一个由相互独立而又非正式联盟的公司和机构组成的产业集群,代表着一种富有活力的组织形式,具有效率、有效性和灵活性方面的优势。[①] 波特认为,在现代社会,生产力是竞争的决定因素。企业的生产力取决于企业采用何种方式竞争,竞争领域并不是生产力的决定因素。企业运用先进的知识和技能向市场提供优质的服务和差异化的产品,就能产生较高的生产力。自我强化的循环伴随产业集群的出现而出现,这个循环能促进它的发展。同时,竞争活跃并且有地方政府政策支持的区域,自我强化的循环对产业集群的促进作用更加明显。

产业集群论为中小企业打破"规模经济"的制约,获得持续发展提供了理论支持。众多中小企业集聚组成产业集群,对于集群组织中的个体来说就出现了积极的协同效应,也可以说中小企业通过这种模式也可以获得规模经济。此外,产业集群论为中小企业存在的形式,存在的领域及中小企业之间的竞争与协调开辟了新的理论研究方向。不仅如此,甚至可以推断当经济学仍徘徊在宏观经济和微观经济之间、垄断与竞争之间时,一个以地区经济为核心的竞争社会极有可能创造出新的经济学理论。

按照塞格列和迪尼（Giovana Ceglie & Marco Dini）对集群的纵向演化阶段划分,企业集群演化的顺序依次为："本地位置"型、"本地市场"型、"本地结网"型、"创新"型、"产业"型等。在企业集群演化的早期,微型企业集聚构成了早期的微型企业集群,微型企业通过集群积聚了良好的外部效应和集聚效应,同时市场竞

---

① ［美］迈克尔·波特:《国家竞争优势》,华夏出版社2002年版,第10页。

争力也大大增强,将产业集群扩大化就形成了地区甚至国家竞争优势。事实证明,产业集群理论是禁得起实践考验的:"一乡一品"、"一镇一品"这样的典型微型企业集群战略具有很强的适应性和竞争力。因而,微小型企业集群已经成为众多欠发达地区经济发展的方向之一。

第二节 小微型企业发展的战略选择

人们通常认为企业战略是大型公司、大型企业应该做的事,大部分小微型企业根本不会意识到战略在企业发展中的重要性,其发展和运行仅仅是出于短期出现的市场空白填补或对地方资源的简单利用,没有长远的目标。事实上,战略管理对于小微型企业来说是尤为重要的。小微型企业由于人力、物力和财力的限制,不可能在许多领域都具有竞争优势,所以,这就要求小微型企业一定要坚持专业化的发展道路,集中企业的可用资源,加强核心能力,以形成企业长期持久的竞争优势。

一 战略管理的定义

现代管理学大师彼得·德鲁克(Peter F. Drucker)曾说过:"没有战略,你将会走到一个你不想去的地方。"[①] 人们对于战略问题的研究最早来源于战争,古代社会矛盾纠纷不断,而矛盾发展到不可调和的程度就只能通过战争的方式解决,军事战略应运而生。随后战略被广泛应用于经济、政治、企业管理等领域并发挥了巨大的作用。战略对于各个领域的指导性作用是不可估量的,德鲁克的话很好地说明了这一点。

在西方的战略管理文献中很难查到关于企业战略的统一定义,主要由于不同的理论研究者与管理者对它的理解不同,所以赋予它的含义也不同。对于企业战略的定义很难找到一个统一标准,

---

① David J. Teece, Gary Pisano and Amy Shuen, Dynamic Capabilities and Strategic Management, *Strategic Management Journal*, Vol. 18 (7), 1997: 3 – 4.

到目前为止,学界给出的说法也是众说纷纭。按照哈佛商学院教授、SWOT 分析法的创始人肯尼思·安德鲁斯(Kenneth R. Andrews)的说法,企业总体战略可以说是企业的一种决策模式,它提出实现目标应该制订的重大方针和计划,同时决定和揭示了企业的目标、目的,明确企业的人文组织类型与经济类型,对企业经营业务范围给予准确的界定,以及决定企业应对员工、顾客和社会做出的经济层面与非经济层面的贡献。伊戈尔·安索夫(Igor Ansoff)作为战略管理的开创者,他认为企业战略管理应该分两大类:企业经营战略和总体战略。经营战略主要关注的是企业应该怎样在选定的领域里进行竞争;企业总体战略考虑的是企业应该选择进入经营业务的类型。达特茅斯大学塔克商学院的教授詹姆斯·布赖恩·奎因(James Brian Quinn)则认为,战略就是将一个组织的政策、活动与主要目的通过一定的顺序结合,并最终统一成一个紧密整体的模式或计划。有了战略指导,企业便可以洞悉自身的弱点,掌握竞争对手的动态,预测环境变化,从而合理配置资源,赢得竞争优势实现企业的持续快速发展。加拿大管理学家亨利·明茨伯格(Henry Mintzberg)提出了企业战略的规范定义,即战略可以是一种计划、一种观念、一种计策、一种定位或是一种模式,这些构成了企业战略的 5P's(即产品策略、价格策略、广告策略、促销策略、包装策略)。现代管理大师彼得·德鲁克在《管理的实践》一书中对战略的定义是:战略就是管理者找出企业实际上拥有的资源并在这些资源的基础上决定企业应该做什么。①

尽管学界对企业战略的定义千差万别,但有一点是共同的:企业战略的制定和成熟都要经历一个选择的过程,不同企业有各自不同的模式、计划、目标以及方向、定位和观念,但是战略的制定毫无疑问都是根据各自不同的实际情况选择最适合自身发展的方略。可以认为,企业战略就是企业有意识地整合内部优势和外部机会,

---

① [美] 彼得·德鲁克:《管理的实践》,吕巍译,机械工业出版社 2009 年版,第 56 页。

对全局性的、长远性的重大问题做出合理规划,从而选择在现有资源和目前竞争环境下最适合集中力量重点进发的领域,以实现企业良性运转、发展壮大的目标。

二 小微型企业与大型企业的战略差异

企业战略在小微型企业的发展过程中是贯穿其中的,但大多数企业主往往是无意识、不规范的实施战略管理,也不能上升到理论高度。由于小微型企业和大型企业在企业规模、人员构成等方面均有很大不同,因此,小微型企业的战略影响因素与大型企业相比也是有区别的,如表2-2所示。[①] 第一,大企业的管理规范且具体,并且大型企业的管理者多是专职人员,专门负责企业的战略制定工作,但小微型企业的管理者既是战略制定者,也是战略执行者,可能会欠规范和具体。第二,大企业更具实力,因而其面临的环境相比小微型企业更加稳定,这也意味着实力悬殊的小微型企业面临的环境将更加动荡,会有更大的竞争压力。第三,在整个生产运营过程中,大企业有着一体化的制造过程,从市场回收反馈信息的周期也较长。而小微型企业生产制造过程简单,市场反应时间较短。由此也可以看到,小微型企业制定的战略往往缺乏系统性。对于多数小微型企业来说,战略的制定并不是基于对内部资源和外部环境的考察分析,更多的是基于管理者个人的知识结构和管理风格。

表2-2　　　　小微型企业与大型企业战略影响因素对比

企业规模 影响因素	大型企业	小微型企业
管理风格	政策制定者、权力掌控者	民主放任者、直觉思考者、从常规工作思考者

[①] 白俊宇:《小微型企业发展战略探讨》,硕士学位论文,武汉科技大学,2012年。

续表

企业规模＼影响因素	大型企业	小微型企业
生产过程的复杂性	较长的生产前置时间、可用资本密集、一体化制造过程、高技术、市场反应时间长	较短的生产前置时间、简单的制造过程、低技术、市场反应时间短
环境的复杂性	环境稳定、很少竞争、大量市场与顾客	环境动荡、单一市场与顾客、竞争激烈
规范性	规范且具体	欠缺规范和具体
问题的实质	具有长远意义的、复杂的、艰难的问题	短期效应的问题

小微型企业在发展战略问题上主要有以下三点区别于大型企业。

1. 战略分析的深度和广度不同

战略分析是企业战略管理的出发点，管理者根据所处的环境推断出未来环境变化趋势，并对企业可能造成的影响做出预测。无论是大企业还是小企业，战略分析都是普遍存在的，小企业的战略分析往往是无意识的。尽管如此，战略分析存在于小企业之中这是毋庸置疑的。企业外部环境一般是由企业所处社会的政治、经济、法律及行业的竞争、供应、需求等因素综合而成。环境分析对企业而言至关重要，而大型企业和小微型企业在分析的深度和广度上存在着明显差异。这是因为：首先，小微型企业的创建过程和内部组织结构往往比较简单，对自身发展状况可以进行清晰精准的定位。其次，小微型企业的业务范围一般是局部性的，战略分析的时候并不需要考察太大范围内的各种力量对比情况。最后，由于自身力量的限制，小微型企业很难像大企业一样运用一些先进的分析工具或分析方法。因此，小微型企业发展战略的制定往往只关注少数对自身发展影响重大的环境因素。

2. 战略选择的侧重点和具体内容不同

战略选择的过程其实就是战略决策过程，即是在众多预备方案中选择一种最适合自己的发展方略。尽管都是选择发展战略，但大企业和小微型企业对战略的选择有明显的侧重点差异。一般来说，大企业将在经营的领域中如何获得竞争优势和企业具体的经营范围作为两个需要解决的核心问题。小企业业务范围比较小，产品也比较单一，这与大企业"大而全"的经营模式明显不同。因此，对于小微型企业来讲，获得区域市场的竞争优势更具有现实意义。

3. 战略实施中的方式不同

为了将战略转化为现实的效益，制订合理的实施方案是必不可少的。不考虑其他个别因素，从宏观的角度来说，企业应该通过三个方向来实施战略。第一，整合内部结构，优化分工机制。第二，成立战略管理实施小组，选择合适的人员来贯彻落实战略。第三，从横向和纵向两个方面制订支持方案。

大型企业的所有权和经营权通常是分离的，为了保证战略决策得到系统、全面的贯彻执行，可以选择合适的人员操作。但小微型企业通常结构简单且具有低正规化、高集权化的特点，企业的所有者与经营者通常是一体的，领导的素质和能力对企业的战略选择和执行起决定性作用，战略的制定者很可能就是战略的执行者，所以难以通过选择管理者来保证战略的实现。此外，小微型企业的首要目标是生存，其实现生存的根基就是产品的营销，企业都要围绕这个目标来配置其本就有限的资源，此时就会弱化整体战略而强化某一战略职能，所以战略实施也是无法保证其系统性和全面性的。

三 适合小微型企业的战略种类

实践中，制订出一套行之有效的战略管理体系和实施方案是企业适应环境获得生存的必要条件。以下是几种常见的战略模型，可以为小微型企业进行战略选择提供有益的参考。

1. 专业化经营战略

专业化经营战略其核心内容是"小精专"，它是根据数量众多的小微型企业规模较小、资源有限的特点而制定的一种发展战略。由于小微型企业自身实力较弱，实行专业化经营战略，既可以在单一的产品线和狭小的市场上扩大产量，提高质量，取得竞争中的优势地位，又可以为大中型企业提供配套产品，从而走出一条以小搏大、以精发展和以专制胜的发展道路。

2. 市场补缺战略

小微型企业有实施市场填补战略的天然优势：大企业无暇顾及到的领域就形成了"缝隙市场"。小微型企业可以通过敏锐的市场洞察力，通过寻找市场存在的各种空白，凭借自身快速反应和机动灵活的特征，迅速进军空白市场，占领先机。例如，在传统的工艺器具、生活小五金制品等市场，由于产品种类繁多，本身就不符合大中型企业规模化生产的要求，小微型企业则完全可以占领空白市场。小企业只要及时获取信息，快速做出反应，就可以趋利避害，获得竞争优势。

3. 电子商务战略

科技资源带来的收益往往是不可想象的，IT技术在企业经营活动中扮演的角色也越来越重要。小微型企业可以通过分析自己业务内容和市场环境，选择合适自己的IT技术，实现管理的信息化。虽然电子商务战略不失为一种值得考虑的发展战略，但小微型企业也应该清楚地认识到，电子商务在中国普及范围毕竟有限，甚至在一些经济落后地区，电子商务是被当作一种新生事物而认识的。因此，没有必要的知识和技术支持，电子商务战略的实施并不容易。

4. 生存互补战略

这种战略是根据小微型企业产品单一、力量单薄的特点而制定的一种经营战略。大型企业如果想要获得规模经济效益，必然要摆脱全面的生产体制束缚，转而向社会分工与协助中寻求帮助。这就增加了大企业对中小微型企业的依赖性，同时也为小微型企业提供了生存与发展的机会。因此，这种依赖性的关系被称为生存互补战略。小微型企业在决定自身发展方向的同时，可以与一个或几个大型企业进行长期的固定合作，与大中型企业建立紧密的协作、分工。生存互补战略简单来说就是小微型企业和大企业之间建立上下游关系，相互依存，互利共赢。由小企业承担一部分大企业的下游产业链上的环节，一方面给小微型企业带来了业务，另一方面也使大企业对小微型企业的依赖性增强，无疑也就增加了小微型企业的外部机会。譬如，现在为小米公司代工的企业就不止一家。小米提供技术和品牌，生产则由与小米有合作的其他企业完成。作为一个科技公司，小米避免了增加生产流水线走全面生产道路而带来的成本增加的风险，为之代工的企业又扩展了自己的业务，增加了收入。这种生存互补战略不失为一种值得考虑的发展战略。

5. 特许经营战略

特许经营大中型企业将自己的品牌、服务或产品在一定的范围内提供给小微型企业，并将小微型企业的部分营业收入回收作为补偿。在这个合作机制下，小微型企业获得了在特定范围内的独立或垄断经营权，大企业通过分享小微型企业的一部分经营成果而获得收益。目前，特许经营战略已经成为大型公司与中小企业之间的一种主要合作形式。特许经营的优点在于将规模经营与灵活性统一起来，将大型企业的能力和资源与中小微型企业的优势整合起来。小微型企业可以通过特许经营战略与大型企业联系在一起，从而共同获利，有效降低生产经营中的风险。

6. 科技创新战略

在科技飞速发展的信息时代，产品创新对于企业发展是一个非常重要的着力点。小微型企业通过在科技领域中的发明与创新或通过购买某种尚未开发但有市场前景的技术，取得某一市场或产品的核心技术，并将其转化为技术优势，以形成自身的核心竞争力，使企业的产品处于领先地位。科技创新战略对知识的要求是比较高的，因此小微型企业一定要注意吸纳高技术人才，时刻关注市场的变化，保持技术跟进和及时更新换代。科技创新战略要对核心技术有高度保密要求，面临替代技术的冲击时能及时做出回应，做到在行业内产品和技术处于领先地位。

7. 品牌经营战略

品牌是企业的无形资产，甚至代表了企业在公众心里的形象，是公众对企业产品、服务和态度的认可程度。品牌经营战略就是指小微型企业通过创立品牌来树立形象，扩大群众基础，推动企业发展壮大的一种战略。大多数大企业都经历了从小到大的发展过程，一些知名度很高的成功企业其品牌也是在企业规模还不大的时候建立的。海尔进军美国市场的时候也曾不被关注，甚至很多美国人不知道"Haier"该怎么拼读。当海尔以其高品质的产品在美国市场占得一席之地时,美国大地上就出现了第一个以中国企业命名的街道:Haier街。树立品牌意识,实施品牌战略,在很大程度上就是向市场和公众对自己产品和服务的一种承诺,一旦市场认可了这个品牌,企业的竞争优势将大幅提高。

8. 联合经营战略

小微型企业自身实力有限,独立地完成一个产品的整个生产过程比较困难,即使能够完成,也会因为高昂的生产成本而失去竞争优势。如果由多个小微型企业共同完成,则每个个体只需要专注于其中一个生产环节,这样就提高了生产专业化,降低了生产成本,提高了最终产品的质量。同时在这个小微型企业群也可以实现一定的规模效益,在市场上的整体竞争力也会提高,实现了个体小微型企业的生存发展。这种由多个小微型企业平等合作,共享成果的合作机制就是联合经营战略。联合经营战略包括紧密型联合和松散型联合两种,紧密型联合是指企业之间除了生产协作之外,还有资金、销售、网络等方面的联合;松散型联合是指企业之间仅限于专业分工或生产协作方面的联合。小微型企业选择哪种方式的联合要根据自身情况、市场容量、合作对象和竞争程度等多种因素综合考虑,以明确对企业发展最有利的发展方式。

第三章

甘肃省小微型企业发展的相关政策与战略重点

中小企业扶持政策是国家或地区经济政策体系中的一个重要组成部分,与其他政策一样,由于历史、文化、经济发展水平不同,各国制定的中小企业扶持政策的重点各异。同一国家或地区在不同的发展阶段以及不同的环境中,中小企业政策也要做相应调整。近年来,我国各级政府在金融、财税政策方面,法律层面、管理方面等出台了一系列政策和措施,不断地为小微型企业的生存与发展创造良好的环境,极大地促进了小微型企业的发展。

第一节 我国中小微型企业发展的扶持政策

中小微企业政策是指政府根据中小企业的实际情况和本国有关产业发展的特点,对中小微企业采取的一系列方针、措施和规定。中小微企业政策除具备一般政策固有的公共性、权威性、价值性外,还具有复杂性、针对性、可操作性、时效性等特点。小微型企业的发展取决于多方面的因素,其中,政府政策无疑是影响小微型企业发展的最为重要的外部因素。从国家层面来看,近几年支持中小微企业发展的政策体系是比较完备的。这些政策的出台,无疑对中小微企业的健康发展起到了积极的作用。

一 小微型企业的发展有赖于政府的支持

政府对小微型企业的扶持具有客观上的必要性和必然性。对小微型企业的发展而言,政府支持的必要性主要体现在以下几方面。

1. 小微型企业实现长远发展战略离不开政府的支持

作为一个重要的企业群体,中小企业的发展在促进创新和增强国家整体竞争力方面的巨大作用是毋庸置疑的。中小企业因其数量巨大而且分布范围广,所以蕴藏了大量就业机会,对促进下岗职工再就业有着重要意义。同时,中小企业因其优势条件,最大限度地贴近了社会公众,在发展自己的同时也方便了公众的生活,提高了周边人们的生活水平,这与政府想要的结果殊途同归。现代市场经济是多元化的,中小企业的存在也是必然的,但是中小企业毕竟规模有限,管理水平也不尽科学,在完全竞争状态下往往很难达到预期水平。这时,政府应该着眼于全局高度和长远目标,鼓励并支持中小企业的发展。

2. 市场机制对小微型企业发展的调节作用是有限的

在竞争环境下,市场调节是中小企业的主要调节机制,即适者生存,优胜劣汰,但有一些问题靠单纯的市场机制很难解决。根据市场经济的基本假定,市场中的每个生产者或消费者都是平等的,即不存在少数的生产者或消费者能够控制和直接影响市场或其他的生产者或消费者。但这个理论只存在于规模相差不大的竞争环境中,现实往往和理论并不完全一致。中小企业规模明显小于大企业,在人才、技术、资金等各个方面也都明显处于劣势。①中小企业信用度低,融资难几乎是公认的。②中小企业由于较小的产出规模,很难左右市场格局,更多时候只能被动地接受。而大企业则可以利用自己的资源和影响力来改变市场格局,因而能够掌握主动,占据优势。③信息的缺乏是制约中小企业科学决策的硬伤,市场调节的滞后性带来的不利影响也就更加明显。④一般来讲,中小企业具有不同于大企业的独特的创新性,但中小企业因其资金、技术等方面的劣势,无形中又扼杀了潜在的创新。综上所述,不难看出中小企业在市场竞争中其发展往往会受到各种限制,常常处于不利地位。因此,只有在政府宏观调节这个"有形的手"的帮扶下,中小企业才能摆脱先天限制,健康发展。

3. 小微型企业的国际化发展离不开政府的支持

当今世界经济一体化趋势日益加强,不管是大企业还是小企业,走出国门都是时代的必然要求,国际化趋势已势不可挡。但中小企业由于自身力量薄弱,在国际竞争中往往缺乏大企业所拥有的雄厚实力,在国际市场很难获得一席之地。因此,政府对中小企业提供必要的扶持是非常必要的。从实践来看,政府加强对中小企业的扶持力度,收益的并不仅仅是中小企业。中小企业往往对大企业提供相关配套服务,中小企业力量增强的同时,也会促进大企业的发展,从而有利于国家和地区产业国际竞争力的全面提高。

二 我国中小微型企业扶持政策的回顾

在《中小企业划型标准规定》出台以前,中央各种政策文本中是没有微型企业一词的,微型企业被涵括在小型企业之中。因此,2011年6月前,适用于小型企业发展的各类政策同样适用于微型企业。目前来看,对小微型企业的特殊倾斜政策大致包括财税、金融、技术培训、社会服务等几个方面。

基于对中小企业在国民经济和社会发展中的重要功能,为改善中小企业经营环境,促进中小企业健康发展,我国专门针对中小企业出台了一系列政策。国务院办公厅、财政部、国家税务总局、中国人民银行、人力资源和社会保障部、中国银监会等出台的有关文件中,也有诸多针对中小企业的优惠政策。譬如,2002年颁布了《中华人民共和国中小企业促进法》,从资金支持、创业扶持、技术创新、市场开拓、社会服务等五个层面提出了促进中小企业发展的系列举措。2005年,《国务院关于鼓励支持和引导个体私营等非公有制经济发展的若干意见》正式下发,这是一部全面促进包括个体经济、私营经济在内的非公有制经济发展的重要的政策性文件。2008年,中央出台了许多关于中小企业发展的政策,涉及财税、金融、信息化、设立专项资金、完善相应服务等方面。2009年1月,为全面贯彻落实党中央、国务院关于扩大内需、保持经济平稳较快发展的一系列决策部署,工业和信息化部发出《关于做好缓解当前生产经营困难保持中小企业平稳较快发展有关工作的通知》。9月,《国务院关于进一步促进中小企业发展的若干意见》(国发〔2009〕36号)出台。"36号文"从

"营造有利于中小企业发展的良好环境""缓解中小企业融资困难""加大对中小企业的财税扶持力度""加快中小企业技术进步和结构调整""支持中小企业开拓市场""改进对中小企业的服务""提高中小企业经营管理水平"等方面全方位地阐述了中央关于发展中小企业的系统措施,是其他部门制定相关中小企业优惠政策的指导性文件。2010年,为深入贯彻落实《国务院关于进一步促进中小企业发展的若干意见》,中央围绕中小企业融资担保、财税资金、创新发展、公共服务等维度又出台了诸多优惠政策,为中小企业的发展提供了坚实的政策保障,扫清了中小企业发展中的障碍。表3-1列出了2009—2010年中央关于中小企业发展的主要政策。①

表3-1　　　　2009—1010中央关于中小企业发展的主要政策

政策分类	年份	政策性文件
融资担保类政策	2009年	《关于印发〈中小外贸企业融资担保专项资金管理暂行办法〉的通知》(财企〔2009〕160号)
		《关于进一步加大对科技型中小企业信贷支持的指导意见》(银监发〔2009〕37号)
		《工业和信息化部、国家税务总局关于中小企业信用担保免征营业税有关问题的通知》(工信部联企业〔2009〕114号)
	2010年	《财政部、工业和信息化部、银监会、国家知识产权局、国家工商行政管理总局、国家版权局关于加强知识产权质押融资与评估管理支持中小企业发展的通知》(财企〔2010〕199号)
		《关于印发〈中小企业信用担保资金管理暂行办法〉的通知》(财企〔2010〕72号)
		《工业和信息化部关于加强中小企业信用担保体系建设工作的意见》(工信部企业〔2010〕225号)
		《工业和信息化部关于做好中小企业金融服务合作工作的通知》
		《关于开展科技专家参与科技型中小企业贷款项目评审工作的通知》(国科发财〔2010〕44号)
		《中国人民银行、银监会、证监会、保监会关于进一步做好中小企业金融服务工作的若干意见》(银发〔2010〕193号)

---

① 王佳宁、罗重谱:《中国小型微型企业发展的政策选择与总体趋势》,《改革》2012年第2期。

续表

政策分类	年份	政策性文件
财税类政策	2009年	《关于金融企业涉及农贷款和中小企业贷款损失准备金税前扣除政策的通知》（财税〔2009〕99号）
		《关于小型微利企业有关企业所得税政策的通知》（财税〔2009〕133号）
		《财政部关于印发〈中小商贸企业发展专项资金管理暂行办法〉的通知》（财建〔2009〕229号）
		《关于2009年度中小商贸企业发展专项资金使用管理有关问题的通知》（财办建〔2009〕72号）
		《关于做好2009年中小企业服务体系专项补助资金使用和管理工作的通知》（工信厅企业〔2009〕185号）
	2010年	《关于支持和促进就业有关税收政策的通知》（财税〔2010〕84号）
		《关于印发〈地方特色产业中小企业发展资金管理暂行办法〉的通知》（财企〔2010〕103号）
		《关于印发〈中央财政关闭小企业补助资金管理办法〉的通知》（财企〔2010〕231号）
创新发展类政策	2010年	《关于进一步加强中小企业节能减排工作的指导意见》（工信部办〔2010〕173号）
公共服务类政策	2010年	《关于促进中小企业公共服务平台建设的指导意见》
		《关于印发〈国家中小企业公共服务示范平台管理暂行办法〉的通知》（工信部企业〔2010〕240号）
其他	2010年	《关于印发全面推进小企业劳动合同制度实施专项行动计划的通知》（人社部〔2010〕30号）

2011年6月，工业和信息化部、国家统计局、国家发展改革委、财政部研制了《中小企业划型标准规定》。这次标准修订的重大突破和亮点之一是参照一些国家将中小企业划分为中型、小型和微型的通行做法，结合我国的实际，在中型和小型企业的基础上，增加了微型企业标准。这次对小企业的划分标准的完善使国家对中小企业的分类统计管理更加科学化，大体上与世界主要国家对小企业的界定一致。这次细分使标准适用的行业更加宽广，各个行业几

乎都涵盖了进去，指标的选取也更加灵活，个体工商户在这次改动中纳入了参照执行范围。

2011年9月23日，工业和信息化部发布《"十二五"中小企业成长规划》，提出了"十二五"时期促进中小企业成长的总体思路、发展目标、主要任务和重要措施，是"十二五"时期提高中小企业发展质量的行动纲领，是制定中小企业规划和政策的重要依据。该规划提出要实施中小企业公共服务平台网络建设工程和中小企业信息化推进工程两大关键工程和中小企业创新能力建设计划、创办小企业计划、中小企业管理提升计划、中小企业市场拓展计划四个中小企业信息化推进工程。2011年10月12日，温家宝总理主持召开国务院常务会议，研究确定支持小型和微型企业发展的金融、财税政策，确定九条政策措施支持小型和微型企业发展，被业内称为"国九条"。这九条措施是：加大对小型微型企业的信贷支持；清理纠正金融服务不合理收费，切实降低企业融资的实际成本；拓宽小型微型企业融资渠道；细化对小型微型企业金融服务的差异化监管政策；促进小金融机构改革与发展；在规范管理、防范风险的基础上促进民间借贷健康发展；加大对小型微型企业税收扶持力度；支持金融机构加强对小型微型企业的金融服务；扩大中小企业专项资金规模，更多运用间接方式扶持小型微型企业。

除此之外，有关部门也出台了诸多优惠政策，为小型微型企业起到了减负作用。主要的财税政策有：《关于继续实施小型微利企业所得税优惠政策的通知》《关于员工制家政服务免征营业税的通知》《关于延长金融企业涉农贷款和中小企业贷款损失准备金税前扣除政策执行期限的通知》等。财政部、国家税务总局审议通过《关于修改〈中华人民共和国增值税暂行条例实施细则〉和〈中华人民共和国营业税暂行条例实施细则〉的决定》，大幅提高了营业税和增值税的起征点，宣布自2012年1月1日至2015年12月31日，对年应纳税所得额低于6万元（含6万元）的小型微利企业，其所得减按50%计入应纳税所得额，按20%的税率缴纳企业所得税，同时还将个体工商户增值税和营业税的起征点提高到月销售额或营业额5000元到2万元和每次（日）销售额或营业额300元到

500 元。《关于免征小型微型企业部分行政事业性收费的通知》规定决定在未来 3 年免征小型微型企业 22 项管理类、登记类和证照类等有关行政事业性收费——共计 13 大项，合计 22 个小项，以减轻小型微型企业负担。此外，还有关于小型微型企业融资担保、创新发展、公共服务的政策。其中，融资担保类政策有：《中国银监会关于支持商业银行进一步改进小企业金融服务的通知》（银监发〔2011〕59 号）、《中国银监会关于支持商业银行进一步改进小型微型企业金融服务的补充通知》（银监发〔2011〕105 号）94 号）、《关于金融机构与小型微型企业签订借款合同免征印花税的通知》（财税〔2011〕105 号）；创新发展类政策有：《关于印发〈中欧中小企业节能减排科研合作资金管理暂行办法〉的通知》（财企〔2011〕226 号）、《关于印发〈中小企业集聚区知识产区那托管工作指南〉的通知》（国知发管字〔2011〕63 号）、《关于进一步促进科技型中小企业创新发展的若干意见》（国科发政〔2011〕178 号）；公共服务类政策有：《关于加快推进中小企业服务体系建设的指导意见》（工信部联企业〔2011〕575 号）等。

2012 年 2 月 1 日，国务院常务会议再次聚焦小型和微型企业健康发展问题，提出了四大政策措施：一是完善财税支持政策。扩大中小企业专项资金规模，中央财政安排 150 亿元设立中小企业发展基金，主要支持初创小型微型企业。二是努力缓解融资困难。三是加快技术改造，提高装备水平，提升创新能力。实施创办小企业计划，培育和支持 3000 家小企业创业基地。四是加强服务和管理。建立和完善 4000 个中小企业公共服务平台。这些措施的提出是对以前出台的各项优惠政策措施的完善和后续发展。除此之外，这次会议也提出了许多创新举措，其中鼓励支持符合条件的商业银行发行专项用于小型微型企业贷款的金融债和符合条件的小额贷款公司可改制为村镇银行这两项举措都非常具有代表性和典型性。支持政策的出台及时减少了中小企业发展的不利因素，也为中小企业的蓬勃健康发展注入了新的活力。这是贯彻落实"国九条"出台的一系列扶持政策细化方案之一，是国家为促进小微型企业发展出台的最新政策，对改善小微型企业税费过重起着重要的作用。

2013—2015年，国家陆续出台了一系列的针对小微企业的优惠政策，促进小微企业快速发展。譬如，2013年7月24日，国务院常务会议决定，从2013年8月1日起，对小微企业中月销售额不超过2万元的增值税小规模纳税人和营业税纳税人，暂免征收增值税和营业税，并抓紧研究相关长效机制。这将使符合条件的小微企业享受与个体工商户同样的税收政策，为超过600万户小微企业带来实惠，直接关系几千万人的就业和收入。2014年4月，财政部、工信部、科技部、商务部联合印发了《中小企业发展专项资金管理暂行办法》（财企〔2014〕38号），整合后的专项资金用于中小企业特别是小型微型企业科技创新、改善中小企业融资环境、完善中小企业服务体系、加强国际合作等。2015年，财税〔2015〕34号文件规定：自2015年1月1日至2017年12月31日，对年应纳税所得额低于20万元（含20万元）的小型微利企业，其所得减按50%计入应纳税所得额，按20%的税率缴纳企业所得税。

应中央关于扶持小型微型企业发展的政策取向，各地地方政府也根据本地小型微型企业发展实际，制定了许多政策性文件，相继出台了一系列优惠性措施，推动本地小型微型企业发展，以充分发挥其在促进地方经济发展、转变经济增长方式、缓解就业问题等方面的作用。可以预见，未来党中央、国务院将会更有针对性地为小微型企业的生存与发展创造更好的环境，未来国家出台的政策和措施将不仅局限于金融、财税政策方面，法律层面、管理方面等都将有所改善。如针对小微型企业出台《小微型企业保护法》，明确小微型企业的法律地位以及相应的权利和义务；建立合理的退出和进入机制，确保政策的有效性和针对性；加大个体户转微型企业的优惠幅度，提供免费的培训等；积极发挥中介组织的作用，引导小微型企业有效利用各种社会资源；延长政策性保护措施的时限，为小微型企业与国际接轨提供平台支持；等等。

第二节　甘肃省小微型企业发展的相关扶持政策

改革开放以后，甘肃省政府出台了一系列政策来扶持中小企业的发展,促进了甘肃省小微型企业的快速发展。数据显示,全省非公经济增加值由 2009 年的 1263.56 亿元增加到 2013 年的 2507.2 亿元,增长 68.2%,非公经济发展增长显著。① 实践表明,以民间创业创新为特征的小微型企业,是甘肃经济发展的动力和活力的不竭源泉。

一 甘肃省小微型企业发展的主要政策

根据国家出台的一系列政策,甘肃省近年来也积极出台了相应的政策措施,旨在消除一切妨碍非公有制经济发展的思想观念、体制弊端、政策规定,促进甘肃非公有制经济跨越发展。

2008 年 9 月,甘肃省人民政府下发了《关于加强中小企业信用管理工作建立中小企业信用体系的意见》(甘政发〔2001〕61 号),以推动中小企业的发展,尤其是中小企业的信用工作。2008 年,为了对中小企业创新进行支持,促进甘肃中小企业又好又快发展,甘肃省制定了《甘肃省中小企业公共技术服务平台认定办法》(试行)。2009 年 6 月 4 日,甘肃省第十一届人民代表大会常务委员会第九次会议通过了《甘肃省促进中小企业发展条例》,并于 2009 年 8 月 1 日正式实施。该条例从资金支持、创业扶持、技术创新、市场开拓、社会服务、权益保护等几个方面对中小企业的发展进行扶持。

2011 年,为了促进中小企业健康发展,进一步规范和完善中央财政中小企业发展专项资金管理,结合甘肃省实际,甘肃省财政厅和甘肃省工业和信息化委员会制定了《甘肃省国家中小企业发展专项资金管理实施办法》。2011 年 4 月,为加快甘肃省中小企业公共服务平台建设,促进中小企业转变发展方式,实现科学发展,甘肃省制定了《甘肃省中小企业公共服务示范平台认定和管理暂行办法》。2011 年 4 月,为切实加强甘肃省中小企业公共服务示范平台的管理工作,促进服务机构为中小企业提供更好的服务,根据《甘

---

① 伏润之:《甘肃:多方发力激发非公企业深层活力》,《甘肃日报》2014 年 10 月 28 日,第 003 版。

肃省中小企业公共服务示范平台认定和管理暂行办法》（甘工信发〔2011〕182号），省工信委又进一步制定了《甘肃省中小企业公共服务示范平台考核细则》。

2012年，通过并实施了《甘肃省"十二五"中小企业成长规划》。2012年，甘肃省制定了《甘肃省人民政府关于促进小型微型企业发展的指导意见》（甘政发〔2012〕39号），促进小微型企业的发展，引导和帮助小型微型企业稳健经营。2012年4月，甘肃省政府出台了《甘肃省人民政府关于进一步促进小型微型企业发展的指导意见》（甘政发〔2012〕39号），制定加强金融政策扶持、加大财税扶持力度、支持小微型企业发展的公共服务、鼓励小微型企业加快技术改造等四大类共18条政策措施，引导和帮助小微型企业健康发展。

自2013年1月1日起，开始免收登记类、证照类等各种行政性收费，减免的费用由全省各级财政统筹安排同级相关部门的经费预算。在大力培育优势品牌方面，甘肃省支持非公企业申请注册商标，加大非公经济市场主体著名商标、驰名商标、地理标志等认定推荐力度。注重培育、发展和保护地方特色优质品牌，支持申报和积极保护地理标志产品，发展区域品牌，鼓励在境外注册商标，提高企业和产品的知名度，拓展市场占有率。

2014年5月，甘肃省政府正式下发《关于贯彻落实党的十八届三中全会精神推动非公有制经济跨越发展的实施意见》，着重就消除对发展非公有制经济的政策障碍和隐性壁垒制定了30条具体的政策措施。2014年8月，甘肃省工商局结合省情实际出台了具体贯彻落实措施。首先，将放宽准入限制，鼓励小微型企业进入基础设施、公用事业、社会事业等投资领域。其次，为缓解融资困难，将尽快实现小微型企业信用信息与金融部门沟通共享，以信用资产助力小微型企业发展。建立"绿色通道"帮扶制度，定向提供品牌发展、关联产业信息等服务，其中省著名商标认定向小微型企业倾斜。2014年10月，甘肃省出台《甘肃省普惠金融发展规划（2014—2018年）》并在全省实施。《规划》提出甘肃省要以农村和小微型企业、弱势群体为重点，实现金融资源在社会各领域、各阶层公平合理配置，降低金融服务门槛，惠及广大群众。2014年11月，甘肃省政府办公厅下发《关于着力缓解企业融资成本高问题的实施意见》，提出，为着力缓解企业融资成本高问题，促进金融与实体经济良性互动，甘肃省要扩大信贷有效供给。

除了省级层面出台的助推非公经济发展的政策文件外，甘肃省全省上下一直都在努力深化政策措施，各地从组织领导、机构设置、政策支持、服务环境等方面制定出台了一系列政策措施，政策效应逐步显现。譬如，兰州市启动"3个20万元"优惠政策，仅2013年下半年就扶持初创微型企业1383户，共投入资金8.44亿元；天水、嘉峪关、酒泉、金昌、白银、平凉等6市安排专项资金1000万元，陇南市安排专项资金2000万余元，武威、定西、张掖3市安排专项资金3000余万元，天水、庆阳、临夏3市州安排数亿元专项资金，用于支持小微型企业应用新技术、新工艺、新装备；省发改委积极利用循环经济专项资金支持非公经济参与农业、工业、服务业和社会各领域循环经济项目建设。2013年甘肃省工信委开通"甘肃中小企业投融资网"，通过股权、短期融资等形式为21户中小企业融资5.27亿元，全省中小微型企业实现工业增加值604.9亿元，增长24.42%。①

此外，近年来甘肃省通过省级科技型中小企业技术创新基金等专项政策扶持，多措并举加大扶持科技型中小微型企业力度，企业科技创新热情得到进一步激发。譬如，2010—2013年共投入科技经费6100万元，支持了近250家科技型中小微型企业的技术创新项目，支持了多家为中小微型企业服务的科技中介服务机构。2013年启动的"科技小巨人"企业培育计划，将重点培育创新能力和市场竞争力强、销售收入在3000万元以上的"小巨人"科技型企业，力争3至5年促使其销售收入过亿元。

二　甘肃省小微型企业扶持政策实施效果

事实证明，甘肃省政府出台的一系列扶持中小微型企业发展政

---

① 伏润之：《甘肃：多方发力激发非公企业深层活力》，《甘肃日报》2014年10月28日，第003版。

策的颁布与实施，在一定程度上帮助中小微型企业走出了发展困境，极大地促进了中小微型企业的发展，显示出了良好的政策效果。

1. 小微企业数量不断增多，发展较快

近年来，在中小微企业扶持政策的帮助下，甘肃省小微企业发展取得了一定的成绩。中小微企业扶持政策出台和实施的过程中，甘肃省中小微企业数量逐年增加。截至2012年年底，甘肃省中小微企业数量已经超过9.5万户。中小微企业完成工业增加值在2012年也已突破千亿元大关，相关政策的出台和实施促使中小企业为本省提供了80%以上的新增就业岗位，承接了50%以上的农村劳动力转移。由以上数据可得出，甘肃省中小微企业扶持政策促进了甘肃省中小微企业的整体发展，巩固了小微企业在甘肃省国民经济运行中的重要地位。

2. 小微企业税收负担得到一定缓解

考虑到中小微企业规模小且税收负担比较重，甘肃省政府制定和出台了针对中小微企业的税收优惠政策，帮助中小企业"减负"。从近几年甘肃省中小企业发展的情况来看，中小微企业税收优惠政策确实发挥了较好的政策效应，中小微企业在增值税、企业所得税等方面获得了优惠，促使中小微企业提供了更多的城镇就业岗位。税收优惠政策还鼓励企业积极地进行技术研发和产业升级，提高了中小微企业的内在竞争力。

3. "融资难"困境有所缓解

"融资难"作为制约甘肃中小微企业发展的关键因素，得到了甘肃省政府的高度重视。甘肃省政府从中小微企业的融资渠道、融资方式、融资担保等各方面入手，制定了相关的信贷政策，这些政策帮助甘肃省一些中小微企业解决了融资难的困境，维持了中小企业正常的生产经营活动，解决了甘肃省中小微企业的燃眉之急，帮助中小微企业拓宽了融资渠道。

4. 促进了中小微企业的技术创新

为了加强甘肃省中小企业的市场竞争力，甘肃省政府积极引导中小微企业加强技术创新和研发能力，省政府制定的相关财税政策鼓励中小微企业技术创新。2012年，甘肃省中小企业专项资金中，80%都投向于小微型企业的新技术、新工艺和新产品的开发上。甘肃省有一大批中小企业与省内外高校、科研机构建立了合作关系，中小微企业开发的新产品中，60%以上是由企业与高等院校、科研院所以不同合作方式开发的。截至2013年，甘肃省认定的259家高新技术企业中有70%以上为科技型中小微企业，这些企业将享受所得税减按15%的税收优惠政策。已建成各类科技企业孵化器19个，在孵科技中小微企业900余家，累计毕业350家。由此得出，甘肃省中小微企业高技术产业群体已初步形成。

5. 社会化服务体系不断完善

近年来，甘肃省政府意识到了社会化服务体系在中小微企业发展上发挥的积极作用，因此，省政府制定和出台了相关的扶持政策，加大资金扶持力度，初步形成了中小企业的社会化服务体系。截至2015年，甘肃省共创建了9家国家级中小企业公共示范平台，为中小企业提供教育培训、管理咨询与诊断、市场营销、技术开发、法律援助等方面的支持，中小企业公共示范平台的作用在不断完善和优化。

第三节 甘肃省小微型企业发展的战略重点

战略重点是指具有决定性意义的战略任务，它是关系到区域全局性的战略目标能否达到的重大的或薄弱的部门或项目。为了达到战略目标，必须明确战略重点。没有重点，就没有政策。与发达省市和新的市场需求相比，甘肃省小微型企业的自身素质和发展水平还较低，小微型企业面临着融资难、成功创业难、转型升级发展难等突出问题。因此，甘肃省小微型企业发展的重点和关键就在于如何创造有利于企业发展的经营环境，如何解决融资难等问题，如何更好地加强扶持和引导，促进甘肃小微型企业转型升级，充分发挥小微型企业市场主体的积极作用。值得注意的是，随着战略行动的逐步推进，战略重点呈现阶段性特征，必须注意及时调整。

一 甘肃省小微型企业发展的战略原则

为了让小微型企业在对企业经营进行长远谋划时，能选择并做出最适合本企业发展的战略规划，实现小微型企业的健康发展，可以考虑以下五条战略原则。

1. 战略原则一：突出特色的差异化经营原则

差异化是指企业提供的产品在行业内或区域内具有独特的、明显区别于其他同类产品的特点，差异化的方式可以是技术特点、品牌形象、经销网络、客户服务及其他方面的独特性。坚持差异化原则可以利用客户对产品差异化的需求及由此产生的价格敏感度降低，使小微型企业避开与大型企业的正面冲突，它可以增加利润而不用一味追求低成本。小微型企业完全能够不以扩大市场规模为目标，而保持市场上的相对优势地位。通过开发区别于大型企业的、高附加值的产品，而达到占领特定市场获得生存空间的目的。差异化要求小微型企业有一定的创新能力，这种创新不仅局限于技术或产品的创新，也可以是客户体验的创新。小微型企业非常贴近市场，可以根据消费者的需求，采取差异化战略，生产与大型企业有差异的特色产品，吸引客户。差异化的优点是：多品种、小批量、机动灵活，可以适应和启发客户需求，因而不断提高销售额。

2. 战略原则二：基于核心能力的专业化原则

现代战略的基础理论认为，企业的竞争优势主要来源于企业内部特异的、优质的资源。我国则认为企业的优势来源于与政府的关系、劳动力成本、获得资金的难易程度等外部因素上。事实上，国内企业这种依赖外部环境所获得的优势是有局限性的，在全球企业竞争的大环境下，企业的竞争优势应该来自于内部和外部两个方面，在结合外部环境的威胁和机会的同时，仔细分析自身的优势和劣势，通过资源的整合使企业优势不断放大，从而形成企业的核心竞争力。小微型企业由于人力、物力和财力的限制，不可能在许多领域都具有竞争优势，所以，这就要求小微型企业一定要坚持专业化的发展道路，集中企业的可用资源，加强核心能力，以形成企业长期持久的竞争优势。很多小微型企业由于盲目追求资源，导致企业核心优势丧失，失去了活力。对于拥有高技术的小微型企业而言，强化核心技术的开发能力是十分重要的，因为它是最有可能演变为企业核心竞争力的。

3. 战略原则三：提升竞争力的虚拟化经营原则

从价值链的角度来看，世界上无论什么样的企业、具有多大规模，都不可能在所有环节具备明显的竞争优势，所以，为了强化和保持核心业务，使企业更具有竞争力，企业可以只保持最关键的核心环节，其他在企业有限资源的约束下无法较好完成的环节，可以将之"虚拟"。虚拟经营的理念是：如果某一环节我们并不具备竞争优势，而这一环节又不会把企业与客户需求隔离，或外包能够实现低成本、高品质，就通过管控交由其他企业完成。其具体方式有技术互换、战略联盟、业务外包等。

4. 战略原则四：定位准确的目标集聚化原则

企业没有了市场等于没了生存的条件，现代商业社会中竞争的全球化和消费周期的缩短将使得新市场不断地涌现，这同时意味着对于企业而言，问题不是有没有市场，而是市场机会是什么？它在哪里？如何才能找到它？这也是小微型企业制定战略的潜在出发点。事实上，现有的市场也不可能是完全饱和的，总会存在各种空缺。这些空隙由于产品服务面比较窄，市场容量不大，大企业因不能形成规模效应而不会涉足该领域，这也正是小微型企业的生存空间。只要看准机会，迅速挤占，将这部分空间组成联合网络，就会形成巨大的市场空间，而小微型企业灵活机动、适应性强的特点，可以保证它们在发现空隙的时候钻进去，而形成独特的竞争优势。

5. 战略原则五：利于发展的配套合作原则

在合作竞争并存的大环境下，大中型企业的迅速发展同时也为小微型企业提供新的发展机遇。由于小微型企业产品单一、业务范围狭窄、规模较小，所以具有依附性，独立生存能力比较弱，故可以与大中型企业产生某种稳定的合作关系，使自己成为大企业的卫星工厂。采用这种战略有利于提高专业化的生产能力和水平，形成单一产品的规模化生产，有效降低生产成本。而与大企业的配套关系则使其产品有稳定的销售渠道，大大减少了经营风险。

二 甘肃省小微型企业发展的战略重点

战略规划不可能面面俱到,明确的战略重点是极为重要的。甘肃省发展小微的企业的难点在于:一是如何解决融资难、发展难的问题;二是如何创造有利于小微企业发展环境的问题;三是如何建立和完善市场化服务体系的问题。因此,甘肃省小微型企业发展的战略重点就是围绕这些难点问题,有针对性地找准解决问题的方向、领域,提出相应的措施,实行资源重点配置,行动重点推进,以实现甘肃省小微型企业的转型升级和健康发展。

1. 战略重点之一:解决小微企业发展难、融资难问题

以国家推动甘肃发展的政策叠加机遇为契机,争取放宽民间投资准入领域,拓宽小微型企业创业渠道,加强对有效投资方式与模式的引导,推动地方金融改革。同时积极推动金融机构切实加大对小微型企业的信贷支持,加快推进企业直接融资。推进以企业为主体的自主创新,加大对小微型企业科技创新的支持力度,打造"技术成果的电子商务市场",促进小微型企业与科技成果的对接和交易。健全完善创业基地内基础设施等硬环境以及公共服务等软环境,切实围绕小微型企业转型升级发展搞好服务。进一步减费让利、减轻企业负担。清理整顿和规范涉企收费项目,取缔、取消、降低行政事业性收费和经营服务性收费。

2. 战略重点之二:优化小微型企业创业发展环境

以高标准、高质量创建小微型企业创业基地。明确小微型企业创业基地的产业导向、科技型企业的入驻比例以及小微型企业入驻的门槛,对不符合要求的创业基地要实行限期整改,整改后仍不达标的要摘牌取缔,提高发展水平。同时鼓励各类投资主体建设和运营孵化器、创业园、创意园等各类创业基地,引导小微型企业发展循环经济,实现绿色低碳发展。

3. 战略重点之三:加强社会化市场化服务体系建设

充分发挥市场在社会化服务领域资源配置中的积极作用,为社会资本投资创造良好环境,推动小微型企业进入相关服务业发展,满足人民群众多层次、多样化服务需求。同时完善相关政策,放宽

准入领域,推进公平准入,鼓励社会力量创办服务小微型企业的各类中介服务机构,同时,结合事业单位改革,推动政府部门下属的各类中介服务机构实行管办分离,属于非法人企业的,逐步转制为企业。

第四章

甘肃省小微型企业发展战略环境分析

小微型企业的发展是经济繁荣的基础。随着国家和甘肃省出台的一批各具特色的扶持政策，甘肃省小微型企业发展迅猛，非公市场主体出现大幅度增长。总体看，小微型企业在甘肃省国民经济中的重要作用日益凸显。同时，"一带一路"建设大大地激发了甘肃省企业"走出去"的积极性。因此，加大对中小微型企业的扶持力度，优化小微型企业的发展环境，对于甘肃省经济顺利实现宏观经济发展战略目标十分关键。

第一节 甘肃省发展小微型企业意义重大

改革开放以来，西部地区中小微型企业由小到大，从少到多，从"补充地位"上升为"重要组成部分"，在西部经济发展中的重要性和作用日益显著，已成为推动经济增长的重要力量。甘肃省作为西部大省，小微型企业更是甘肃经济发展中最具活力的主力军，在促进就业、增加税收、实现共富等方面扮演着十分重要的角色，具有重要的战略地位。

一 小微型企业是甘肃省经济发展的重要战略增长点

改革开放以来，东西部经济差距逐渐拉大，西部地区第一、第二、第三产业均很落后，农业基本处于小农经济状态。在西部工业结构中，与当地经济关联度较低的资源开发性国有大中型企业和军工企业较多，重工业占的比重远远大于轻工业。同时，与东部相比，西部企业数量少，自我积累能力低，工资水平也明显低于东部地区，加快产业结构转型是扭转局面的必然要求。因此大力发展中小微型企业，对于调整产业结构以及带动第三产业发展，增加农民的收入，缩小东西部及城乡经济的差距，具有决定作用。从整体看，根据《2013年第三季度全国市场主体发展报告》统计资料显示，东、西部地区企业均发展较快，所占比重有所扩大。西部地区231.37万户，增长11.37%，占15.74%，比上年同期扩大0.28个百分点。个体工商户在中、西部地区发展较快。西部地区920.53万户，增长10.29%，占21.35%，比上年同期扩大0.40个百分点。甘肃省2012年规模以上中小企业实现利税总额174.24亿元，比2011年提高了16.52个百分点；实现主营业务收入1910.81亿元；固定资产投资与2011年相比，也是在稳步前进，成为国民经济中最具活力的新的战略增长点。显然，发展中小微型企业有利于促进甘肃经济增长，对缩小甘肃省与东部省份的经济差距，尤其是城乡经济差距具有重要意义。甘肃地处西部，大部分地区是我国自然条件较差的地区。由于恶劣环境的制约，在甘肃省大力发展节水低能耗产业，限制各类高污染、高能耗产业的发展是当务之急。而小微型企业因其规模小、调整快等特点，适于发展一些劳动密集和技术密集以及对水资源、能源、资源消耗小的项目。因此，发展小微型企业是摆脱环境制约的战略选择之一。

二 小微型企业是甘肃省吸纳就业的重要战略平台

小微型企业是甘肃省实现创业就业的主渠道。一是从资产净值人均占有份额上来看，同样的资金投入，小微型企业可吸纳就业人员数倍于大中型企业。二是从容纳就业人数的空间上来看，大型企业扩大就业的能力与资本的增长呈反比例的变化。随着大企业技术构成和管理水平的不断提高，加上企业的优化重组，大中型企业劳动密集型的特征正在迅速淡化，集中在轻工业和服务业的小微企业，成为新成长劳动力就业和失业人员再就业主要承担者。三是从绝对份额来看，小微型企业是解决城镇就业和农村富余劳动力向非农领域转移就业问题的主渠道。这主要是由于相对大中型企业，创办微型企业具有使用资源少、门槛低等优势,创办速度更快,数目众多的微型企业在总量上提供社会的就业机会更多些。目前,中国70%的城镇居民和80%以上的农民工都在小微型企业就业。数据显示,在吸纳就业方面,2010年,甘肃中小微型企业从业人员168万,承接了50%的农村劳动力资源的转移,全省新增就业岗位75%左右由中小微型企业提供。截至2012年年底,甘肃省中小微型企业提供了80%以上的新增就业岗位,承接了50%以上的农村劳动力转移。2014年甘肃省临夏州中小微型企业22859户,吸纳社会就业16万人,其工业对财政的贡献率为23.3%。甘肃陇南把电子商务作为实现非公经济跨越发展的突破口,大力开展电子商务进农村、进社区、进市场、进景区活动,2014年通过电子商务实现销售总额4.7亿元,带动1.03万人就业。① 可见,中小微型企业日益成为创造就业岗位,解决就业问题的主力军。而进一步解决甘肃省就业压力的根本出路,不能靠单纯输出劳动力,而在于中小微型企业的快速发展。

三 小微型企业是甘肃省提升外贸竞争力的重要战略力量

发展甘肃省经济,必须依靠市场机制,通过培育资本市场,吸引各种资本尤其是东部和外商投资共同参与发展。中小微型企业在发展中一般不需要或者基本不需要国家投资,但它们却是经济发展中最为活跃的主要力量。着眼于丝绸之路经济带甘肃"黄金段"建设提供的外贸机遇,甘肃省外贸结构开始发生变化。海关部门的数据显示,中小民营企业正逐渐成为甘肃外贸的主力。今年第一季度,民营企业进出口占同期甘肃省对外贸易总值近8成。其中多家面向丝绸之路沿线国家的民营企业,进出口呈现出上升态势。譬如,甘肃省武威金苹果农业股份有限公司,2015年开始在阿富汗和哈萨克斯坦"搞试验",为其在这两个国家分别建立超过1000公顷的种子繁育基地做准备。而该公司于2014年在巴基斯坦建立的种子繁育基地已经有产品收获,并经过口岸运送到国内生产加工,带

---

① 党海文、魏和平:《陇南非公企业助推地区经济发展》,《中国工商报》2015年1月9日,第002版。

动该企业进出口额度大幅增加。随着贸易便利化水平的不断提高，跨境电子商务的发展，以及一系列促进外贸发展的政策措施的出台，民营企业将会孕育更多地外贸竞争新优势。① 此外，甘肃省投资环境与东部地区相比还有较大的差距，外商投资不可能大规模进驻，所以发展当地中小微型企业并吸引东部资本也是当务之急。

四 小微型企业是甘肃省壮大企业家队伍的重要战略资源

现代社会中，企业家是一种战略性资源。企业的经营成败主要取决于企业家的决策和管理水平。没有企业家，企业就不能长久地存在。在甘肃省经济发展中，最为稀缺的资源是真正意义上的企业家。企业家的稀缺是企业发展的瓶颈，而这是难以在短期内克服的。因为市场经济实质上是竞争经济，不仅是资源、资本、技术等方面的广泛竞争，更为关键的是企业的企业家之间的竞争。从长远看，小微型企业的发展有利于壮大民族工业，是未来民族工业最坚实的基础。小微型企业具有产权清晰、市场反应灵活、经营管理上受政府干预小等优势，能为企业家的产生和成长提供极好的实践环境。大力发展中小微型企业，可以培育出敢于开拓新领域、开发新产品并极富创新精神的企业家，创办成功的企业，从而为当地经济的繁荣贡献力量。

五 小微型企业是甘肃省稳定社会经济发展的重要战略举措

社会发展的历史进程表明：没有社会稳定就没有经济发展，社会稳定与经济发展是紧密联系和互相依托的，社会稳定推进经济发展，经济发展又使社会局面得以稳固。微型企业雇员少，一般来说是以亲朋好友为主，他们有较强的归属感，激励动因大，避免了团队中的"搭便车""偷懒"行为，也避免了"委托—代理"中的机会主义、败德行为和目标函数不一致而出现的高昂的激励成本。尤其是以儒家文化为内核的我国，"打仗亲兄弟，上阵父子兵"，由亲

---

① 郑以：《"一带一路"带动民企成甘肃外贸主力》，《中华工商时报》2015年5月11日，第001版。

缘关系组成的企业，容易形成合力。数目众多的微型企业对缩小地区经济差距、促进地区协调发展、缩小社会阶层贫富差距以最终实现共同富裕、保护民族经济、促进民族团结、突破"二元"社会经济结构以及促进社会政治稳定与社会和谐等方面具有极其重要的战略意义。另外，微型企业还是经济周期振荡的抵御力量。从局部的地区经济发展来看，由于千千万万的微型企业在激烈的市场竞争中生死不已，相替频繁，与大企业相比，微型企业客观上劳动力成本低、生产要素流动性强，因此不像大企业的兴衰与经济周期持有较为紧密的同步性，客观上成了经济周期振荡的抵御力量。

第二节 甘肃省小微型企业发展概况

小微型企业与区域就业、经济增长和社会稳定息息相关，涵盖了国民经济的主要行业，其密集程度决定着城乡居民的收入水平。经过多年发展，小微型企业已成为支撑甘肃经济社会发展的基石，更是推动甘肃区域产业结构升级的底层力量。

一 甘肃省小微型企业发展现状

1. 我国小微型企业发展整体情况

改革开放以来，我国中小企业得到了蓬勃发展。中小微型企业的经营范围几乎涵盖了除某些特殊行业和垄断行业的全部领域，特别是在第二产业，如一般加工制造业、采掘业、建筑业所占的比重是非常大的。在第三产业中，如批发零售贸易业、餐饮业和社会服务业也一般都是中小微型企业居多。根据国家统计局企业调查总队对全国6010家中小企业进行的调查结果显示，从行业分布看，主要集中在工业行业和批发零售贸易业，如图4-1。截至2013年年底，全国各类企业总数为1527.84万户。其中，小微型企业1169.87万户，占到企业总数的76.57%。将4436.29万户个体工商户纳入统计后，小微型企业所占比重达到94.15%。就目前而言，中小微型企业的发展为我国社会经济的发展做出了重要贡献。我国中小微型企业创造的最终产品和服务价值相当于国内生产总值

（GDP）总量的 60%，纳税占国家税收总额的 50%，完成了 65% 的发明专利和 80% 的新产品开发，如图 4-2。①

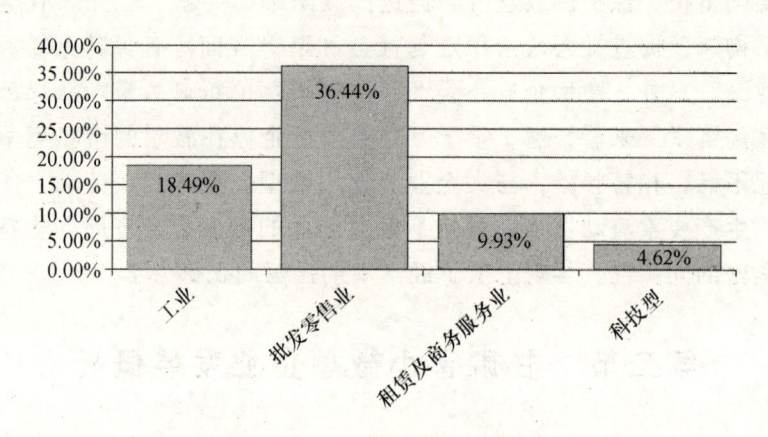

图 4-1 小微型企业行业分布

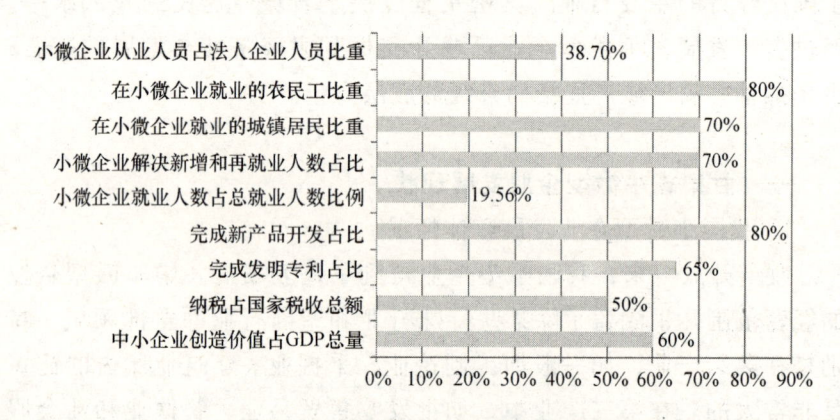

图 4-2 我国中小企业的社会贡献

私营小微型企业是小微型企业的主体。小微型企业涵盖城乡各类企业所有制形式，但在国有和集体、外资、私营企业中，小微型企业比例各不相同，反映了我国国有和集体、外资、私营三种不同

---

① 国家工商总局全国小型微型企业发展报告课题组：《全国小型微型企业发展情况报告（摘要）》。

所有制性质的企业类型的规模、资产及营业情况,如图4-3。① 外资企业中小微企业的比重最低,外资企业规模相对较大,仅53.94%的企业符合小微企业标准。国有和集体企业主要存在于关系国家经济命脉的主导行业,投资规模较大,小微企业所占比例为61.39%。私营企业中小型微型企业的比重最高,80.72%的私营企业均为小微企业,构成了我国小微企业的主体。国家工商总局数据显示,截至2013年3月底,我国实有企业1374.88万户。其中,私营企业1096.67万户,占企业总数的近80%,据此测算,全国私营小微企业有885.23万户。而在小微企业内部结构中,微型企业占据绝对份额,小型企业占14.88%,微型企业占85.12%,小型与微型企业的比例约为1:5.72。小微企业特别是私营小微企业的蓬勃发展,说明我国市场经济体系日益完善,民营经济生存成长环境得到有效改善。

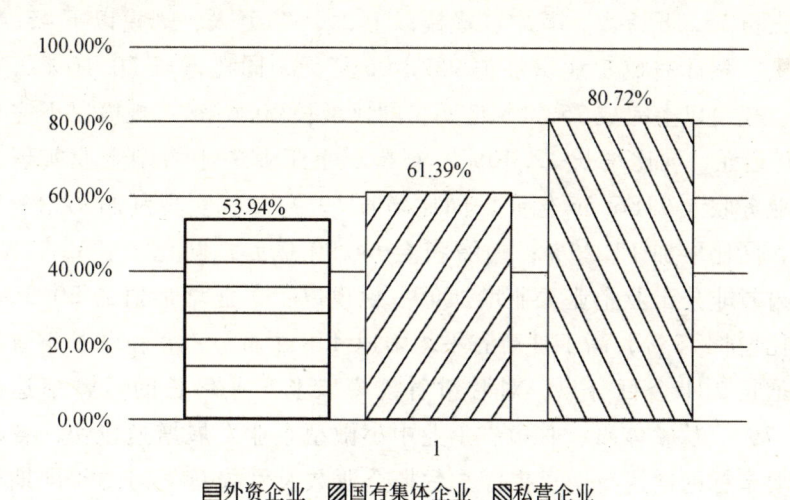

图4-3 各种所有制企业中的小微型企业占比

---

① 国家工商总局全国小型微型企业发展报告课题组:《全国小型微型企业发展情况报告(摘要)》。

2. 甘肃省小微型企业发展情况

根据国家《中小企业划型标准规定》，小微型工业企业即从业人员 20 人及以上，且年营业收入 300 万元及以上的小型企业和从业人员 20 人以下或年营业收入 300 万元以下的微型企业。甘肃省工信厅提供的数据显示，从数量规模而言，小微型企业占据了甘肃省企业总数的绝对多数。甘肃省工商局数据显示，甘肃省 2013 年共有小微型企业 9.01 万户，占全省企业总数的 50%。2014 年 1 月至 7 月，全省新增市场主体 12.32 万户，其中新增小微型企业占 51.2%，达到 6.31 万户。①

以甘肃省工业中小微型企业为例。根据《中国中小企业年鉴 2014》的数据显示，2013 年甘肃省共有工业中小微型企业 59240 户（含个体工业企业），其中：规模以上 1770 户（中型企业 279 户，小型企业 1395 户，微型企业 96 户），规模以下 57470 户；从业人员 75.18 万人，其中：规模以上 29.77 万人，规模以下 45.41 万人。累计完成工业增加值 933.06 亿元，同比增长 20.10%，其中：规模以上完成 753.06 亿元，同比增长 20.60%；规模以下完成 180 亿元，同比增长 12.40%。规模以上工业中小微型企业实现主营业务收入 2186.56 亿元，同比增长 19.11%；实现利润 92.59 亿元，同比增加 13.25%；上缴税金 64.90 亿元，同比增长 6.83%。甘肃省非公工业企业工业增加值占规模以上工业增加值的 20.3%，同比增长 13%，高于甘肃省平均增速 4.8 个百分点，拉动甘肃省工业增长 2.4 个百分点，对甘肃省规模以上工业增长的贡献率达到 29.7%。从整体看，甘肃省工业中小微型企业发展增速较快，各项主要指标的增速有明显提高，亏损企业数及亏损总额与去年同期相比均有小幅下降，产品销售企稳回升，利润和投资收益回暖，全省中小微型企业整体继续保持了平稳的运行态势。但用工成本增加、原材料成本上升、销售市场疲软、资金回笼较慢及融资困难等因素依然制约着中小微型企业的发展。

---

① 杨柳岗、陈降明：《甘肃定向扶持小微型企业》，《中国工商报》2014 年 9 月 2 日，第 001 版。

二 甘肃省小微型企业发展特点

1. 甘肃省小微型企业发展迅猛

甘肃省小微型企业广泛分布在城市乡村，基本涵盖了甘肃经济的所有行业。小微型企业多以劳动密集型产业为主要特点，创造了大量的就业岗位，成为甘肃省安置就业、改善和服务民生的重要载体。据甘肃省统计资料相关数据显示，在工业40个大类行业中，甘肃省中小企业的行业分布已涉及了38个工业大类，分布面广，且行业门类全。在38类行业中，轻工业占43.15%，重工业占56.85%，轻工业和重工业的比例相对比较协调。截至2012年年底，甘肃省中小企业数量已经超过9.5万户，占全省注册登记企业总数的99%以上，中小企业完成工业增加值已突破千亿元大关，对全省GDP的贡献率达到32.3%。

2014年第二、第三季度，甘肃省私营企业新增27582户，注册资金1162.83亿元，同比分别增长116.62%、124.51%。由于小微型企业在成长初期不同程度面临融资难、落地难、缺乏办公场地、创业经验不足等困难，甘肃省各级政府出台了多项政策扶持和促进小微型企业的发展。以甘肃省兰州市为例，兰州市出台了《兰州市鼓励全民创业扶持微型企业发展实施办法》，从2013年开始，要求每年最少扶持1000户小微型企业，带动就业不少于5000人。越来越多的创业者通过这项措施获得了发展空间和机会。2014年前三季度，兰州市初创微型企业6000多户，带动就业5万多人。再譬如，截至2014年年底，甘肃省临夏州有中小微型企业22859户，吸纳社会就业16万人，其工业对财政的贡献率为23.3%。甘肃省嘉峪关市小微型企业从业人员16660人，同比增长11.27%，注册资本75.63亿元，同比增长23.48%。小微型企业已成为当地经济发展中最具活力的增长点。

2. 甘肃省小微型企业主要是非公有制企业

随着近些年市场在资源配置中起主导作用，大众参与创业的积极性空前高涨。中小企业的成长壮大既是大型企业发展的根基，也是大型企业健康发展的保证，任何一个大型企业都离不开中小企业为其提供加工、配套和服务的社会化运营。小微型企业虽然面临规模小和资金匮乏的先天不足，但是却具有经营的灵活多变和快速反应的优势。尽管不是所有的中小企业都能在竞争中脱颖而出跻身大企业行列，但小微型企业数量的增长势头却没有丝毫减弱。从这个角度讲，中小企业正迎来了前所未有的发展机遇，小微型企业的数量增长趋势有增无减。譬如，甘肃省陇南市新登记私营企业1127户，私营企业累计达5352户，注册资本230.16亿元；新登记个体工商户5359户，个体工商户累计达65408户，注册资金46.67亿元。全市工商机关共登记注册各类市场主体77220户，其中非公经济占市场主体总量的97.3%，全市非公经济纳税14.9亿元，占全市税收的40%，全市76%以上的城镇新增劳动力和53%以上的农村劳动力就业依靠非公有制经济实体来实现。可见，非公有制中小企业在全省中小企业中的主导地位已日益凸显出来。小微型企业不仅新生快，而且成长快，这是甘肃小微型企业发展在宏观层面上成长性的一个重要特征。

3. 甘肃省小微型企业主要分布在第二、第三产业

甘肃省中小微型企业中医药工业、电子工业这两大行业发展较快，形成了一批比较有发展潜力的企业，成为甘肃省最有发展潜力的新兴产业。小微型企业在生产性服务业、战略性新兴产业等方面已成为甘肃调整产业结构、转变发展方式的骨干力量。2015年4月10日，甘肃省统计局、省第三次全国经济普查领导小组办公室联合发布了《甘肃省第三次全国经济普查主要数据公报》。根据经济普查的结果，截至2013年年末，全省第二产业和第三产业企业资产总计47939.6亿元，甘肃推动经济发展的力量已经逐渐转变为依靠第二、第三产业。而在从事第二、第三产业的法人单位中，小微型企业占九成多。2013年末，全省共有第二产业和第三产业的小微型企业法人单位63683个，占全部企业法人单位94.4%。其中，位居前三位的行业是：工业15415个，占全部企业法人单位的22.9%；批发业14846个，占22.0%；零售业10307个，占15.3%。小微型企业从业人员125.4万人，占全部企业法人单位从业人员49.2%。其中，位居前三位的行业是：工业46.9万人，占全部企业法人单

位从业人员的 18.4%；建筑业 22.6 万人，占 8.9%；批发业 12.1 万人，占 4.7%。小微型企业法人单位资产总计 11721.5 亿元，占全部企业法人单位资产总计 24.5%。其中，位居前三位的行业是：工业 4457.4 亿元，占全部企业法人单位资产的 9.3%；租赁和商务服务业 2981.3 亿元，占 6.2%；批发业 1164.3 亿元，占 2.4%。

4. 甘肃省小微型企业的创新能力逐步增强

从现实看，国际上许多跨国大企业通过购并中小型甚至是小微型企业来获得创新源，然后再依托自身资本、品牌、制造、营销等优势加快创新成果的产业化、规模化。作为科技创新的重要力量，中小企业以小微型企业为主，创新成果占社会经济的 70%。近几年，中央高度重视高科技产业的发展，鼓励中小科技企业发展，尤其对西部地区高科技产业的发展给予很多优惠政策，这些政策都为西部地区小微型企业创新能力的提升以及科技型小微型企业的发展提供了良好的大环境。甘肃省近年来陆续出台政策加大支持中小微型企业技术创新力度，中小微型企业在承接新技术发明方面表现出极大的活力。2010—2013 年共投入科技经费 6100 万元，支持了近 250 家科技型中小微型企业的技术创新项目，支持了多家为中小微型企业服务的科技中介服务机构。1999—2014 年，我省共获得国家科技型中小企业创新项目 1202 个，争取到国家财政科技经费资助 7 亿多元。国家农业科技成果转化资金自 2001 年设立以来，甘肃省共承担项目 120 个，获得支持资金近 8000 万元，其中 60% 的项目由中小企业承担。数据显示，截至 2013 年，甘肃省认定的 259 家高新技术企业中有 70% 以上为科技型中小企业，这些企业将享受所得税减按 15% 的税收优惠政策。已建成各类科技型企业孵化器 19 个，在孵科技型中小微型企业 900 余家，累计毕业 350 家。显然，这些扶持政策大大增强了甘肃省中小微型企业的创新能力。加快发展科技型小微型企业，不断增强小微型企业的创业创新能力，必然成为推动甘肃科技创新的重要动力。

5. 甘肃省小微型企业的社会服务体系正在不断完善

从国外成功经验来看，中小企业的健康发展需要一个健全的社会服务体系。作为发展中的甘肃省中小微型企业也同样需要这样一个体系。中央和地方政府都非常重视中小企业社会服务体系的建立和完善。《中小企业促进法》就明确规定国家鼓励社会各方面力量，建立健全中小企业社会服务体系，为中小企业提供服务。早在2000年7月开始，国家经贸委决定将兰州、成都作为西部地区中小企业社会服务体系试点城市，其发展思路是以城市为依托，以中小企业专门服务机构为核心，通过利用和优化各种社会资源，形成适应中小企业发展需要的多元化、综合化、智能型的服务网络体系，为西部地区全面扶持中小企业发展提供示范。除政策外，还在具体的信用担保机构、信息服务、管理人员培训、人才交易、创业咨询、产权交易等方面进行建设。为了支持小微型企业等薄弱环节和地方经济社会发展，甘肃省积极进行中小企业社会服务体系建设，取得了很好的成效。譬如，截至2014年，甘肃省嘉峪关市小微型企业从业人员16660人，同比增长11.27%，注册资本75.63亿元，同比增长23.48%。目前，嘉峪关市已认定省级公共服务示范平台5个，市级服务平台9个。通过优化和改善发展环境，嘉峪关市启动了中小企业服务中心、小微型企业孵化中心、中小商贸流通企业中心公共服务平台等服务，努力建立健全社会化服务体系，协调解决中小企业在发展过程中存在的重点、难点问题，推动了小微型企业等非公有制经济的跨越发展。

第三节　甘肃省小微型企业发展的困境与挑战

虽然我国政府高度重视中小微型企业的发展，近年来连续出台了一系列政策措施，中小微型企业发展环境明显得到改善，但伴随原料、人工、融资等成本上涨，当前仍面临着很多问题，小微型企业面临的问题尤为突出。与经济发达地区和东部沿海省份相比，甘肃省小微型企业的发展还不太成熟，与东部沿海发达省份的差距还很大。因此，充分了解和把握甘肃省小微型企业发展的现状，根据实际情况分析它们在发展过程中所面临的困难和问题，才能消除障碍，充分发挥小微型企业的作用，促进甘肃省小微型企业健康地发展，从而保证甘肃省经济的稳定持续增长。

一　企业规模偏小，弱化了甘肃省小微型企业竞争力

甘肃省由于地处西北内陆，交通不便，自然条件比较恶劣，与东部沿海经济发达地区相比，中小企业发展差距还很大。市场化进程缓慢、城乡二元结构特征明显、思想意识相对保守，这些因素都严重制约着甘肃省小微型企业的发展。据甘肃省工商联统计，2013年甘肃省非公有制经济在地方经济总值中的比重低于全国平均水平20个百分点，与东部发达省市相比，差距更大。从数量上看，甘肃省每万人仅拥有中小企业57户，远低于全国130户的平均水平；从规模看，年销售收入5亿元以上的民营企业仅为28户；从纳税看，甘肃民营企业纳税亿元以上的仅有6户。① 这说明甘肃中小微型企业总体水平还很低，数量少、规模小，整体竞争力不强。此外，甘肃省缺乏一批"专精特新"的中小微型企业，因此无法在与省外中小微型企业的竞争中获得优势。以甘肃省夏河县为例，2012年小微型企业的数量为1613个，个体工商户的数量为1539户，每万人拥有个体工商户数量为176户，远低于甘肃省平均水平242户，与小微型企业发展较快的重庆、东部沿海地区相比差距更大。以批发零售业、社会服务业、住宿餐饮业为主的第三产业占到绝大多数，小微型企业结构不合理，生产性企业数量偏少，产品（服务）技术含量不高，缺乏高附加值，而具有地方民族特色的企业数量少，具有地域特色的主导产品少，小微型企业整体竞争力不强。

二　企业资金短缺，制约了甘肃省小微型企业成长

中小企业融资问题是一直以来的难题，也是制约我国中小企业发展的长期问题。从总体上看，"融资难"、人才困境等仍然是制约甘肃小微型企业发展的主要因素。2012年，甘肃省仍有80%的企业存在融资难和借贷无门的现象。虽然国家加大了对小微型企业贷

---

① 吕霞：《我省2013年度民企"三个50强"榜单出炉》，《甘肃经济日报》2015年1月12日，第002版。

款的扶持力度,但当前,小微型企业融资难的问题并未从根本上得到有效缓解。据银监会测算,我国银行贷款主要投放给大中型企业,大型企业贷款覆盖率为100%,中型企业为90%,小企业仅为20%,微型企业很少。小微型企业由于规模小,自有资金较为匮乏,对市场风险往往只能被动接受、缺乏有效抵押物因而很难在金融机构得到融资。随着原材料、用工价格的上涨,小微型企业生产成本在不断攀升,盈利空间被压缩。而且在我国证券市场中,中小板和创业板的规模相对比较小,对中小企业融资参评资格要求很高,很少有中小企业能够获得直接融资。我国规定民营贷款公司的利率不能超过四倍,但一些小额贷款公司的贷款利率却远高于这个标准。一些小微型企业迫于困境不得不接受这样高的利率,这样就增大了融资风险甚至在无法偿还的情况下导致资金链断裂。许多大中专毕业生面临严峻的就业形势都有创业的意愿,但大多数因缺乏创业启动资金,找不到适合创业的场地而放弃创业。虽然国家有支持大学生创业的税收贷款优惠政策,但提供贷款的数额无法满足创业者的需求。与此同时,受小微型企业自身规模小、抗风险能力低等因素的影响,小微型企业很难得到金融机构的金融支持。这也诱发了另一个制约小微型企业发展的因素,即人才困境,企业在短期内很难招到所需的各种管理和技术人才,严重影响了企业发展。[①]此外,小微型企业在获取市场信息、研发新产品、开拓新市场等方面与大中企业相比不具有优势,只有通过低廉的价格和周到的服务来赢得客户,扩大其市场占有率。可见,发展资金短缺仍然是制约甘肃省中小企业发展的主要因素。

三 企业管理不规范,影响了甘肃省小微型企业规模扩张

小微型企业管理不规范,已经成为共性问题。目前甘肃省大部分小微型企业的管理水平和方式比较落后、创新能力比较差、市场竞争力不强,文化水平低,品牌知名度低,使得甘肃省小微型企业

[①] 林军、李快满:《甘肃省民族地区小微型企业面临的困境及发展思路——以甘南藏族自治州夏河县为例》,《开发研究》2014年第1期。

的平均生存率仅仅只有 2—3 年。这主要表现在：一是没有规范企业账目。有的小企业主虽有设账，但也只是用来装点门面而非用来记录真实的经营信息，导致有关管理部门无法从账目获得真实信息，同时也使银行对小微型企业的信用做保守估计而拒绝贷款。二是大多数小微型企业不重视劳动合同，导致员工无法享受到应有的保险，因而企业的风险也就无法有效分摊下去。三是小微型企业非常缺乏人才，员工的流动性大。大多高层管理者不具有现代管理的先进理念，中小企业职工自身文化素质也比较低，缺乏一批掌握先进技术的高技术人才。开发人员中高学历的大学生居多，而这部分人又很少有人愿意到小微型企业工作，高层次的研发人员更是缺乏，导致小微型企业的产品单一，更新周期长。大多数小微型企业都采用粗放式的管理方法，有不少企业依靠创业者的个人魅力来凝聚人才，不重视现代企业制度的完善，很少形成科学的管理制度，严重影响企业规模扩张。

四 政策落实不到位，限制了甘肃省小微型企业发展

近几年，随着国家对小微型企业发展的关注度增高和系列政策的出台，小微型企业得到了快速发展。甘肃省也紧紧围绕国家政策，加大加快小微型企业政策扶持和落实力度，但在执行中由于对政策的理解和尺度把握上有些偏紧偏严，或者由于小微型企业自身问题，使有些好政策难以惠及小微型企业。譬如国家税收优惠政策出台的本意就是尽量惠及更多的小微型企业，但往往收效甚微。多数小微型企业粗放式管理，账目不健全，因此无法享受到优惠政策。另外，部分小微型企业无视社会责任，拒绝承担法律义务，也就无法享受到优惠条款。如国家规定企业在为员工交纳"三险"的前提下，企业吸纳高校毕业生、下岗再就业人员，包括农民工投资办企业，每人享受 8000 元的税收扣除，原有企业每吸纳一名上述人员享受 4800 元税收扣除。但遗憾的是，多数小微型企业没有正式的劳动合同，也没有为员工缴纳"三险"，因此无法享受这项优惠政策。

五 社会化服务体系尚未形成,阻碍了甘肃省小微型企业素质提升

借鉴其他国家的实践经验可知,中小企业只有在完善的社会化服务体系的支持下才能健康发展,政府的财政和金融支持以及社会中介机构提供的市场营销、技术开发、教育培训、管理咨询都是必不可少的。就目前情况而言,针对中小微型企业设立的公共服务平台发展不健全,中小微型企业难以从中获得必要的服务,这成为牵制中小企业发展的一个重要因素。虽然有一些商业性的中介机构能够提供高质量的服务,但因其高昂的咨询费用,许多小微型企业只能望而却步。甘肃省中小微型企业社会化服务体系起步较晚,2007年8月,甘肃省社会化服务体系才开始启动。正是因为甘肃中小企业社会化服务体系处于初级发展阶段,还未建立起长效机制,所以严重制约了甘肃省中小企业的发展。主要表现在:一是服务机构数量少、服务水平低。截至2014年,甘肃省已有兰州高新技术产业开发区创业服务中心、甘肃省建材科研设计院等9家国家级中小企业公共示范平台,见表4-1,但与东部省份相比还有一定差距。二是中小企业社会化服务体系提供服务的路径选择面窄。2015年3月,工信部出台的《2015年扶助小微型企业专项行动实施方案》,甘肃省也制订了相应的《方案》,计划将服务中小企业户数(签订合同数)2万户以上,组织开展各类服务活动800场以上,争取6—8户企业在股权交易市场挂牌等,但还未形成多方位的、多层次的中小企业社会化服务体系。与之相比,2015年浙江省已依托省中小企业公共服务平台,推出了第一批小微型企业云服务项目,包括综合办公、智能通讯录、人员定位、天翼对讲、翼机通+等五项基础应用,会议云、易代账、云服务平台、V+、T+、大数据产业情报、信息安全服务平台等七项高级应用。三是政府扶持力度不够。在促进中小企业社会化服务体系的建设上,甘肃省政府实施的相应政策措施尚待完善,资金投入量比较少,政府公共服务能力较弱。

表4-1　　甘肃省中小企业国家级公共服务示范平台

序号	名称	注册时间	服务内容
1	甘肃省兰州高新技术产业开发区创业服务中心	1997.5	负责兰州高新技术产业开发区科技企业孵化，高新技术项目开发，创办大学科技园区；为相关单位提供项目开发研究和高效优质服务
2	兰州交通大学科技园有限责任公司	2008.1	授权范围内的高新技术研发、成果转化及咨询服务；资产租赁与物业管理；新能源、新材料及其应用技术开发、销售、技术培训和咨询；文化创意设计及其相关文化产品销售；高科技项目的投资；科技技术转移服务
3	甘肃省建材科研设计院	1996.3	①提供技术服务；②提供信息查询服务；③提供产品质量保障；④提供人员培训服务；⑤提供工程化服务；⑥提供市场开拓服务
4	甘肃省科学院生物研究所	1978.10	①微生物菌种资源服务；②生物过程工程服务；③生物技术产业信息服务；④工程咨询服务
5	甘肃省机械科学研究院中小企业公共技术服务平台	2004.12	①计算机辅助设计服务；②计算机辅助工程分析；③计算机辅助测试服务；④信息查询与法规标准服务；⑤质量检测服务；⑥工程咨询服务；⑦人员培训服务；⑧设备共享服务
6	甘肃高科投资管理有限公司	2010.2	甘肃中小企业投融资网平台服务：投融资对接服务、企业财务咨询、企业法律咨询、企业融资外包服务、个体工商户融资服务、民间借贷对接服务等；甘肃中小企业"银政投"投融资服务平台服务："银政投"项目申报系统软件支持服务、项目申报咨询、项目申报子平台建设及培训、企业项目管理信息库等

续表

序号	名称	注册时间	服务内容
7	甘肃省精细化学品合成工艺和工程技术创新平台	1984.9	甘肃省精细化学品合成工艺和工程技术创新平台购置全自动实验室量热反应器等先进仪器设备28项，通过量热反应器研究反应热危险性问题，进行化学工艺热风险安全评价工作。为中小企业提供发展规划研究、技术与产品开发、技术服务与推广、质量控制、标准制定、产品检验、技术咨询、培训、信息服务等
8	甘肃省轻工研究院	2001.9	立足于甘肃省资源优势及企业的实际需求，为轻、化工行业企业开展科研新产品开发、技术推广和服务、工程咨询、产品分析和检测、清洁生产、专业培训等多种服务工作
9	武威鸿泰科技发展有限责任公司	2009.3	信息服务、招商服务、人才培训、产业技术、政务信息及政企互动服务、融资贷款及管理咨询等服务

第四节 "一带一路"建设为甘肃省小微型企业发展带来战略新机遇

2013年9月和10月，国家主席习近平分别提出建设"新丝绸之路经济带"和"21世纪海上丝绸之路"的战略构想。"新丝绸之路经济带"与"21世纪海上丝绸之路"、京津冀协同发展、长江经济带共同构成经济新常态下的三大战略。甘肃省作为丝绸之路经济带的重要省份，2014年5月甘肃省委省政府出台了《丝绸之路经济带甘肃段建设总体方案》，提出要充分发挥甘肃地理区位、历史文化、资源能源和产业基础等优势，努力把甘肃省建设成丝绸之路的黄金通道、向西开放的战略平台、经贸物流的区域中心、产业合作的示范基地、人文交流的桥梁纽带。推进"一带一路"建设，实施主体是企业。因此，在推进向西开放和丝绸之路经济带建设中，要充分发挥企业的主体作用，激发企业参与的积极性。

一 "一带一路"战略构想的提出与重要意义

1. "一带一路"战略构想的提出

"一带一路"，即"新丝绸之路经济带"和"21世纪海上丝绸之路"建设是在新的国际国内形势下，把握我国重要战略机遇期，推动对外开放的新举措，是西部大开发战略的深化，[①] 也是基于新安全观的周边外交大战略，表明新一届党中央在处理新型国际关系中的统筹兼顾与创新发展理念。

2013年9月13日，在上合组织成员国元首理事会第十三次会议上，习近平主席再次谈到"丝绸之路经济带"，并希望通过"政策沟通、道路联通、贸易畅通、货币流通、民心相通"，以点带面，从线到片，逐步形成从中国、中亚到西亚及欧洲的区域大合作。对此，相关国家均表示愿意积极参与其中。同年10月，他在访问印度尼西亚时，强调中国愿同东盟国家共建21世纪"海上丝绸之路"。此后"一带一路"战略得到了国内外的广泛关注。2013年12月，党的十八届三中全会通过的《中共中央关于全面深化改革若干重大问题的决定》关于"构建开放型经济新体制"中进一步明确提出：

---

① 西部大开发战略是从1999年6月19日江泽民同志在西安向全国发出实施西部大开发战略号召开始的，但其真正实施始于2000年1月的西部地区开发会议。该会议提出了西部大开发的基本思路、战略任务和工作重点，标志着西部大开发迈出了实质性步伐。《西部大开发总体规划》指出，西部大开发可按50年划分为三个阶段：（1）奠定基础阶段：从2001年到2010年，重点是调整结构，搞好基础设施、生态环境、科技教育等基础建设，建立和完善市场体制，培育特色产业增长点，使西部地区投资环境初步改善，生态和环境恶化得到初步遏制，经济运行步入良性循环，增长速度达到全国平均增长水平；（2）加速发展阶段：从2010年到2030年，在前段基础设施改善、结构战略性调整和制度建设成就的基础上，进入西部开发的冲刺阶段，巩固提高基础，培育特色产业，实施经济产业化、市场化、生态化和专业区域布局的全面升级，实现经济增长的跃进；（3）全面推进现代化阶段：从2031年到2050年，在部分率先发展地区增强实力，融入国内国际现代化经济体系自我发展的基础上，着力加快边远山区、落后农牧区开发；普遍提高西部人民的生产、生活水平，全面缩小差距。2010年7月召开的西部大开发工作会议标志着西部大开发进入了新的发展阶段。"一带一路"建设是"西部大开发战略"的进一步深化。

"加快同周边国家和区域基础设施互联互通建设，推进丝绸之路经济带、海上丝绸之路建设，形成全方位开放新格局。""一带一路"战略的实施意味着将来中国与东盟在物流、人流、资金流、信息流实现互联互通，这将带动我国与周边国家对外开放实现一个新的历史性突破。2015年3月，国家发展改革委员会、外交部、商务部又联合发布了《推动共建丝绸之路经济带和21世纪海上丝绸之路的愿景与行动》。该经济带建设既是西部大开发战略的深化，也是中国向西部开放战略的新高地，其核心区包括西北五省（市、区）和四川、重庆。国内专家普遍认为，"一带一路"将中亚、南亚、东南亚、西亚等区域连接起来，有利于各区域间互通有无、优势互补，建立和健全亚洲供应链、产业链和价值链，使泛亚和亚欧区域合作迈上新台阶。"一带一路"战略构想的提出，不仅为我国新一轮对外开放赋予了新的内容，也为沿海、内陆、沿边新一轮对外开放指明了方向和着力点，成为中国经济升级的战略引擎。

2. "一带一路"战略构想提出的重要意义

（1）形成以中国为主导的国际区域经济合作的新局面

我国对外经贸往来的体量越来越大。"一带一路"涉及约65个国家（含中国），总人口约44亿，经济总量约21万亿美元，分别占全球的62.5%和28.6%。2013年，中国的进出口总额达到4.16万亿美元，约占2013年全球贸易的12%，中国已经成为120多个国家的第一大贸易伙伴。在对外投资上，近些年来，境外直接投资年均增长70%以上，2013年，境外直接投资累计超过6300亿美元，已经成为世界第三大对外投资国，中国对周边地区国家乃至世界的经济影响力已经显著增强。2013年，我国与沿线国家贸易额1.04万亿美元，占我国对外贸易总额的1/4。在30多年的改革开放进程中，传统国际市场的承受能力越来越有限，进军发展中国家、开拓新兴市场成为我们开拓国家发展空间的必然选择。依托"一带一路"建设，积极发挥中国在区域经济合作中的引领作用，有利于助力沿线国家经济发展，推进国际区域经济的分工、合作与融合，形成以中国为主导的国际区域经济合作的新局面。

（2）有利我国经济的梯度转移与均衡化发展

从中国区域开放格局来看,受制于对外开放次序、政策及地理等因素的影响,中国的外贸、外资和对外投资主要集中于东部沿海地区。2012年,西部12省市区在全国进出口总额中仅占5.96%,外商投资企业注册数和投资总额占全国的比重分别为8.33%和8.17%,西部12省市区非金融类对外投资存量占全国的比重为12.76%,而东部沿海地区非金融类对外投资存量占全国的比重为75%,进出口总额占全国比重为86.41%,外资企业注册数和投资总额占全国比重分别为66.17%和80.8%,如表4-2所示。在贸易出口结构上,中国出口集中于劳动密集型和资源密集型产品,"两高一资"产品比重较高,技术含量较低,处于价值链低端环节,产品的附加值不高。中国企业转型升级已经成为外贸竞争力重塑的必然之路。因此,通过"一带一路"建设,可以实现优化区域开放格局。利用新一轮国际产业转移的新机遇,为中国内陆、沿边地区提升利用外资规模和质量、扩大对外开放创造新的外部条件。同时通过与沿线及周边国家在政策、基础设施、法律规章和文化等领域的对接,可以为中国企业及个人扩大对外投资,推动过剩产业和劳动密集型产业向外转移,在全球范围内配置和利用资源提供良好的基础条件,促进我国形成互利共赢、多元平衡、安全高效的开放型经济体系。

表4-2 西部12省区市与东部沿海地区关于外贸、外资和对外投资的比较

	进出口总额占全国比重	外商投资企业注册数占全国比重	外商投资总额占全国比重	非金融类对外投资存量占全国比重
西部12省区	5.96%	8.33%	8.17%	12.76%
东部沿海地区	86.41%	66.17%	80.8%	75%

(3) 平衡国际力量,维护世界和平

"一带一路"战略的实施,将根本性扭转我国只能是现有国际经济秩序被动接受者的尴尬局面,实现向区域性国际经济新秩序主导者的身份转变。一是通过全方位推进与沿线国家务实合作,打造

利益共同体、命运共同体和责任共同体，逐步夯实我国全球大国地位，展示负责任大国形象，平衡国际政治经济格局，提升在全球治理结构中的话语权和影响力。二是通过与沿线国家和地区签署双边或区域性贸易投资协定，一方面有利于中国规避与其他国家的贸易摩擦，[①]另一方面通过双边或区域协定建立起安全保障合作机制，确保中国在海陆两方面对外经贸交往的安全性和稳定性，提升政治经济影响力。通过与沿线国家特别是周边国家的政治互信和睦邻友好，维护我国边疆稳定和国家安全，捍卫世界和平。

二 "一带一路"建设对甘肃省经济社会发展具有重大战略意义

甘肃历来是承东启西、连接欧亚的重要战略通道，是中原联系新疆、青海、宁夏、内蒙古的桥梁，在建设丝绸之路经济带中具有重要地位。"一带一路"战略构想是我国综合国力大幅提升、经济发展进入新常态、改革开放进入新阶段条件下的战略抉择，也是甘肃必须抓住的最大战略机遇。

丝绸之路甘肃段涵盖甘肃省11个市，人口占全省的80%，生产总值占全省的90%以上。中央党校国际战略研究所教授赵磊认为，甘肃省相对于其他省份具有区位优势、旅游优势、交通优势和平台优势四大比较优势。[②]根据国家"一带一路"的战略构想，甘肃省紧扣国家总体战略布局，结合甘肃的区位、资源、文化、产业及平台等优势，明确提出了加快打造丝绸之路经济带甘肃黄金段的战略定位和奋斗目标。这主要是基于以下几点。

第一，从地理区位看，甘肃自古就是丝绸之路的黄金通道。甘肃地处亚欧大陆桥咽喉位置，坐中连六，古丝绸之路在境内横贯东西1600多公里，自古就是东西交流的陆路通道、维护民族团结的桥梁纽带、军事和生态安全的战略屏障，也是我国向西开放的

---

① 方勇：《分工演进与贸易投资一体化》，社会科学文献出版社2011年版，第112页。
② 赵磊：《陕西、甘肃、新疆在"一带一路"战略中的比较优势与建议》，《西部大开发》2015年第3期。

商埠重地，地理位置十分重要。第二，从资源禀赋看，甘肃是丝绸之路上重要的资源宝库。甘肃具有矿产资源、文化资源、旅游资源、能源资源、科技资源等多重优势，是全国闻名的"有色金属之乡"，全省已发现矿产占全国已发现矿种的75%，矿产资源储备和资源丰度居全国第5位，有12种矿产保有储量居全国第1位，建设丝绸之路经济带黄金段的优势比较明显。第三，从基础条件看，甘肃打造"新丝绸之路"黄金段的底蕴深厚。就人文地缘来说，甘肃同中亚、西亚各国有着悠久的传统友谊，历史上两地人民之间的交往就比较频繁。特别值得一提的是，生活在中亚地区的东干族的祖先就是140年前从陕甘地区迁徙过去的。改革开放以来，甘肃同中亚、西亚各国的交往渠道不断拓展、友好关系日益密切，进一步扩大向西开放、不断加强合作交流的基础良好。第四，就战略平台来说，拥有全国第5个国家级新区兰州新区、全国唯一的国家级循环经济示范区等经济战略平台，全国唯一以文化为主题的战略平台华夏文明传承创新区，全国唯一的生态战略平台国家生态安全屏障综合试验区，这些都是我们建设黄金段的重要依托和强劲支撑。第五，就产业基础来说，甘肃工业体系比较完备，特别是重化工业、有色冶金、装备制造等产业发展基础较好，是国家重要的能源、原材料基地，同时新能源及新能源装备制造、生物医药、新材料等战略性新兴产业发展势头越来越好，在深化产业合作方面潜力巨大。第六，从历史责任看，甘肃肩负重振"新丝绸之路"雄风的时代使命。作为古丝绸之路的黄金通道，甘肃曾经创造过举世瞩目的辉煌成就，产生过蜚声中外的轰动效应，早在7世纪初，隋炀帝就在甘肃省的张掖举行了"万国博览会"，西域27国使节云集河西走廊共襄盛会，其规模之恢宏、影响之广泛前所未有。在新的历史条件下，建设丝绸之路经济带黄金段、重振丝绸之路雄风，不仅是党中央赋予我们的一项重大政治使命，也是加快甘肃自身发展、全面建成小康社会的客观需要。

目前，国内多省市已将"一带一路"视作加速自身经济社会发展的重大机遇,核心省区都提出了明确的发展定位,如表4-3。①甘肃省作为丝绸之路经济带的重要省份,2014年5月甘肃省委省政府出台了《丝绸之路经济带甘肃段建设总体方案》,提出要充分发挥甘肃地理区位、历史文化、资源能源和产业基础等优势,努力把甘肃省建设成丝绸之路的黄金通道、向西部开放的战略平台、经贸物流的区域中心、产业合作的示范基地、人文交流的桥梁纽带。同时,甘肃省还谋划和实施了"13685"发展战略,围绕打造丝绸之路经济带甘肃黄金段"一大构想",构建兰州新区、敦煌国际文化旅游名城和中国丝绸之路博览会"三大平台",实施道路互联互通、经贸技术交流等"六大工程",强化兰白城市圈、酒嘉城市圈等"八大节点",努力实现建成丝绸之路经济带的黄金通道、向西部开放的战略平台等"五大目标";加快了合作发展步伐,以搭建战略平台、畅通交流合作渠道为先导,既主动"走出去"开展经贸往来,组团到中西亚国家考察交流、洽谈合作,又积极"请进来"协商对话,成功举办"亚洲合作对话——丝绸之路务实合作论坛""中国—中亚合作对话会"等重要国际会议。2014年首次与中西亚国家签署了涉及基础设施、文化教育、经济贸易等领域的多个合作协议,投资总额达10亿美元,实现了零的突破,提升了甘肃的对外影响力和知名度。值得注意的是,"一带一路"并不是"国家队"的专利,而是所有社会资本可以共同享受的资源。2014年中央经济工作会议就明确指出,"一带一路"建设欢迎民资参与。显然,"一带一路"战略构想的提出,在促进甘肃省社会经济发展的同时,更为甘肃省中小微型企业实现快速发展和"走出去"提供了更加广阔的空间和平台,带来了发展的新机遇。

表4-3 "丝绸之路经济带"核心区各省(区、市)定位

省(区、市)	定位
陕西	新起点、排头兵;心脏、战略支点;物流中心、金融中心、商贸中心、文化交流中心、使领馆中心;华夏文明传承创新区

---

① 张贡生、庞智强:《"丝绸之路经济带"国内段建设战略意义及功能定位》,《经济问题》2015年第4期。

续表

省（区、市）	定位
新疆	桥头堡、排头兵、主力军、核心区
甘肃	黄金段、黄金节点；创河西走廊新辉煌；华夏文明传承创新
宁夏	中阿经济新增长极；向西开放的战略支点；内陆开放型经济实验区；打造丝绸之路空中经济走廊；构建西部金融中心，实现与阿拉伯国家金融对接
青海	战略支点
成都	城乡一体化综合配套改革实验区；通过面向欧盟的铁路专列实现向西开放
重庆	城乡一体化综合配套改革实验区；最早开通了渝新欧铁路五定班列，希望重要把重庆定位为"丝绸之路经济带"的起点

三 "一带一路"建设为甘肃省小微型企业带来了宝贵的战略机遇

1. "一带一路"建设将为甘肃省小微型企业提供广阔的发展空间

"一带一路"沿线国家大多为发展中国家，处于不同发展阶段，且具有不同资源禀赋优势。中国与这些国家不但资源互补性强，而且经济技术合作的空间广阔，无论是在贸易领域还是在投资领域，相互合作的机会潜力巨大。"一带一路"战略构想的提出，各方势必会就贸易和投资便利化问题进行探讨，在政策和法律上支持国际合作，降低贸易和投资成本。"一带一路"战略构想为甘肃省小微型企业"走出去"提供了新的发展空间。譬如，甘肃省武威全圣实业集团有限公司，是甘肃省最早"走出去"的民营企业之一。企业经过30多年的发展，现已形成建筑、房地产开发、物流、农产品加工、宾馆餐饮服务等多领域发展的大型企业集团。近两年来全圣集团把发展的目光投向国外，加强与丝绸之路沿线国家的合作，投资重点向白俄罗斯、俄罗斯等国家转移，逐步实施包括贸易、农业、服务业和房地产以及文化科技项目的合作。目前，该集团与白俄罗斯国立技术大学合作的"甘肃商务文化与科技中心"项目，已进入项目设计阶段，全圣集团希望通过该项目平台展示甘肃省特色产品，并将兰州牛肉面、中医保健等引向白俄罗斯。甘肃省小微型企业更应该把握时机，解放思想，以开放的思维拓展市场，寻求贸易和投资合作机遇。

2. "一带一路"建设将为甘肃省小微型企业提供新的市场领域

我国改革开放30多年，在很多领域制造技术位于世界先进行列，而中亚、西亚等地区石油、天然气富集，是全球主要的能源和战略资源供应基地之一。因此，我国与"一带一路"沿线国家可以在交通运输、能源开发领域合作，也可以在农业、纺织、化工、通信、金融、科技等诸多领域合作，更可以拓展教育、文化、旅游等方面的合作，为甘肃省小微型企业"走出去"提供新的领域。譬如，在"一带一路"重大战略引领下，2015年5月21日在兰州举行的"2015年甘肃'一带一路'国际产能合作洽谈会"上，一批建材投资、技术引进和金融对接等合作项目成功签约，标志着甘肃省和"一带一路"沿线国家的多个国际产能合作项目取得实质性进展。据甘肃省国资委负责人介绍，甘肃省正在鼓励省属国有企业"走出去"，以对接"一带一路"战略规划。按照计划，未来甘肃省将重点选择在投资环境好、投资强度大的部分国家建设甘肃工业园区，以吸引更多上下游企业协同布局，依靠整体优势增强国际市场开拓能力。又譬如，在与白俄罗斯的合作上，农业合作项目对发挥甘肃省现代农业技术和人才优势、扩大甘肃省农产品国际市场份额都具有重要意义。这对于甘肃省小微型企业来说，都是发展的大好机会。

3. "一带一路"建设将为甘肃省小微型企业提供更好的交易便利条件

"一带一路"战略构想的实施，我国与沿线国家要在政策沟通、贸易畅通、交通基础设施上与"一带一路"沿线国家实现互联互通，逐步形成我国与东南亚、西亚、南亚等相关国家的立体化区域大通道，形成一个以点带面、以线带面，具有中国特色的对外开放之路。跨境交通基础设施的完善，不仅有利于降低物流成本，推进各国经济的发展，也为各国企业人员往来提供便利条件，有利于促进甘肃省小微型企业"走出去"。譬如，甘肃省从2015年起将集中精力用 6 年时间，开展丝绸之路经济带甘肃段交通突破行动，消除"瓶颈"制约，促进道路互联互通，加快构建合作开放通道，为甘肃省做大产业基地、打造向西开放重要门户和次区域合作战略基地、全面融入丝绸之路经济带提供坚实的交通运输保障。预计到 2020 年，建设公路 6 万公里，建成高速公路 4070 公里、普通国省道 13600 公里、农村公路 44500 公里，实现县县通高速、乡乡通国省道、村村通沥青（水泥）路、省际主要出口畅通、口岸公路畅通的目标。全省民用机场数量力争达到 12 个，航空服务覆盖全省 82% 的人口，充分发挥交通突破行动在稳增长、调结构、惠民生和推进全省经济转型升级方面的作用。

4. "一带一路"建设将为甘肃省小微型企业提供更完善的社会化服务体系

据人口流动的配第法则①，在经济结构变化过程中，劳动力总是首先从农业流向工业，从第一产业流向第二、第三产业。"一带一路"建设必然伴随一个产业升级和产业结构不断完善的过程，社会分工将更加明确，为生产、生活提供的各项配套、优质服务将不断出现，这将会给甘肃省小微型企业发展带来良好的外部环境。"小而全"的发展模式并不适合灵活而富有活力的小微型企业，后勤、保险、医疗、培训、法律中介等社会化服务体系的健全，会极大地促进甘肃省小微型企业的快速健康发展。譬如，甘肃省正着力构建功能完善的市场体系、便民惠民的服务体系和现代流通的创新体系。甘肃省将大力发展物流快递配送，打造跨区域物流综合信息服务平台，建立高效的物流配送体系。落实"全国农产品流通骨干网建设"行动计划，推进国家公益性大型农产品批发市场在甘肃的试点，力争用 3—5 年时间，构建以冷链物流、电子商务等现代技

---

① 配第—克拉克定理是有关经济发展中就业人口在三次产业中分布结构变化的理论。它是由英国经济学家克拉克（William Petty）在计算了 20 个国家的各部门劳动投入和总产出的时间序列数据之后，得出的重要结论。配第—克拉克定律表述为：随着经济的发展，人均国民收入水平的提高，第一产业国民收入和劳动力的相对比重逐渐下降；第二产业国民收入和劳动力的相对比重上升，经济进一步发展，第三产业国民收入和劳动力的相对比重也开始上升。劳动力分布结构变化的动力是经济发展中产业的相对收入差距。

术为支撑、联通重要产地和销地的产销衔接体系；加快大型商品交易市场建设，带动产业集群发展，发挥引领和示范作用。同时提升兰州中川机场国际航空口岸综合服务能力，开通国际货运业务。支持企业扩大与中西亚等国家进出口业务，开展境外工程承包和劳务合作。创新外商投资管理体制，加快建立"走出去"战略的新体制，形成以技术、品牌、质量、服务为核心的竞争新优势，推动出口升级，加快构建开放型经济新体制。从整体看，社会化服务体系的不断完善，也将十分有利于甘肃省小微型企业的快速发展。

小微型企业大都属于民营企业，涉及经济社会发展的各个领域。相对于国有企业，小微型企业由于不具有国家背景、政治因素等，更容易被外资所接受，在对外投资中取得好成绩。但由于小微型企业个体规模小、资金受限、国际化运营和风险防范能力不够成熟，小微型企业"走出去"也会面临很多风险。因此，"抱团出海"，规避风险，发挥优势，应成为甘肃省小微型企业实现"走出去"战略的重要举措之一。政府也应在服务体系的完善、金融支持等方面给予更多的政策优惠与帮助，为甘肃省小微型企业"走出去"提供强有力的支持，增强它们海外发展能力，让小微型企业这一经济中最为活跃的市场主体发挥更大的作用，为甘肃省经济社会发展做出更大的贡献。

第五章

典型国家与地区中小微型
企业发展政策

与我国不同的是,发达国家很早就认识到中小微型企业的功用。为了给中小微型企业提供一个良好的外部环境,他们大都制定出台了一系列扶持中小微型企业发展的措施。可以说,中小微型企业在发达国家取得成功,与政府有效的政策是分不开的。因此,通过对典型国家和地区的中小微型企业发展政策进行比较研究,了解实施中小微型企业政策的国际经验,对制定适合我国国情的中小微型企业扶持政策,进而推动我国中小微型企业的迅速发展具有重要的现实意义。

第一节 美国中小微型企业发展的相关政策

美国是中小企业发展成熟最早的国家,中小微型企业极大地推动了美国经济的繁荣与发展,尤其是在20世纪后半时期,中小微型企业对于新经济的发展做出了巨大的贡献。美国的小企业政策是典型的市场主导型政策,十分强调市场经济对小企业发展的基础推动作用,强调扶持政策必须顺应市场经济的规律,一般不宜直接介入到具体企业的经营管理事务中去。美国促进中小微型企业发展的措施大体可分为四个方面。

一 完善与中小微型企业发展相关的法律法规

1890年美国国会制定的《谢尔曼法》,以"反垄断"为其核心内容,被看作是美国最早的小企业立法。其后为了对该法案进行修正与补充，分别制定、通过了 1914 年的《克莱顿法案》、1936 年的《罗宾逊·伯特曼法案》、1950 年的《塞勒·凯佛尔法案》等。1934 年，以促进银行向企业发放贷款为目标，对《联邦储备法》和《复兴金融银行法》做了大量修订，解决了小企业资金短缺的问题；《联邦储备法》于 1946 年再次修订，在修订中提出设置小企业金融公司的法案。1953 年通过了《小企业法》，该法案从国家整体经济发展的高度确定了小企业的法律地位、管理原则和基本政策，因其为其他小企业立法提供基础和依据，被视为美国小企业根本法。为促进中小企业投资、鼓励向小企业提供资助，1958 年通过了《小企业投资法》。①

　　到了 20 世纪 80 年代，美国政府和国会仍继续致力于建立和完善有关小企业的法律法规。期间设立的主要法规包括：①1980 年通过的《小企业经济政策法》，该政策力求协调和改善联邦机构关乎小企业经济利益的工作，要求每年将联邦法规和政策对小企业产生的影响进行评估分析，并由总统向国会报送评估结果，同时提出建立小企业数据库。②1980 年通过的《精简文件法》，授权"管理和预算办公室"控制政府机构拟订和颁布的文书。③1980 年通过的《管理灵活法》，要求联邦政府分析正在起草的和已出台的规章制度，如若对多数小企业产生负面影响，将采取措施以减轻小企业负担。④1980 年通过的《平等执行法》规定：当小企业与联邦机构发生行政诉讼，可以补偿其诉讼费。⑤1980 年通过的《小企业出口扩张法》，对小企业拓展海外市场的经济行为提供帮助。⑥1982 年通过的《小企业创新法》，规定小企业管理局对小企业创新研究计划实施协调和监督，凡小企业在研究创新中研发预算达 1 亿美元以上的，联邦机构必须参与，同时向小企业安排的研发合同金额应占总预算额的 1.25%。⑦1985 年通过的《小企业振兴法》，鼓励并促进小企业加强经营管理，提高市场竞争力。

---

　　① 欧江波：《促进我国中小企业发展政策研究》，中山大学出版社 2002 年版，第 41－50 页。

二 成立专门的中小微型企业管理机构

美国在1941年在商业部和司法部就设立了有关小企业的管理机构。分别于1942年、1951年设立了"小军火工厂管理公司"和"小兵工厂管理局";1953年政府成立了试验性的"小企业管理局"(SBA),1958年由国会通过立法,将其升级为永久性的联邦机构。小企业管理局的最初职能仅局限于向不符合银行贷款条件的小企业提供贷款及贷款担保。随着小企业管理局规模的不断壮大,职能范围也逐步扩大,运营水平日趋完善。除了继续承担向小企业放贷和贷款担保这一基础职能外,小企业管理局负责的工作主要还包括:制定中小企业发展的政策与措施;协助中小企业制定发展规划;提供制定企业经营策略等方面的咨询服务;将国内外先进技术及市场方面的信息传递给中小企业;针对中小企业管理人员和员工培训,提供服务。小企业管理局致力于解决中小企业发展中的困难,在美国十大城市设立了分局,在全国各地设有完善的网络分支机构,雇员人数高达4000多人,有效地促进了小微型企业的发展。

1976年小企业管理局下设辩护办公室(Office of Advocacy),由总统任免其负责人,该负责人须每年向总统出具小企业状况报告。辩护办公室承担的主要工作有:就政府行为对小企业的影响进行评估,找出对小企业产生不必要的、过多干扰的法规,提出并拟订撤销议案。国会要求其他政府机构应与辩护办公室加强合作。设立辩护办公室是小企业管理局工作重点转移的一个标志,由协助小企业应对市场环境的不公平调整为改变政府的官僚作风,从而弱化政府行为和法律法规对小企业的约束,达到支持小企业发展的最终目的。

三 支持中小微型企业发展的财税金融政策

美国政府支持小企业发展的财税金融政策大致可以分为三大块:政府贷款或担保、政府采购及风险投资的建设。

1. 政府贷款或担保

美国政府设立了专用贷款,专门用于扶持小微型企业的发展。

美国国际开发署在2002年财政年度中，以财政拨款方式支持了发展中国家近370万个微型企业业主，其中2/3以上是妇女。据统计，美国国际开发署平均每年对微型企业的财政拨款数达1.6亿美元以上，对微型企业发展取得了很大的促进作用。由于这一政策实施所带来的巨大成效，在理论界和国际社会引起了的广泛关注。参考并仿效美国向发展中国家微型企业提供资金支持的做法，国际上成立了一个名为"机会国际"（Opportunity International）的非营利人道主义组织，该组织已向25个发展中国家的最贫困人口提供小型贷款。2003年6月，乔治·W. 布什总统签署了《微型企业援助法》（Microenterprise Enhancement Act），该法扩充了美国的微型企业项目（援助贫穷国家人民建立微型企业的项目），使世界上最贫穷的国家中有更多人获得了成功的希望。美国和平队是促进微型企业发展的组织，其工作侧重于落后地区的人口，特别是妇女和青年。和平队志愿人员为这些群体提供创业、企业管理以及领导能力培训，成立青年创业俱乐部以辅助年轻人实践他们所学到的技能，从而辅助受援者建立与国内市场及国际市场之间的联系。

2. 政府采购

美国联邦政府对物品或服务的年均采购量约值2 000亿美元，[①]大致分为三大部分：设备或物品，约占总额的35%；研究与发展，约占15%；建筑及其他服务，约占50%。为协助小微型企业的发展，联邦政府规定，在政府采购中小微型企业必须享有一定的配额，具体操作每年由小企业管理局与联邦政府其他机构协商后分配，确定小微型企业、少数民族企业、妇女控股企业在各联邦机构的采购预算中所占的份额，并于采购后在年底将实际情况汇总、进行分析，检验计划执行情况。

3. 风险投资建设

风险投资是解决中小微型企业融资困难的有效途径，特别是对中小微型高新技术企业资本性融资而言，具有较强的亲和力。美国

---

① 胡占祥：《当代中国民营经济发展及相关政策研究》，硕士学位论文，天津大学，2005年，第3页。

政府充分认识到风险投资的重要性,因此大力发展风险投资建设。其主要做法是给予风险投资企业税收优惠,降低其所得税,并鼓励民间资本流向风险投资市场,从而推动风险投资市场的迅猛发展。此外,通过一系列的制度安排,美国政府也直接或间接地介入到风险投资市场中去。最典型的是小企业投资公司(Small Business Investment Company,简称SBIC),它是由美国联邦政府推动设立的。1985年美国国会通过了小企业投资法(Small Business Investment Act),以法律形式确保政府对小企业投资公司的政策扶持,向经小企业管理局批准的投资公司提供资金支持。

4. 税收优惠

美国为扶持小型微型企业发展,在不同时期对不同类型的小型微型企业采取不同的税收减免政策。其中采用的税收优惠政策主要包括:自主选择一般公司或合伙企业为其纳税方式;通过个人所得税下调25%、创新企业资本收益税率减半等方式降低企业税率;实行中小企业新设备投资直接冲抵应纳税、风险投资额部分免税等方式实现税收减免;采用中小企业科研经费增长额税收减免、抵免部分研发费用、特别科技税收优惠等手段鼓励中小企业增加科技开发投入。美国政府为鼓励中小企业发展所采用税收优惠政策不仅期限长、普遍适用,而且会随经济形势、市场环境变化而经常调整。另外,美国除采取一般税收优惠政策扶持中小企业外,还利用政府订货政策给予中小企业一定的财政支持。

四 为中小微型企业发展提供创新支持

美国为保持其在当今世界的经济和技术领先的优势,在新工艺、新技术、新产品的研究、开发方面做了大量工作。一方面,为了创造良好的竞争激励环境,鼓励大型企业积极从事研发活动,使得技术、工艺水平不断推陈出新,高新技术成果大量涌现,政府出台了大量的法律和法规;另一方面,以推动小企业积极开展研究开发工作为目标,联邦政府及相关职能部门还通过设立多种研发项目,直接向小型企业提供资金。于1977年由美国国家自然科学基金会发起并设立的小企业投资创新研究计划(Small Business Innovation Research，简称 SBIR）是其中规模和影响最大的。SBIR 项目的具体实施由联邦政府各部门负责，相关部门每年要拿出研发经费的 2.5% 作为项目经费，选择那些技术创新能力强，能有效拉动经济增长和提高就业率的小企业作为资助对象，为其提供概念研究和示范阶段的研究开发资金，支持其创新研究。并在 1982 年颁布制定了《小型企业创新发展法》(Small Business Innovation Development Act)，于 1983 年开始实施，该法案明确要求：联邦政府机构必须对每年研究开发经费超过 1 亿美元的小微型企业，按总额的 1.25% 向 SBIR 拨出专项资金，用于资助小微型企业进行技术创新与开发活动。1992 年开始经费比例逐渐加大，1997 年增大到 2.5%。除上述项目外，美国还实施了如："小企业技术转移计划"(Small Business Technology Transfer Research，SBTR)、"制造技术推广伙伴关系计划"(MEP) 等项目，在促进科研成果向小企业转移等方面做了大量的工作。

除了上述四大方面的支持外，美国小企业管理局组建了近千个小企业发展中心，分布在全国各地，不仅帮助中小企业解决一些较为专业性和学术性的科技问题，而且提供技术和商业咨询。除此之外，美国政府还通过提供商情信息、设立银行出口信贷等措施支持小企业出口；组织社会资源为中小企业提供信息咨询、人员培训等社会中介服务；中小企业还可以免费向遍布全美大中小城市的商业信息中心获取信息和资料服务；等等。

第二节　日本中小微型企业发展的相关政策

日本的中小微型企业为日本战后经济的腾飞做出了巨大的贡献。譬如，20 世纪五六十年代经济复兴时期、70 年代以后面对"尼克松冲击"、两次石油危机以及 90 年代出现的"泡沫经济"、1997 年亚洲金融危机，都使日本国内外环境出现了急剧变化，中小企业在这样艰难多变的环境中，展现了其应对严苛环境不凡的适应与应变能力，显示了中小微型企业在日本经济中举足轻重的地位。由于日本中小企业的快速发展更多地借助于政府的行政力量，从而使其中小企业政策呈现出典型的政府主导型政策。

一　日本的中小企业立法

日本中小企业的立法起步于第二次世界大战后，经过多年的充实、调整、完善，已形成以中小企业基本法为主干、由50多部专项法律构成的完整体系，覆盖了中小企业的稳定经营、企业结构、现代化、组织化、团地化等方面。这些法律法规的制定与实施涵盖了微型企业，有力推动了中小微型企业发展。

日本的中小企业法律就其实质内容而言，大致分为六大类：①涉及中小企业金融的法律，包括1936年颁布的商工组合中央金库法，1949年颁布的国民金融公库法，1950年颁布的中小企业的信用保险法，1953年颁布的中小企业金融公库法和信用保证协会法，1958年颁布的中小企业信用保险公库法、中小企业投资育成股份公司法，等等。②促进中小企业现代化和升级的法律，包括1963年颁布的中小企业现代化促进法；1980年颁布的中小企业事业团法、机械情报产业振兴法和纤维工业结构调整等产业振兴法中的有关规定。③保证中小企业生产经营和获得市场机会的法律，包括1966年颁布的保证中小企业获得政府公共部门订货的法律，1970年颁布的中小企业振兴法，1977年颁布的为确保中小企业活动机会、调整大企业生产经营活动的法律，等等。④中小企业组织化的法律，包括1949年颁布的中小企业协同组合法、关于协同组合金融事业的法律，1957年颁布的关于中小企业团体组织的法律。⑤中小企业诊断指导活动的法律，如1963年颁布的中小企业指导法。⑥促进中小企业经营稳定的法律，如1977年颁布的防止中小企业倒产共济法。

二　日本的中小企业管理与服务体系

半个多世纪以来，日本形成了由政府机构、金融机构、行业组织、基金组织和其他社会中介机构分工合作、相互协调、分布广泛的企业服务网络。中小微型企业可从中获得相关的经营诊断、技术指导、人才培育和信息提供等服务。中小微型企业管理与服务机构从性质和职能上大致可以分为三大类。①政府行政机关。中小企业厅是日本中小企业最高专门行政管理机构，成立于1948年，隶属于政府的通商产业省，它在全国八个地区有派出机构。中小企业厅的工作主要有：提出中小企业的方针政策意见，反映中小企业的要求，组织企业改组联合，发展专业协作，帮助解决资金困难，调查和指导企业经营管理，等等。②依公法成立的相应机构组织，一般具有半官半民性质。如日本中小企业综合事业团、日本商工会议所和工商会等，这类组织依法为中小企业提供相应服务。③民间社会组织。如日本中小企业团体中央会，在全国各都道府均有中小企业工会、事业合作社、联合会等，这些机构按市场化运作，为中小企业提供各种服务。

日本政府为中小企业提供了十分细致、完善的服务，这些服务涉及政策咨询、企业问题诊断、财税指导、技术开发、人员培训等多方面。在人员培训方面，在全国成立了9所中小企业大学，对中小企业的经营者、接班人、经理人员及都道府县从事中小企业指导工作的人员进行培训，并由政府补贴部分经费。在企业诊断方面专门培养了诊断士，帮助中小企业进行管理咨询、企业诊断等服务。

三　日本的中小微型企业财政税收政策与金融支持政策

日本政府致力于使用财政税收手段为中小微型企业发展创造宽松的外部环境。每年都拨出财政专款，用于完善经营支持体制、刺激创业者和风险企业、促进技术革新和产学研合作、补助新产品试生产费用等。在税收政策上，日本设立了以中小企业为对象的特别税收优惠制度。

日本政府对中小微型企业的金融支持不仅方法灵活，形式多变，而且成效显著。一是设立"中小企业综合事业团"，通过其下设的"信用保险金库"和"信用担保协会"向小微型企业发放政府补助和贴息贷款，同时还可以在小微型企业申请商业银行贷款时，提供信用担保和间接贷款。二是针对中小企业信用薄弱、只依靠一般城市商业银行不能有效解决资金需要的情况，专门设立了三个面向中小企业的金融机构——中小企业金融公库、工商组合中央公库、中小企业信用保险公库，以较之民间金融机构有利的条件向中小企业直接贷款，重点扶持一些特定的中小企业。三是中小企业投资育成株式会社、新规创业资源株式会社等全国性专业公司对新成立企业提供补助，带有风险投资性质，本金由政府拨付。日本政府还专门成立了中小企业贷款保险公司，为中小企业贷款担保提供保险。同时，还专门建立"微型企业经营改善资金融资制度"，对融资能力较弱的微型企业提供低利息、无担保、无保证的融资服务。

此外，日本政府为了使扶持小微型企业发展的相关政策能够得以有效实施，专门指定商工会和商工会议所等机构负责落实、监督。为保障商工会和商工会议所能为小微型企业提供优质的服务，实现促进小微发展的目标，政府大力改善其公共服务设施，保障服务基本经费和小微型企业发展的专项补助，努力提高机构的公共服务标准。

第三节　我国香港、台湾地区中小微型企业发展的相关政策

在我国台湾、香港地区，中小微型企业也是经济发展的支撑力量，是充分就业、财富平均分配以及社会安定的基础。台湾地区的中小企业政策与日本相类似，台湾当局对企业的干预较大，企业发展受政策的影响也较大，属于台湾当局主导型的中小企业政策。香港地区的中小企业政策则十分强调市场的主导作用。

一　台湾中小微型企业发展政策

1. 完善中小企业的管理和立法

早在 20 世纪 60 年代中期，台湾地区就在"国际经济合作发展委员会"设立"中小企业辅导工作小组"，以辅导中小企业的发展。1967 年，"行政院"核定"中小企业辅导准则"，以命令的形式成为所属各机关辅导中小企业的依据和准绳。1968 年"国际经济合作发展委员会"将"工作小组"改组并成立"中小企业辅导处"，专司中小企业管理和辅导工作。

台湾地区当局很重视中小企业的立法，先后颁布了一系列保障中小企业健康发展的法规条例，如《中小企业发展条例》《中小企业辅导准则》《促进产业升级条例》《公平交易条例》等。其中最重要的是《中小企业发展条例》，该条例对中小企业的认定标准、主管机构的设立、职能及服务范围、中小企业融资与保证、市场开发与经营管理、税捐减免、公共采购或公共工程的配合发展等各方面都做了具体而明确的规定。

2. 建立中小企业服务体系

台湾地区当局根据《中小企业发展条例》第12条的规定，中小企业主管机构联合研究服务、金融、信用保证等机构，共同建立九个辅导系统，以加强对中小企业的督导和服务。这九个辅导系统具体包括：财务通融、经营管理、生产技术、研究发展、资讯管理、工业安全、防染治理、市场行销和互助合作体系。1994年九大辅导系统调整为：由经济部成立的"中小企业处"统一指导，并在各地区增设中小企业辅导机构，协调中心和中小企业资料库系统，为中小企业提供资讯。除专门为中小企业提供服务的咨询机构外，有关部门经常举行由行政管理部门、科学研究部门、教育部门、学术团体、企业家等参加的中小企业问题研讨会。这些做法有利于中小企业家开阔眼界，了解地区内外各方面的情况，提高理论水平，建立和沟通与各方面的联系。

民间组织也成为台湾地区中小企业服务体系的重要组成部分。围绕协助中小企业发展，成立了众多的民间协会，其中包括：中小企业现代化基金会、管理科学学会、基层金融研究训练中心、青年创业协会等。这些民间组织立足于行政管理部门和中小企业之间，发挥着对话通道和协调润滑的作用，一方面，他们可以得到政府部门的资助，帮助政府有关部门管理部分事务；另一方面，他们协助兴办和促进中小企业发展，研究中小企业发展中所涉及的各方面问题，代表中小企业向政府部门反映企业的意愿。

3. 加强对中小企业的金融支持

台湾地区中小企业的发展资金除有一定比例的自有资金外，还从金融机构，以及国外厂商、政府等方面进行融资。1993年台湾地区内外银行系统对中小企业的放款占其放款总额的38.77%，其中内部银行对中小企业的贷款占其放款总额的比重为35.17%，外商银行对中小企业的贷款占其放款总额的比重为4.57%。为了扩展中小企业融资渠道，从1971年起，台湾地区当局将一些小型的储蓄公司整合成中小企业专业银行，规定中小企业银行对小企业放款不得少于总放款量的40%，对中型企业放款不得少于总放款量的30%。

4. 鼓励中小企业与大企业开展专业化协作

为加强中小企业与大企业开展专业化协作，台湾地区当局致力于建立一种新的生产组织体系能够更加符合社会化大生产的要求，在"社区合作"理念基础上，极力推行"中心卫星工厂制度"，其核心是[①]"要用母子型的亲密合作关系来取代企业生产制造过程中上、中、下游厂商买卖零组件的利害关系"，以大型企业为母体（中心工厂），以中小企业为子体（卫星工厂），形成紧密依存的产销体系，避免恶性竞争，共同增强对外竞争力。"实践中，和大企业形成网络的中小企业发展比较快，在中小企业中的比重有所上升。

5. 推进中小企业技术创新

针对单个中小企业研究力量弱、技术资源不足的劣势，台湾地区当局鼓励中小企业结成技术联盟。每个联盟主要由中小企业构成，地区当局的研究机构和民间商会从中协调，加盟的企业须提供一定比例的研制费用和研究人员。自1990年起5年时间内共形成了18个这样的技术开发联盟。技术联盟大大提高了中小企业的技术创新能力，有效降低了研究开发风险。譬如，1979年台湾地区当局公布《科学工业园设置管理条例》，并于1980年成立新竹科学工业园。凡在科学园区投资建厂者均享受土地及财税金融的优惠政策，吸引了大批企业进入，其中大部分是中小企业。这个做法刺激了中小企业引进高级工业生产技术和人才的积极性，对地区工业的产业

---

① 刘翠：《台湾中小企业快速发展动力机制的探讨》，硕士学位论文，武汉理工大学，2004年，第5页。

升级起到了积极的推动作用。

二 香港中小企业发展政策

1997年亚洲金融危机以前,香港地区政府十分强调市场的主导作用,没有制定、实施过专门的中小企业政策,长期以来,对中小企业发展不实施行政干预,地区政府资源重点用于营造宽松自由的外部环境,给予中小企业在人力、物力和财力方面充分的调度自由,尽量压缩中间环节,使得中小企业在获取市场信息、争取订单、交货和更新设备等方面更有效率。而亚洲金融危机的发生,给香港发展地区经济和社会就业带来巨大的压力,特别是资讯科技的迅猛发展以及由此带来的产业转型,促使香港地区政府转变态度,由以往的奉行"严格不干预政策"逐渐转化为全力推动中小企业发展的积极态度。并于2000年在香港特区成立了"中小型企业委员会",由其负责研究和制定推动香港中小企业发展的政策、条例。委员会经过全面考察、深入研究,于2001年年中向行政长官提交了《支援中小企业的建议》,并于当年获得实施。香港政府在扶持中小企业发展方面采取的措施大致包括以下几个方面。

1. 健全管理与服务机构

香港中小企业管理服务体系包括三个层面。一是特区政府下属的官方机构——工业贸易署,是特区政府服务中小企业的主要负责部门,其下设的工业支援部设立了中小型企业办公室、中小型企业支援与咨询中心、中小型企业委员会。其中,中小型企业办公室专门负责制定政府扶持中小企业的政策措施,调整、处理公营机构和工业组织对中小企业的支援计划,以及向中小企业发布与其决策有用的相关资讯。同时工业贸易署还管理了支援香港中小企业发展的四项基金,具体是:中小企业信贷保证计划、中小企业市场推广基金、中小企业培训基金和中小企业发展支援基金,其中中小企业信贷保证基金为10亿港元,其他三项均为9亿港元。对于"中小企业发展支援基金",是专门为非营利的工商组织、研究机构和专业团体提供财政资金,用于资助能够提升全体中小企业或个别行业竞争优势的项目。通过这些基金项目,香港政府帮助中小企业解决财务与融资困难、建立出口信用保险等,为中小企业提供了全方位的服务。二是半官方机构,包括为中小企业引进高新技术、向其提供商业和技术咨询的香港生产力促进局;向中小企业提供并分析市场讯息、开拓海外市场的香港贸易发展局;以及负责职业培训,专给设立的新公司提供办公设备及行政服务的香港职业训练局等。三是香港的各类商会与行业协会。香港的商会组织名目繁多,服务各异,在支援中小企业发展方面发挥着不可替代的作用。主要有中小型企业联合会、中小型企业国际交流促进会、中小企业促进会等。商会为中小企业提供讯息、组织各类培训及境外考察、举办研讨会、鼓励和协助中小企业积极迎接挑战,收集业界和中小企业建议及意见,向政府反映,协调各方面的利益。另外,在港的金融机构、研究机构、大学、会计师事务所、律师事务所等也在不同程度地为中小企业发展贡献力量。

2. 维护优良的营商环境

香港特区政府为中小企业创造并维护了良好的营商环境。美国传统基金会连续多次将香港评为全球最自由的经济体。其发表的报告这样写道——"在香港,开设一家企业平均需要11天,大大低于48天的世界平均水平,企业开业手续简便,营商规管简单,劳动力市场灵活,服务业发达。香港还是世界上税率最低的地区之一,而独立和廉洁的司法体系,令香港成为保护产权的典范。"一方面,香港政府认为:官僚作风和过度的市场规管是企业发展的最大障碍,对于经营成本较低、经营方法灵活多样的中小企业尤为不利。为促进中小企业发展,政府尽量提供各种支援,减少行政干预,降低行政收费,简化相应的政府程序,放宽管制。另一方面,香港一贯实行简单低税制,企业只需按纯利的一定比例缴纳利得税,而半数以上的中小企业无须缴税。这不仅意味着中小企业无须花费大量人力进行税务处理,而且方便中小企业保留资源,将有限的资源用在企业运营事务上,以供其发展和提高竞争力。除此之外,香港政府还通过设立"中小型企业网上资讯中心",向中小企业提供全面的市场资讯及鉴证咨询服务,为其创造公平的市场环境。

3. 便利融资

香港金融网络十分发达，但限于中小企业自身特点，其信贷能力较差，因而其运营资本主要来源于企业股东及其家庭成员的资金，其次来自金融机构的抵押贷款。由于亚洲金融危机所导致的香港物业价格大幅下调，使得中小企业的抵押贷款能力弱化。为方便中小企业融资，香港特区政府实施了多个中小企业贷款担保计划。主要包括以下几项。

①中小型企业特别信贷计划。该计划于1998年8月推出，目的是为了缓解亚洲金融危机爆发后金融机构紧缩信贷，所导致的中小企业资金紧缺问题。根据该计划，特区政府为中小企业担任保证人，以帮助其向参与计划的银行和财务机构取得贷款。②中小企业营运设备及器械信贷保证计划。按该计划规定：中小企业可获得特区政府所提供的，最长期限不超过3年，金额为贷款数额50%，最高不超过100万港元的信贷保证，帮助中小企业从金融机构取得贷款，购置经营管理所需的各项设备和器械，以便利用它们提高企业生产力和竞争能力。③香港特区出口信用保险局的中小企业无抵押出口融资计划。香港出口信用保险局是香港特区政府独资的出口信用保险机构。该机构在2000年5月推出了无抵押融资计划，使得中小企业更易获得出口资金。根据这一计划，中小企业只要获得了出口信用保险局开具的保单，就可向规定的金融机构取得出口融资，额度最高限为300万港元。该计划帮助中小企业在没有提供任何抵押品的情况下取得出口贷款，解决了中小企业出口资金周转困难的问题。

4. 加强人才引进与培训

高素质的人才是决定中小企业命脉的重要因素，劳动力成本过高以及专业素质缺乏往往成为掣肘中小企业发展的主要原因。对于劳动力成本，香港特区以其发达的服务业为中小企业提供了良好的外部支援，缓解了这一问题。在人才问题上，香港特区政府通过三方面措施加以解决。首先是推动教育改革，提高教育的质量和效率，立足培养大量本土高素质人才，香港特区政府大力敦促高校和培训机构为中小企业培训人才，为了适应经济发展的需要，不断调整教育内容和方法。其次是加强人才的引进。香港特区政府除了培训本地人才以外,还致力于吸纳各国优秀人才,尤其是内地人才,特区政府一方面通过"输入内地人才计划",放宽内地在港攻读学生毕业留港工作的政策,另一方面修正现行入境政策,旨在吸引各国各地的高素质人才为香港经济发展贡献力量。最后是强化在职培训,提倡终身学习。为此,于1982年成立了香港职业训练局,它是香港的法定机构之一,也是香港最具规模的专业教育培训机构。每年香港政府对职业训练局的资助近20亿港元,每年在训练局接受入职和在职教育的人员多达16万。同时,职业训练局还专门给中小企业进行各行各业的短期课程培训,提供管理、资讯科技系统顾问服务。此外,香港特区政府还通过工业贸易署负责管理的"中小企业培训基金",鼓励中小企业为其雇主与雇员提供有关业务方面的培训,提升中小企业人力资源素质,增强中小企业的实力和竞争力。

5. 协助拓展市场

香港经济体系属于自由开放型,市场狭小却又竞争激烈,尤其处在当前全球经济贸易一体化的趋势下,不仅需要保有原来的本地市场,还急需开拓外地市场。为此,一方面,香港政府通过提升本地区服务质量,招揽更多本地居民及外地游客到港消费,并为中小企业获取政府采购计划份额提供机会和便利条件。另一方面,政府积极拓展外地市场。就此,香港工业贸易署通过其管理的"中小企业市场推广基金"鼓励中小企业加强贸易拓展活动,争取市场。利用该基金资助中小企业参加境外市场考察团、境外商品展销、展览会,以及本地外销商品展览会。同时,香港贸易发展局为中小企业寻找商机,开拓贸易市场做了大量的工作。首先,向中小企业提供商情讯息。香港贸发局所建立的全球商贸资料库收集了全球200多个国家的买家、贸易商、供应商和制造商的资料;建立了网上贸易平台——"贸发网",在该网站附设了一站式网上交易平台,使中小企业贸易交流更加广泛、便捷;每年贸发局还编印出版超过100份覆盖各市场、各行业的研究报告,并且由下属专员甚至邀请相关官员或专家向中小企业介绍内地及国外最新商务法规、营销手段和行业发展状况，帮助中小企业及时了解经济、市场形势。其次，积极开展贸易推广活动。香港贸发局每年在世界各地举办 300 多次的产品及服务推广活动，其中包括在港举办的 18 个世界一流的国际贸易展览会，吸引了众多的国际买家；兴建新的大型国际展览馆，在大型国际机场开设香港产品及服务展览廊。最后，设立专家咨询服务。由工业贸易署下设的中小企业服务咨询中心负责，开展个别咨询及专家咨询服务，协助中小企业应对在融资、出口、寻找客源及合作伙伴等行为中出现的具体问题。

对比香港特区中小企业的发展状况，内地中小企业的发展现状和市场环境都有很多的不足。但是内地不同地区间存有差异，部分地区尤其像北京、上海、广州、深圳这些市场发展成熟，经济发达的特大型中心城市，它们的中小企业发展与香港特区有很多的相似之处。因而，借鉴香港特区发展中小企业的先进经验，根据我国现实国情，尽早出台一些简明实用、快速有效的政策措施，将国家有限的行政资源合理的运用到最需要的企业群体中去，无疑是有现实意义的。

第四节　国内外中小微型企业政策的经验借鉴与启示

借鉴上述国家和地区发展中小微型企业的经验，我国在发展中小微型企业政策支持方面主要有如下几点启示。

一　建立健全促进中小微型企业发展的法律法规

《中华人民共和国中小企业促进法》是我国制定的第一部用于扶持和促进中小企业发展的专门法律，于 2003 年颁布实施。该法律对于促进小微型企业发展发挥了一定的作用，但不可否认的是，该法律缺乏具体实施规范，迫切需要根据当前经济形势的变化建立对应的具体法规，例如，《微型企业法》《中小企业投资法》等，并及时撤销和修订已有法规中不再推进小微型企业发展壮大的内容。借鉴欧美国家做法，在办理手续方面，西部地区要为中小企业尽可能地提供方便,针对中小企业发展阶段的特殊困难,减少行政程序,简化中小企业的申办手续。如英国政府有关部门在互联网络上开通"直接通向政府"主页,在网上提供包括1100多个文件的企业监管指导甚至各种报表,使企业可以方便、迅捷地在本地"一次性"办理完成政府要求的有关监管手续。西部地区也应该学习和借鉴此一做法,另外还可以在为中小企业提供可行性分析、法律法规咨询等详细具体服务方面有所作为。

明确中小企业地位,保障中小企业的合法权益,为中小企业发展加强法律法规制定。西部地区可以借鉴西方国家做法,提请国家立法部门出台《中小企业法》《反垄断法》《中小企业技术创新法》《中小企业境外投资促进法》等法律,为中小企业的发展创造一个良好的外部法制环境,支持中小企业稳定发展。当前,西部地区各级政府则应制定保护中小企业,促进其发展的地方性法规条例,以应对中小企业在西部开发中的需要。

二 构建支持中小微型企业发展的财税政策体系

财税政策在国家促进中小企业发展的政策体系中占有举足轻重的地位。财税政策不仅可以有利于国家从宏观经济的角度扶持和调控中小微型企业的发展,而且有利于从企业角度提高其自身的经营管理水平和创新意识,是扶持中小微型企业发展的重要手段。借鉴各国各地区政策,我国支持中小微型企业发展的财税政策可以从以下几个方面入手。

1. 制定、整合税收优惠政策

首先,由于我国现有的税收优惠政策主要是针对残疾人、下岗职工、复员军人等特定人群开办的小微型企业以及特定行业的中小微型企业,只能解决一时问题,不利于中小微型企业的长远发展,因而需要对现有的中小微型企业税收优惠政策进行整合,制定统一的、支持所有中小微型企业发展的税收优惠政策。其次,我国小微型企业的税收负担普遍偏重,应进一步降低税负水平、简化小微型企业纳税方式,使中小微型企业无须花费大量精力、财力在税务处理上,将有限的资源用在生产经营上,使其经营环境更加宽松。另外，可适当放宽税收优惠期限。我国现有的税收优惠一般是实际经营后3年免税，而对于小微型企业而言，本身资金投入小，盈利慢，现有的3年优惠期限无法让小微型企业切实享受到优惠，为了中小微型企业的长足发展，建议尽量延长优惠期限。

2. 设立统一的中小企业管理机构，简化工作流程

目前我国没有建立统一的管理和引导中小微型企业发展的专门机构。造成我国中小企业管理是"政出多门"，行政性收费五花八门，不仅增加了政府的管理成本，加重了中小微型企业的负担；而且造成各管理机构政策片面，难以顾全大局，使得协调政策的难度加大，影响了政策发挥的功效。建议设立统一的专门机构负责管理和协调中小微型企业的发展；梳理现行管理体制，简化工作流程，避免职责重复交叉，降低管理成本、提高管理效率；并从法律上直接规范政府的行政收费行为，加大管理支援机构的工作透明度；简化小微型企业的审批手续，降低其准入门槛。

3. 提供财政补贴

政府补贴，是减轻中小企业负担、缓解资金不足对中小微型企业生产经营不利影响的直接有效手段，它不仅反映了政府对中小企业的扶持力度，更体现了国家对产业政策的引导方向。以日本为例，其政府每年实施的财政补贴政策多达200多项，可以说是世界上提供财政补贴最多的国家。借鉴各国的经验，我国政府应当拨出专款，提供资助中小微型企业发展的一般性补贴，如小微型企业发展基金、创业启动基金；还可以向中小微型企业提供各种目标各异的专项补贴，如中小微型企业创新研究基金、技术奖励基金、出口补贴基金、促进就业奖励基金等，用于鼓励中小微型企业改善经营管理水平、加大研发活动力度、开辟海外市场、吸纳就业人口，从而提高我国中小微型企业的竞争力，使其得到长足的发展。

三 建立多层级的中小微型企业信用担保体系，拓宽融资渠道

由于中小微型企业资金匮乏、财产抵押实力弱，交易费用高以及信息不对称等问题的存在，往往不易获得金融机构的贷款，融资难成了各国中小微型企业发展中存在的普遍问题。因而建立完善国

家、地方多级的信用担保体系，拓宽融资渠道，可以有效解决中小微型企业融资难、融资成本高的问题。

1. 设立多层级的中小微型企业信用担保基金

借鉴美国、日本经验，可从三个层面建立健全我国中小微型企业的信用担保体系，第一层面是全国性的信用担保，通过中央财政拨款，负责制定担保信用政策，设立、评审资助中小微型企业的基金项目，该层面应属于政策性担保。第二层面是地方性的再担保体系，有条件的地区设立地方性的再担保机构或担保基金，通过地方财政拨款、社会入股等方式筹集资金。不仅可以分担资金供给的压力，而且可以共担地方银行贷款的风险。第三层面是民间互助性担保体系，这一层面以民间出资为主，可为其成员提供担保，有利于分担交易风险、提高成员的信用等级。

2. 设立政策性银行和专门的小微型企业融资机构

目前，我国商业银行竞争激烈，生存压力大，为谋求发展，地方性商业银行已逐渐背离支持本地经济发展的初衷，对支持小微型企业发展也显得决心不足。结合当前金融市场现实状况，迫切需要政府部门设立专门的政策性银行，并将其作为支持中小微型企业金融政策体系的核心，这样不仅可以满足中小微型企业的资金需求，缓解发展中资金不足的压力，改善中小企业现有的融资环境，而且可以保障国家扶持中小微型企业政策的顺利实施。此外，还应确立专门为小微型企业提供服务的融资机构，明确其服务职责，定位于为协助小微型企业发展服务的目标。

3. 建立小微型企业信用评级体系

各商业银行在制订信贷计划时，划出一定比例的小微型企业专项信贷，根据小微型企业信用等级，有选择地放贷，为小微型企业提供融资服务。可见，银行向小微型企业放贷考虑的主要因素是信用评价，而非通过抵押实现。小微型企业财产抵押实力弱，以抵押作为放贷的前提条件对小微型企业而言是困难的。因而，建立完善小微型企业信用评价体系，可以提升小微型企业信用意识和信用能力，改善其信用环境；不仅有利于解决中小企业融资困难、信用担保不易的问题，而且有助于降低其交易成本与交易风险，提高市场透明度，优化小微型企业生存环境。

另外在资金支持方面，还可组建各种投资基金。① 从发达国家扶持欠发达地区经济发展的经验，西部地区应针对中小企业筹资的困难设立各种基金，扶持其发展。根据有关专家的设想与建议，有些投资基金可以包括西部产业投资基金和西部风险投资基金，在充分吸收各种政府拨款、企业投资、外资和社会闲散资金后，前者可以把资金有效地配置于西北的基础设施建设和重大开发项目上，后者可以将资金投向从事新兴产业的中小企业，扶持相关产业发展。同时，要充分发挥当地微小银行——城市、农村信用社、股份制商业银行（如中国民生银行将为中小企业的发展服务作为主要金融营销策略）的作用，积极争取国家政策性银行的信贷支持，全方位地支持中小企业在西部地区发展。

四 建立全面的中小微型企业社会化服务体系

我国中小微型企业数量多，从业人员素质参差不齐；而现有的中小微型企业社会化服务机构少，服务范围窄、水平低，对中小微型企业的支援和管理不到位。所以应由中央政府设立专门的国家中小微型企业管理机构，并辐射地方，在各地由地方政府设立对应机构，统一管理中小微型企业，协调和处理中小微型企业发展中出现的问题。此外，还应鼓励社会成立服务支援中小微型企业的民间组织，配合中央、地方各服务机构，形成一套完善的中小微型企业社会化服务体系。

我国政府在支援中小微型企业发展中，首先应采取多种形式，帮助中小企业的产品打开国内和国际市场。美国政府在协助中小微型企业发展过程中，不仅尽可能地帮助中小微型企业赢得大型联邦采购合同的分包合同，而且鼓励中小微型企业上网推销产品，还制订了"出口推动计划"，为无法获得传统出口融资的小企业的出口提供融资，帮助中小微型企业开拓国外市场。西部地区可以借鉴美国经验，积极开发中小微型企业市场，将目前正在推动的"政府采购

---

① 郎俊伟：《西部大开发应重视中小企业的发展》，《经济师》2000年第8期。

制"与中小微型企业产品联系起来。同时，在广告策划信息发布上优先倾斜中小企业，积极为中小企业举办多种形式的经贸洽谈会、产品展示会等，诚邀国际客商参加，促成生产订单的落实。加大出口产品的生产力度，提高其技术含量，保证质量，利用各种基金及银行信贷为其出口融通资金，着力开拓国际市场。

其次，政府应注重建立健全社会保障制度，为中小企业员工提供广泛的失业、医疗等保险服务，以此减轻中小企业的负担（如美国帮助小企业建立了职工退休计划）。具体来说，在社会保障方面可以通过统筹与个人账户相结合，国家保障与企业补充和个人储蓄保障相结合，在西部地区逐步完善养老、医疗、失业和伤残四项保障为主要内容的社会保障体系。最后，政府还须在员工培训、技术创新、税收优惠等方面，制定出有利于中小企业发展的制度，为中小企业提高竞争能力和未来的长远发展打下基础。

第六章

甘肃省小微型企业融资发展战略

小微型企业是我国经济的重要组成部分,其数量多、活力大,为促进经济社会发展、拓宽就业渠道以及增加居民收入等做出了巨大的贡献,在我国经济社会发展过程中有着举足轻重的地位。然而,在小微型企业蓬勃发展的过程中依然存在着不少问题,融资难就是其中之一。小微型企业融资难、融资贵,是一个普遍性、长期性的问题,不仅发生在我国,同时也是世界性的问题。小微型企业融资难问题制约着各地经济的发展,特别是对欠发达地区的企业发展而言,更是如此。在这种情况下,小微型企业的生存和发展得到了党中央、国务院的高度重视,国家相继出台了一系列旨在为小微型企业提供良好成长环境的重要政策和举措,从战略高度上强化对小微型企业的扶持力度。

第一节 企业融资战略概述

在企业的发展过程中,资金的有效供给与利用是促进企业发展的重要动力,融资对企业来说就如同人要吃饭同等重要。小微型企业必须认识到企业融资战略所具有的特征和融资战略的构成要素,这对小微型企业未来的战略决策来说至关重要。

一 企业融资战略含义

融资是指企业根据其生产经营、对外投资以及调整资本结构的需要,通过融资渠道和资本市场,运用融资方式,经济有效地为企业融通所需的资金。在某种程度上来讲，企业的发展就是一个不断融资的过程。资金是企业生存的能量，而融资则是资金的来源。企业需要在资产所有者和经营者协调的情况下，适应不断变化的外部资本市场，用最低的成本实现融资的需要。企业融资战略总体来说是战略管理的一种，是企业财务战略的组成部分之一。战略管理是企业管理者在综合考虑企业内外部环境中相关因素的基础上，制定并实施达到目标的战略和一系列行动计划的过程。当今全球竞争日趋激烈，企业为了在竞争中求得生存，战略管理思想必须得以充分应用，渗透到企业发展的方方面面。

二 企业融资战略的特征

1. 融资战略具有战略性特征

企业融资战略包括：确定目标、环境分析、方案制订以及评价控制等过程，同制定战略的过程一样。企业财务战略是部门（职能）战略之一，同时企业融资战略又是企业财务战略的重要组成部分，企业战略、财务战略和融资战略三者之间表现为一种辩证关系，即一方面企业战略处于主导地位，对财务战略、融资战略发挥着指导作用；另一方面财务战略、融资战略又具有相对的独立性，对企业战略起支持作用。

2. 融资战略具有长期性特征

影响企业长期发展能力的因素影响着融资战略的制定，融资战略目标应该与企业财务战略、总体战略目标保持一致，企业发展过程中长期能力的重要因素会影响企业融资战略目标的实现。因此，融资战略往往具有长期性的特点。

3. 融资战略具有变化性特征

融资战略注重企业内外部环境的发展变化，正是由于现实中企业内外部环境不确定性的加剧，才导致了财务战略管理的诞生，环境的动荡变化也深刻地影响着融资战略管理的发展和变化，融资战略的理论研究与管理实践是发展的、动态的和适应环境变化的。

公司的融资战略应该根据企业施行的对外合作和竞争的总体战略而制定，让其成为公司战略管理过程的基本方面，如果企业能合理制定并有效地实施融资战略，它就能在很大程度上有效增加股东价值，反之，如果融资战略实施不当，企业将会面临发展风险，经营和生产都将受到影响。简言之，融资战略是企业职能战略中的一种，是企业财务战略管理中不可缺少的一部分。它是企业对未来融资活动所制定的指导思想，是企业对未来一段时期的融资过程的安排和计划。融资战略是为企业的长期发展战略服务的，要解决的问题就是对融资系统进行合理的规划，以便更有效地筹措所需资金，为企业的日常生产经营活动提供充足的资金保证。

三 企业融资战略的构成要素

融资战略包括融资规模、融资方式和渠道、资本成本、资本结构、融资风险和融资效益等几个方面，制定合理高效的企业融资战略，就需要同时关注这几个方面。

1. 确定融资规模

融资规模是指企业未来对资金的需求。确定融资规模是制定融资战略的第一步，现实中资金需求量常常是不断波动的，所以，融资规模一定要根据具体的研发、生产、经营状况进行动态确定，以求实现最大的融资效益。企业的融资需求决定企业的融资规模，而融资需求既可通过利用内部资金解决，也可通过筹集外部资金解决。内部资金主要是指企业的留存收益，这部分资金的多少，取决于收益的多少和股利支付率的高低。公式表示：留存收益增加 = 预计销售额 × 计划销售净利率 × （1 - 股利支付率）。外部融资需求的确定有两种方法：一种是根据销售的增加额预计资产、负债和所有者权益的增加额，然后确定融资需求。公式可表示为：外部融资需求 = 资产增加 - 负债自然增加 - 留存收益增加 = （资产销售百分比 × 新增销售额） - （负债销售百分比 × 新增销售额） - [计划销售净利率 × 计划销售额 × （1 - 股利支付率）]。另一种是先根据销售总额预计资产、负债和所有者权益的总额，然后确定融资需求。公式表示为：外部融资需求 = 预计总资产 - 预计总负债 - 预计股东权益。

2. 确定融资渠道、融资方式和资本结构

(1) 融资渠道与方式

融资渠道是指融通资金来源的方向与通道，体现资金的来源与供应量。目前我国企业的融资渠道主要有国家财政资金、金融性公司资金、银行信贷资金、其他企业资金、居民个人资金以及境外投资资金。而融资方式指企业取得资金所采用的具体形式。企业长期融资方式主要有：吸收直接投资、商业信用、发行股票、融资租赁、发行债券、银行借款等。其中内部资金融资（包括公积金、折旧资金、闲置资产变卖、应收账款等）、债权债务重组、收购、兼并等方式也是企业融取所需资金的方式。企业融资渠道和方式的构成不仅揭示了企业资产的产权归属和债权约束程度，还反映了企业融资风险的大小，即通过分析企业融资总额中负债总额和权益资本的比重，以及负债总额中流动负债所占比重的大小来考察企业的偿债风险。这两个指标所占比重越大，企业融资的风险也就越大。

(2) 资本结构

资本结构指企业各种长期资金筹集来源的构成和比例关系。长期债务资本和权益资本比例的衡量，是企业总融资结构最重要的部分，因此常将优化资本结构作为企业融资决策的重点研究对象。现代企业追求的是企业市场价值最大化，为实现这一目标，把企业资本结构作为研究的重点，探讨其对企业市场价值和资本成本的影响，根据有无影响及影响大小的不同，形成不同的资本结构理论，目前主要有：净营运收入理论、传统理论和权衡理论（MM 理论）、净收入理论。其中 MM 理论是关于企业资本结构最著名的理论，主要讨论了公司需缴纳的所得税并存在破产的可能性。依据 MM 理论，企业的市场价值可以表示为债务融资的价值和权益融资的价值之和。企业的价值与企业的资本成本成反向关系，即资本成本越低，企业未来现金流按资本成本折现后的净现值就越大。在追求有效资本结构时一定要认识到，最佳资本结构应当是可使企业的总价值最高的资本结构，而不一定是每股收益最大化。资本结构理论的发展为企业融资决策提供了有价值的参考，指导企业合理的决策行为。

3. 控制资本成本与融资风险

资本成本是指企业为筹集和使用资金而付出的代价。资本成本高低的决定因素主要有：总体经济环境、企业经营和融资战略、证券市场条件、融资规模；等等。总体经济环境决定了整个经济中资本的供给和需求，以及预期通货膨胀的水平，一旦发生变化，投资者就会相应改变所要求的收益率，从而影响到企业的资本成本。证券市场条件主要是证券的市场流通难易程度和价格波动程度。如果证券的流动性不好，投资者买进或卖出困难，变现风险大，相应的要求收益率就会提高，或者虽然存在对某些证券的需求，但因其价格波动大，面临的投资风险较大，要求的收益率也会相应提高。

企业经营和融资战略会影响企业经营和财务风险的大小。经营风险是企业投资决策的结果，表现在资产收益率的变动上；融资风险是企业融资决策的结果，表现在普通股收益率的变动上。如果经营和财务存在较大的风险，投资者就会要求较高的收益率。融资风险，也称为财务风险，是指企业由于负债经营，而使企业可能丧失偿债能力最终导致企业破产的风险，或者使得股东收益发生较大变动的风险，该种风险源于企业在融通资金过程中，未来收益的不确定性。融资风险具体有借入资金的风险、自有资金的风险和融资结构风险三种表现形式。借入资金均严格规定了借款人的还款方式、期限和还本付息的金额，如果投入资金不能产生效益，导致企业不能按期还本付息，最终导致企业付出更高的代价，此种风险显而易见。对于自有资金而言，不存在还本付息的问题，这部分融入资金的风险只存在使用效益的不确定上。如果资金使用效率低下，无法满足投资者的投资报酬期望，就会引起股票价格的下降，致使融资难度加大，资本成本上升。除此之外，企业资金结构比例的合理与否，也会影响到借入资金的偿还和投资报酬期望的实现，影响到资金成本的高低和资金使用效果的大小。

4. 实现融资效益

融资效益就是企业在融资活动中所体现出来的投入产出关系。

有狭义和广义之分，狭义的融资效益是针对某一次具体的融资活动而言，并且不考虑融资之后的投资活动。而广义的融资效益是针对一定期间所有的融资活动而言，并且将投资活动视为融资的继续，作为融资活动的一个环节。

融资战略的上述几个因素，作为同一个系统的组成部分是相互影响的，其中融资效益是融资战略制定和实施的核心。在融资战略决策的整个过程中，既要围绕效益这一中心，也要注意到各因素的平衡和协调。融资战略中主要是对融资规模的测算、负债比率的测定以及融资渠道、方式的选择。制定过程中，对未来五到十年的资金需求做出合理预测，掌握融资需求规模，按照效益、风险和成本的参考性指标，探讨对资本结构的构想，对现有的融资方式和渠道做出组合设计。实施过程中，根据实际的资金需求，利用具体的融资风险和成本数据，对既定战略做出科学评价，然后不断反馈和调整，从而使企业的融资战略更适合企业持续生存和发展需要。

四　小微型企业制定融资战略的必要性

小微型企业作为我国国民经济的重要组成部分，其数量多、活力大、灵活性强，在国民经济发展过程中起着重要的作用。尤其是改革开放以来，随着市场经济体制的逐步建立，在促进经济社会发展、拓宽就业渠道、加速科技创新以及增加居民收入与社会和谐稳定等方面做出了巨大的贡献，是保证我国经济社会快速协调发展的一块重要基石，是促进我国经济繁荣的强有动力。

小微型企业灵活的经营机制，高水平的专业化分工协作以及强有力的技术创新能力使得它在国民经济中具有重要地位，在国民经济发展过程中起着举足轻重的作用，是市场经济中不可或缺的经济主体。下面以工业企业中小微型企业的相关经济指标来说明小微型企业的重要作用，如表6-1所示。

表6-1　2006—2009年我国全部工业企业及小型企业相关指标

项目	企业数量	经济指标		企业数量	经济指标	
		工业产值（亿元）	从业人数（万人）		工业产值（亿元）	从业人数（万人）
时间	2006年			2007年		
全国总计	301961	316588.96	7358.43	336768	405177	7875.2
小型企业	269031	108865.95	3241.95	300262	142620	3472.1
时间	2008年			2009年		
全国总计	426113	507448.25	8837.63	434364	548311.42	8831.22
小型企业	385721	188334.28	4077.88	393074	213124.98	3999.92

资料来源：根据《中国统计年鉴（2007—2010）》整理而得。

从表6-1可以计算得出，2006—2009年每年小型工业企业所占全国工业企业数目比重分别为：89%、89%、90.5%、90%，而工业产值占全国工业总产值比重分别为：34%、35.2%、37%、38.9%。可见小微型企业的发展，不仅关系到小微企业与个体工商户这两个微观主体的利益与长期发展，而且关系到整个国家社会的发展。

此外，小微型企业能够促使城镇下岗职工再就业与农村剩余劳动力转移。小微型企业大多属劳动密集型产业，简单的家庭式作坊或者个体经营户存在于城镇经济中，能够带动城镇家庭成员就业，解决劳动力就业问题。经济较发达的城市地区，手工业工厂以及制造业的发展，一方面，可以吸纳广大农村地区的剩余劳动力，另一方面，广泛分布的小微型企业可以全面吸收当地的剩余劳动力。同时，小微型企业与大企业相比，建设周期要短很多，技术要求低，需求投资少，灵活方便，即使是劳动力技能相对匮乏的劳动者，也可以在小微型企业找到合适的就业岗位。从表6-1中可以计算得出，2006—2009年小型工业企业从业人员占全部工业企业从业人员的比重分别为：44%、44%、46%、45%。此外，相关证据也表明，小微型企业在促进一地区经济增长、技术进步和创新以及对外贸易发展方面都起到了至关重要的作用。

在小微型企业发展的过程中，资金的有效供给与利用是促进小微型企业发展的重要动力，然而小微型企业出于种种原因往往存在融资瓶颈。近年来，随着小微型企业融资困难问题的加剧，小微型企业的生存和发展已经得到党中央、国务院的高度重视，国家相继出台了一系列旨在为小微型企业提供良好成长环境的重要政策和举措，从战略高度上强化对小微型企业的扶持力度。缓解小微型企业融资难问题、促进小微型企业健康发展，正成为我国经济领域高度关注的一项任务。

第二节 甘肃省小微型企业融资现状及问题分析

融资对企业的发展很重要，但融资的过程中总会有很多问题出现，于是融资问题的解决迫在眉睫。要想解决问题，首先必须知道问题存在的原因，然后才能对症下药彻底解决存在的问题。因此，本小节将在描述甘肃省小微型企业融资现状及特点的基础上，探讨企业在融资过程中存在的问题，并进一步分析融资难的真正原因，提出相应的解决对策和建议。

一 甘肃省小微型企业融资现状

1. 贷款总量大幅下降，小微型企业融资严重不足

银行贷款是西部欠发达地区小微型企业首选的一种风险低、成本小的融资方式。但据中国人民银行 2011 年 6 月发布的《2010 中国区域金融运行报告》显示：2010 年末，人民币各项贷款余额增速比上年年末降低 11.8 个百分点。如表 6-2 所示，东部、中部、西部和东北地区人民币各项贷款余额增速分别下降 11.3、12.6、14.5 和 11.6 个百分点，西部欠发达地区位居榜首；各个地区中长期贷款余额增速大幅回落，东部、中部、西部和东北地区本外币中长期贷款余额增速比上年末分别下降 19.0、13.1、17.1 和 12.1 个百分点。东部地区虽然中长期贷款增长相对放缓，但短期贷款增速在全国占比大幅上升 9.1 个百分点；而西部地区短期贷款增量在全国占比出现大幅下降，中部、西部进而东北地区分别下降 1.8、6.4 和 0.9 个百分点。从以上对比资料中可以看出，西部欠发达地区贷款

总量下降速度远远大于全国平均水平,尤其是适合小微型企业贷款小、贷款急和贷款频繁特点的短期贷款量下降更是迅猛。中国银行业的贷款,大型企业几乎实现了全覆盖,中型企业达80%以上,而小企业则80%以上与信贷无关,微型企业信贷比例更低。欠发达地区小微型企业融资更是严重不足,如甘肃省武威市金融机构贷款余额每年大约为82.85亿元,其中95%用于企业贷款,在用于企业贷款中只有10%左右贷给中小企业,而这其中的大部分也是贷给了中型企业,小微型企业从中获得的贷款量少之又少;2012年2月兰州市工信委对兰州市一部分成长性好的小微型企业融资情况进行了调查摸底,显示这一部分小微型企业的贷款需求高达21.5亿元,而甘肃全省小微型企业融资缺口近百亿元。[1]

表6-2　　　　　2010年我国四大区域贷款同比上年年末增幅对比　　　　　（单位:%）

区域\类别	东部	中部	西部	东北
人民币各项贷款余额增速	-11.3	-12.6	-14.5	-11.6
中长期贷款余额增速	-19.0	-13.1	-17.1	-12.1
短期贷款增量在全国占比	9.1	-1.8	-6.4	-0.9

资料来源:根据中国人民银行2011年6月发布的《2010中国区域金融运行报告》制作。

2. 融资担保机构匮乏,小微型企业民间借贷引发的高利贷现象日渐突出

融资担保机构是有政府或企业法人等出资组建,为支持小微型企业贷款而设立的,它在银行与企业的贷款关系中,以保证人的身份而存在。西部欠发达地区融资担保机构的匮乏制约了银行对小微型企业的信贷支持,以甘肃省两当、甘谷等县域地区为例,目前没有一家为小微型企业信贷进行担保的担保公司,金融机构信贷风险

---

[1] 李明娟:《兰州132户中小微型企业有融资需求》,《甘肃经济日报》2012年3月2日,第002版。

较大，限制了金融机构向小微型企业贷款的数量，部分小微型企业为求生存，只能借助民间借贷的方式融资。甘肃省中小企业信用担保协会从2010年11月起历时半年对甘肃省平凉市中小企业的融资状况进行了调查，调查对象涉及制造、建筑、批发零售、农林牧渔、餐饮住宿、交通运输等行业，从放贷笔数来看，信用社和农业银行排在前两位，而民间借贷已经排在第三位，超过工中建行及农发行、邮储银行、村镇银行、小额贷款公司等金融机构。甘肃省中小企业信用与担保协会表示，平凉市中小企业融资情况在甘肃具有代表性，有28%的被调查企业把民间借贷作为融资方式首选。据调查，现在民间借贷的月利息率一般高达10%以上，属于高利贷。①在民间借贷比较活跃的地区，将有限的资金通过民间借贷直接融资出去，不但增加了当地金融机构组织资金的难度，而且由于民间借贷缺乏有效的监督和约束，如果任其发展，极易引发非法高息集资，或为非法集资提供活动空间，扰乱当地金融秩序和信用环境。况且，民间借贷规模发展迅速，大量资金游离于国家控制之外，特别不利于国家对西部欠发达地区金融形势的准确预测和金融政策的制定。一旦再现"温州高利贷资金断裂"现象，将会对西部欠发达地区本就脆弱的经济与金融造成重创。

3. 甘肃省微型金融体系不断发展

当前甘肃省已初步形成农村信用社为主体，非营利性组织、邮政储蓄银行、小额贷款公司、村镇银行等多种组织形式参与的微型金融体系，为当地农业生产和中小企业创业提供资金支持。目前，在甘肃省从事微型金融的组织主要包括以下几种。

第一，开展小额信贷业务的各类非政府组织（NGOs）。甘肃目前主要的非政府组织小额信贷包括商务部交流中心管理的由联合国开发计划署（UNDP）资助的小额信贷机构、中国扶贫基金会的小额信贷、城乡发展协会等，这类微型金融机构的资金来源一般是非营利的非政府组织或个人的捐款，机构自身的可持续性比较差。非

---

① 王衡：《甘肃中小企业融资难导致民间借贷升温》，《经济参考报》2011年9月9日，第001版。

政府组织当前主要活跃在甘肃省最贫困的山区,其中一个有代表性的是2003年12月改建成立的靖远县城乡发展协会。该协会的前身是1996年外经贸部交流中心与联合国开发计划署为推进我国政府制订的"八七"扶贫攻坚计划目标在甘肃省靖远实施的雨水集流和持续农村发展脱贫小额信贷扶贫项目。该项目通过引进孟加拉国小额信贷实践以帮助贫困户从经济上脱贫,项目实施后取得了明显的扶贫效果。项目结束后,当地只运行小额信贷业务,从2003年12月起,正式改建为靖远县城乡发展协会,2004年协会得到了新西兰援助可持续农村生活项目的支持,旨在服务于农村和社区发展。当前机构的小额信贷扶贫资金运作成功率高、农户增收明显,有效推动了当地农村经济的发展。

第二,开展扶贫性小额信贷的各类政府机构和农业银行甘肃分行。甘肃省开展小额信贷的政府机构主要包括甘肃省扶贫办、民政部门、社会保障部门、残疾人联合会、妇联和工会等,其中开展比较好的是甘肃省妇联的妇女小额担保贷款,妇女小额担保贷款只可用于创业微利项目,个人小额担保贷款最高额度为8万元,对符合条件的妇女合伙经营和组织起来就业的,经办金融机构可将人均最高贷款额度提高到10万元,贷款期限为2年,贷款利率可在中国人民银行公布的贷款基准利率基础上上浮3个百分点,贷款期限内所产生的利息由中央财政据实全额贴息。截至2011年4月底,已累计发放妇女小额担保贷款78.55亿元,扶持19.95万城乡妇女创业就业,其中农村妇女受惠71.72亿元。[①] 农业银行是目前四家国有商业银行在甘肃地区分支机构数量最多的一家银行,也是唯一一个在甘肃省农村地区提供金融服务的国有大型商业银行。当前,农业银行甘肃省分行经营的微型金融产品主要包括:农村青年创业小额贷款、妇女小额担保贷款(与省妇联合作)、金穗惠农新农合联名卡"一卡通"和双联惠农贷款四种。农村青年创业小额贷款是与共青团甘肃省委联合推出的微型金融产品,目的是支持农村青年创

---

① 数据来源:《小额担保贷款:中国西部农村妇女改变命运的机会》,新华网,http://news.xinhuanet.com/society/2011 - 05/18/c_ 121429310.htm。

业。截至 2010 年年末，农行甘肃分行已发放农村青年创业小额贷款 1.63 亿元，帮助 4179 名农村青年实现了创业梦想。"双联惠农贷款"是 2011 年为落实甘肃省委提出的"联村联户、为民富民"行动而推出的，重点扶持马铃薯、现代制种、中药材、蔬菜、草食畜、经济林果等富民产业，农户和企业在申请"双联惠农贷款"时，将享受到零利率、期限长和手续简便等诸多实惠。"双联惠农贷款"包括"双联农户贷"和"双联产业贷"两个产品。金穗惠农新农合联名卡"一卡通"是为推动金融覆盖全省所有参加新农合的农户，村村建立金穗惠农服务点的工程。截至 2012 年 6 月，农业银行甘肃分行已建立惠农金融服务点 6018 个，覆盖全省 100% 的乡镇、43% 的行政村，共发放惠农卡 485 万张，覆盖了全省 75% 以上的农户。① 当前，农业银行甘肃分行微型金融业务已覆盖全省 40% 的农户，农户贷款占全行贷款的比重接近 10%，极大地推动了甘肃农村经济发展。

第三，甘肃农村信用社。2001 年 12 月，中国人民银行制定了《农村信用合作社农户小额信用贷款管理指导意见》，要求全面推行农户小额信用贷款，开展信用村（镇）活动。自此我国各省农村信用社开始开展小额信贷业务，甘肃农村信用社作为甘肃农村金融发展的主力军，陆续推出农户小额信用贷款、农户联保贷款、妇女小额担保贷款等 7 个品种的小额贷款产品。其中农户小额信用贷款产品具有"贷款灵活，循环使用"的特点受到广大农户的欢迎。妇女小额担保贷款是甘肃农村信用社为支持当地城乡妇女创业就业所推出的财政贴息小额担保贷款，该种贷款由财政贴息，同时由政府担保中心按 1∶5 的比例提供保证金，担保比例和借款成本低、手续简便。目前，甘肃省农村信用社小额信贷品种较多、业务发展迅速，是甘肃省小额信贷产品的主要供给者。截至 2012 年，甘肃农村信用社小额信用贷款发放 310 多万农户。

第四，中国邮政储蓄银行甘肃分行。中国邮政储蓄银行甘肃分

---

① 数据来源：《300 亿惠农贷款助甘肃农民脱贫致富》，《经济参考报》（http://finance.sina.com.cn/nongye/nyqyjj/20120827/011912957046.shtml）。

行于2008年成立,成立之初,就把小额信贷业务作为其在甘肃重点发展的业务之一,并陆续推出一系列小额信贷产品。2008年3月甘肃分行推出针对农户的农户保证贷款、农户联保贷款,针对商户的商户保证贷款和商户联保贷款,这些信贷产品,期限1—12个月不等、担保方式和还款方式灵活,贷款金额农户最高可达5万元,商户10万元,截至2011年年底,共向全省发放农户贷款2.42万笔,金额8.66亿元,极大地促进了当地经济的发展。长期来看,组建的邮政储蓄银行网点众多,遍布甘肃所有的市、县、乡镇,必将成为甘肃微型信贷的主导方式。

第五,开展批发性小额贷款的国家开发银行甘肃分行和农业发展银行甘肃分行等政策性银行。目前国家开发银行甘肃分行、农业发展银行甘肃分行等政策性银行在当地金融发展过程中直接参与农村金融发展的业务较少,主要是作为资金批发机构来为农村信用社、邮政储蓄银行、村镇银行等小额信贷中介机构服务,这种政策性银行的批发贷款的实践也具有一定的扶贫开发性质。

第六,商业性小额贷款公司。2005年,央行批准成立小额贷款公司并在5个省进行试点运行,试点都取得成功,国家决定在全国推广。2008年9月,甘肃省政府金融办和甘肃省工商局分别下发《关于开展小额贷款公司试点工作的实施意见》《甘肃省小额贷款公司试点登记管理暂行办法》,12月在全省进行试点。从此,小额贷款公司在甘肃得到迅速发展,从2008年的3家增加到2012年的171家。小额贷款公司在缓解农户和中小企业融资工作中发挥了重大作用。

第七,新型农村银行业金融机构。2006年12月银监会发布《关于调整放宽农村地区银行业金融机构准入政策更好支持社会主义新农村建设的若干意见》,允许设立新型农村银行业金融机构。新型农村银行业金融机构包括:村镇银行、社区型信用合作组织和专营贷款业务的子公司。2007年甘肃落实中国银监会调整放宽农村地区银行业金融机构准入政策,甘肃省庆阳市西峰区瑞信村镇银行股份有限公司作为甘肃首批试点正式挂牌。截至2010年年末,甘肃目前共有西峰瑞信村镇银行等9家村镇银行,已累计发放各种贷款7.8亿元，惠及1600多家农户、个体经营户和360多家中小企业。[①] 2007年，甘肃景泰龙湾村石林农村资金互助社、岷县洮珠村岷鑫农村资金互助社也相继开始成立，进一步完善了甘肃微型金融体系。

二 甘肃省小微型企业融资特点

1. 融资方式多样化，集资现象突出

目前小微型企业可以得到资金支持的渠道主要有银行及信用社贷款、其他企业借款、员工集资、预收货款及缓缴税金、亲朋好友借贷、政府及其他国际组织援助资金等。而根据相关调查，小微型企业采用集资方式筹集资金的趋势在上升，并且集资方式呈现出多样化的趋势。如期限为1年的临时性集资，多从企业员工中筹得，到期后企业以高于银行存款利率并且低于贷款利率的利息支付给员工，此外还存在入股型集资方式以及招工集资。

2. 融资风险抵抗能力弱

小微型企业设立门槛低，资金需求规模小，资金需求分散，需求周期短，企业信息封闭，对融资风险抵抗能力低。我国新公司法规定3万元就可注册成立公司，然而低门槛并不意味着低成本存活，在小微型企业的创立中，多数企业的创立资金采取亲友借贷的形式，在企业以后的发展过程中，需要保证盈利来偿还债务同时作为积累基金以便扩大规模。

3. 外源融资渠道不畅

内源融资起主导作用，外源融资起辅助作用，在外源融资中，如果直接融资渠道受阻，则间接融资渠道同样不畅。内源融资是指企业在自身发展过程中，不断进行资金积累，通过把留存收益转化为资本等方式进行资金的筹集。主要包括家庭积累及亲友借贷资金、合伙集资等资金、企业留存收益和折旧；外源融资主要包括商业银行等金融机构贷款、债权融资、股权融资以及其他方式的融

---

① 杨林娟、柴洪：《甘肃省村镇银行调查分析——以西峰瑞信村镇银行为例》，《陕西农业科技》2012年第2期。

资。对小微型企业来说，内源融资筹集的成本相对较低，因而受到欢迎，但依靠内源融资筹集资金需要企业的持续盈利作为保证，这就限制了内源融资的资金供给，然而小规模的小微型企业，相对来说缺乏外源融资的信贷基础以及相应的抵押品，因此在外源融资中获得的支持是很有限的。

4. 企业归属一人或一个家族所有的特征限制了融资

一般来说，企业管理者与所有者也是企业的创立者，企业经营带有明显的个人偏好。企业创始者都希望独掌企业的大权，而这种期望，从企业创立之初就决定了其融资方式仅局限于内部融资（企业创立者自有资金或者亲友借贷），而随着企业的发展，扩大企业规模所需资金一般来源于企业的留存收益，并且，如果企业管理者是风险规避型的，其特质也决定了企业管理者更倾向于采取风险更小的内部融资方式。

三　甘肃省小微型企业融资难的表现及其原因分析

（一）甘肃省小微型企业融资难的表现

1. 通过金融机构融资难，融资成本高

据调查，很少有小微型企业能通过银行等金融机构筹集资金，绝大部分企业的主要资金来源都为自筹。虽然有小额贷款公司以及村镇银行等非银行金融机构的存在，但规模小，起到的作用也比较不明显。目前小微型企业融资成本一般包括：一是贷款利息、担保费用、风险保证金利息、抵押物登记评估费用。其中贷款利息由基本利息和浮动利息两部分组成，且浮动幅度通常在20%以上；二是担保费用，一般年费率在3%；三是风险保证金利息，绝大多数金融机构在放款时，扣除部分贷款本金做为预留利息；四是抵押物登记评估费用，一般占融资成本的1/5。这样算来，小微型企业实际得到的贷款只有本金的4/5。

2. 非正式融资比重大，融资风险高

我国的居民储蓄率很高，民间资本非常充足，在一些经济相对发达区域，有活跃的民间借贷市场存在。小微型企业融资困难的现状为许多民间非正式的金融融资行为提供了良好的繁衍土壤，致使非正式金融融资行为得以大量存在。这种融资方式的存在虽然一定程度上方便了小微型企业的融资需求，但是，这种融资形式多为地下或半地下状态，缺乏必要的法律和制度的规范和制约，存在着较高风险。

3. 缺乏充足的内部融资，融资渠道窄

目前，我国大多数小微型企业融资的主要渠道主要为内部融资，即靠自身的积累。但由于利润率和积累期有限制，其内部融资能力也相当微弱。据统计，内部留存收益积累的资金是我国私营企业资金相当重要的来源，而在私营企业中的小微型企业中，这一比例就更高了。

（二）甘肃省小微型企业融资难的原因

1. 小微型企业自身原因

甘肃省小微型企业存在融资难的问题，从小微型企业自身看主要原因：小微型企业产品单一且科技含量低，综合竞争力弱；小微型企业不良贷款率较高，诚信意识差；小微型企业可抵押资产较少，达不到银行贷款要求等。

（1）小微型企业产品单一且科技含量低，综合竞争力弱。目前大部分小微型企业仍处于原始积累阶段，规模偏小，结构单一，生产设备简陋，专业人才匮乏，抗风险能力差，综合竞争力不强。存在如下现象：家族企业多，股份制企业少；粗加工企业多，科技型企业少；服务性企业多，生产性企业少。而且与东部发达地区相比，西部欠发达地区小微型企业群数量稀少、产业集聚效应不明显、工业配套能力差、产业结构欠合理、企业整体发展水平较低、没有形成自身的集群优势。这些导致零散的小规模企业管理观念落后，在经营上各自为战，协作意识差。这些因素导致银行业金融机构提高了对小微型企业贷款门槛，也就加重了小微型企业的融资困境。

（2）小微型企业不良贷款率较高，诚信意识差。小微型企业的融资目的是为了满足短期流动资金的紧急需求，资金需求量少且频繁，这一特性极大地加深了融资的复杂程度，增加了资金成本及管理费用。同时，和大型企业不同，小微型企业一般不具有完善的财务机制，提供不了完整的信用报告，导致较差的信用状况。据统计，我国小微型企业创办5年内破产倒闭率高达30%，西部欠发达地区小微型企业由于各种原因发展相对脆弱，破产倒闭率更是高于全国水平，由此导致小微型企业贷款的高不良率，有的甚至超过了5%。有些小微型企业即使贷了款，由于经济效益不是很好，也就无力偿还到期贷款。这就导致了小微型企业违规抵押、逃账赖账、还款付息逾期现象严重，这些因素加大了银行业金融机构的信贷风险，考虑风险管控及经营利润等因素，商业银行往往会对小微型企业产生惜贷、惧贷心理，不愿提供信贷支持，加重了小微型企业融资困难。

（3）小微型企业可抵押资产较少，达不到银行贷款要求。小微型企业经营规模较小，固定资产不多，因此可供选择的抵押物少。特别是大量分布在第一和第三产业的小企业，很难找到不易贬值的抵押物，银行很难控制信用风险，在资本充足率监管加强、银行希望贷款能够有更多风险缓释手段的情况下，这些条件的限制使得小微型企业无法融资到足够多的资金来满足扩大生产所需。

2. 金融环境方面的原因

甘肃省小微型企业存在融资难的问题，从金融环境方面看主要有银行融资系统不完善；其他形式金融融资体系不完善；从紧的货币政策和贷款审批权的相对集中制约着银行对小微型企业的融资等方面的原因。

（1）银行融资系统不完善。一方面，银行业监督管理机构对银行的高不良贷款率实行问责制度，对银行的不良贷款设置严格规定，小微型企业希望通过中间渠道进行融资，但由于受到银行既有业务结构和审核制度的硬性约束，难以发挥作用；另一方面，商业银行追求自身利益最大化，实质上是以自身资金的安全性和流动性为前提的，出于风险和收益的考虑，银行更偏好于为大中型企业提供融资服务，容易忽视高成本低收益的小微型企业信贷，提出让小微型企业无法负担的高融资准入门槛；同时，目前银行能为企业提供的融资和理财产品类型相对单一，针对小微型企业当前发展状况且适合其发展的融资渠道更是少之又少。

(2) 其他形式的金融融资体系不够完善。为规范金融市场，证券机构对上市融资的企业有严格管理，一般程序繁多，证券市场的高标准、高成本使得本应该为小微型企业融资提供良好机会的两大证券板块成为了企业上市融资的阻碍，小微型企业通过中小企业板和创业板进行融资的规模较小，依然停留在初级阶段；我国民营担保机构和银行间的共担机制尚未形成，同时，针对小微型企业的信用担保体系也依然处于待完善阶段，担保机构的信用能力和担保资金的放大功能未被充分发掘，这在一定程度上影响了小微型企业担保融资业务的发展。

(3) 从紧货币政策和贷款审批权的相对集中制约着银行对小微型企业的融资。2011年以来，在从紧的货币政策影响下，金融机构的可用资金进一步减少，银行融资规模受到较大的限制，加上除农村信用社等少数地方法人机构外，其余县域金融机构贷款审批权都集中在上级银行，且手续繁杂，造成县级分支机构对信誉度较低的小微型企业无法贷款。以甘肃省两当县为例，仅有的两家国有商业银行对小微型企业的贷款占其贷款总额均不足10%。

3. 政府和法律方面的原因

甘肃省小微型企业存在融资难的问题，从政府和法律方面看主要有政府支持不足，相关法律不够完善；政府财政能力低；融资担保机构少且分布不均等方面的原因。

(1) 政府支持不足，相关法律不够完善。在过去的相对长时间内，政府一直将发展的重点放在大中型企业上，特别是国有大型企业和高精尖企业，面向小微型企业发放的财政专项扶持资金规模有限，满足不了小微型企业日益增长的融资需求，不利于小微型企业的发展壮大。同时，在相关法律方面，所施行的鼓励性政策在法律上缺乏连续性，有关小微型企业的法律保障体系和管理机构都很不完善，缺乏良好的法律环境，从而不能很好地保护小微型企业的合法权益。

(2) 政府财政能力低。西部欠发达地区地方政府财力不足阻碍了小微型企业加快融资的步伐。2012年，财政部部长谢旭人在"省部级领导干部中小企业发展研讨班"上将"新29条"政策解读为

"减""补""增""引"四个方面。其中,"减"是指减免企业税费负担;"补"是指进一步完善企业吸纳就业的补贴政策;"增"是指加大财政资金投入,促进解决中小企业融资难问题;"引"是指加强服务和政策引导,促进中小企业公共服务平台建设。以上四方面中的后三个方面都直接涉及财政资金额投入问题,除了国家财政支持一部分外,各地自身的财政投入是解决问题的关键。西部欠发达地区尤其是甘肃省的政府财力十分有限,政府财力不足在"补""增""引"方面受到较大影响,这在一定程度上阻碍了小微型企业加快融资的步伐。

(3) 融资担保机构少且分布不均。西部欠发达地区融资担保机构数量少且分布极不均衡的现状制约了小微型企业融资。当今,融资担保机构在解决小微型企业间接融资难问题中扮演着越来越重要的角色,世界许多国家都已将发展融资担保机构视为扶持小微型企业发展的通行办法。借鉴国际经验,我国的各级政府理应充分发挥其在担保体系建设中的主导作用。这项工作在经济发达地区进行的比较好,而在欠发达地区却存在着一定的问题:一是数量少,二是分布极其不均。如甘肃省面向中小微型企业的担保机构只有78家,全省58个贫困县中有33个县没有担保机构,[①] 即使已经设立的担保机构业务也比较单一,联保、再担保业务发展缓慢,财政资金的"杠杆效应"发挥不足。

第三节 解决甘肃省小微型企业融资难的对策

企业融资存在着企业自身先天不足,政府扶持力度不够和金融环境不健全等各方面的问题。因此,根据企业融资的问题所在,提出解决甘肃省小微型企业融资难问题的建议和对策,为小微型企业的健康长远发展提供帮助是十分必要的。

---

① 杨世智:《甘肃健全担保网络体系实现融资性担保机构全覆盖》,《西部商报》2012年4月7日,第1版。

一 从小微型企业自身来看

要解决甘肃省小微型企业融资难方面的问题,从小微型企业自身来看可以从加强自身管理,增强自身竞争力;树立诚信观念,完善诚信体制;规范经营管理制度,满足银行业金融机构的贷款要求几个方面做起。

1. 加强自身管理,增强自身竞争力

小微型企业虽然存在规模小、技术落后等诸多缺点,但小微型企业同时也存在比较明显的自身优势,如:创新成本相对比较低,有利于企业及时进行制度创新、技术创新和产品结构的调整;市场经济中小微型企业的大量存在,有利于提高社会资源的配置效率,促进社会分配制度的不断优化,强化社会收入的均等化趋势,同时有利于弥补大中型企业产品种类单一的缺陷,丰富商品种类增加产品特色,满足不同层次消费者的不同消费需求,在促进消费结构优化的同时,影响整个经济社会结构的优化调整。因此,在发展过程中,小微型企业要转变经营机制扬长避短,树立创新观念,不断提高管理水平,改变落后的生产经营管理方式,依靠科技进步积极参与到大中型企业、大集团专业化分工协作中去,加快企业技术创新和产品更新,促进企业内部生产创新、经营创新以及管理创新,努力开发新产品,引进新技术,逐渐形成具有创新意识的独特企业文化,实现企业转型和升级,增强适应外部市场需求环境变化的能力,提升竞争力,推进小微型企业良性持续发展,解决融资难问题。

2. 树立诚信观念,完善诚信体制

小微型企业信用度低是造成中小企业融资难的另一个原因,因此小微型企业想要解决融资难问题,就必须要取得社会各界的信任与支持,牢固树立信用观念。在提高产品质量,打造企业自有品牌的同时,完善财务机制,实现企业财务状况的公开透明,以真实有效的数据来不断提升企业的信誉度。同时建立完善的小微型企业融资信用担保体系,能够有效减弱小微型企业在融资过程中由于信息不对称而引发的道德风险等问题,为小微型企业发展中多方式的融

资渠道提供有效的信用支持。如：设置小微型企业信用担保基金，对符合融资条件但缺乏资产担保的小微型企业提供信用保证，弥补其信用不足的缺陷，为银行分担贷款风险；建立小微型企业之间互助性担保基金制度，按照互信、互助、互担风险的原则，向基金会员提供信用保证，实现小微型企业通过银行的短期融资行为；引导小微型企业按时偿贷付息，争做"诚信优质企业"；在小微型企业中开展信用教育活动，培养信用文化，为小微型企业融资营造良好环境；在金融机构设立"小微型企业融资绿色通道"。

3. 规范经营管理制度，满足银行业金融机构的贷款要求

小微型企业要加强自身建设，规范经营管理制度，满足银行业金融机构的贷款要求。注意积累固定资产，定期对资产进行清理，收集产权凭证，通过转籍等方式明确产权。小微型企业在发展过程中要制定中长期的发展规划，合理发展。结合自身特点，选择适合当地，适合市场的产品，不断拓展市场，逐步培育优势地位，做大做强企业，不盲目融资，不盲目发展。加强自身诚信建设，提高诚信意识，尽早加入人民银行征信系统，以便获得银行、担保公司、小贷公司等机构的信贷支持。建立有效的法人治理机制，改善经营管理，增强经营能力，解决和提升企业的核心竞争力，提高企业的信用等级，完善风险控制制度，加大信息披露力度，增强企业运作透明度，促进企业建立规范、完善的现代企业制度。

二　从金融机构方面来看

解决甘肃省小微型企业融资难的问题，从金融机构方面看可以从完善金融服务体系，同时优化融资市场，创新融资方式；建立健全小型金融机构体系，着力进行证券和债券市场融资；鼓励银行发行小微型企业专项金融债券，募集资金用于小微型企业贷款；完善金融机构内部治理，加快人才队伍建设和信息化建设等方面着手。

1. 完善金融服务体系，同时优化融资市场，创新融资方式

从银行角度看，银行可将自身标准与行业标准相结合，结合实际，针对不同的行业制定与小微型企业发展现状相适应的信用衡量标准，理性看待小微型企业的融资需求和存在的风险，确定能够满

足自身发展且满足小微型企业融资需求的经营战略。同时，银行可以结合小微型企业的融资需求和经营目标，通过提供除资金以外的其他资源来支持小微型企业的经营发展，制订周密的金融服务计划，解决其融资难的问题，促使银行和企业间建立起良好的借贷关系，从而构建起互利双赢的银企关系。

2. 建立健全小型金融机构体系，实现证券和债券市场双融资

一方面，金融机构要明确作为小型金融机构体系的市场定位，为小微型企业提供全面的融资服务，使之能与小微型企业的发展步伐相切合。另一方面，小微型企业要进一步推动股份制改革，发挥证券市场融资的重要作用，为小微型企业改革提供良好的环境，扩大小微型企业在中小企业板和创业板中的融资规模。同时，努力发挥债券市场在满足小微型企业融资需求中的作用，降低小微型企业债券融资的准入门槛，开展面向小微型企业的债券融资业务，努力为小微型企业扩宽融资渠道。

3. 鼓励银行发行小微型企业专项金融债券，募集资金用于小微型企业贷款

如兰州银行最近被甘肃省首次获准发行 50 亿元小微型企业专项金融债券，该债券所募集资金将被分为七块，其中 70%—75% 的资金用于支持地方民族产业、"三农"、新兴经济及高新技术、下岗再就业、个体工商户和小型机工制造业，25%—30% 的资金用于支持商贸流通企业发展。建立小微型企业上市培育库，支持小微型企业上市融资。小微型企业上市直接融资的门槛高、流程长，但也可以作为一种融资方式来考虑。如甘肃省工信委决定在全省范围内筛选 100 户具有上市前景的小微型企业进入上市培养库，进行重点培养，以便将来条件成熟上市融资。

4. 完善金融机构内部治理，加快人才队伍建设和信息化建设

内部治理不完善是甘肃微型金融机构普遍存在的问题，深化微型金融机构改革应当从完善内部治理，加强内部管理做起：一是要明晰产权，全面清产核资那些产权不明确的小额信贷机构，对其历史经营状况、遗留下来的呆坏账、资产负债及其挂账亏损做出准确的评估并加以妥善处理。二是建立合理的公司治理架构，即设立股

东会、董事会和监事会。微型金融一般规模较小，复杂的治理构架并不适合其经营发展，可以采取单层结构的公司治理架构，即股东将经营决策权和监督权全部委托给董事会，由董事会全权代理股东负责公司。三是建立合理有效的绩效考核机制，根据每个管理人员和员工岗位性质的不同，采取不同的考核方法，对董事、经理人、部门负责人和员工的业务经营绩效进行合理准确评价，并以此为准决定上述人员的工资和职务晋升。如信贷人员，对他们的考核要以利润为中心，他们所营销、管理的贷款利息收入减去管理成本和贷款损失以及贷款拨备后的利润作为他们为公司创造的价值，之后以此为准，决定他们的工资收入和职务晋升。人才是经营过程中的最重要的要素构成。对微型金融机构而言，其经营管理能力和技术水平都有赖于一支高素质人才队伍。因此，培养一支技术合格、素质优良的员工队伍，是微型金融的一项重要工作。首先，加强人才队伍建设要从完善用人制度建设着手，在员工选拔过程中，通过考试、技能考核等方式选拔优质人才，不断输入新鲜血液提高员工整体素质水平；其次，要加强对员工的培训教育工作，农村金融市场具风险高、交易成本高等特点，这就需要不断提高和更新工作人员的农村金融知识，因此定期的教育培训工作是不可或缺的；再次，健全责任追究制度，按需定岗，按岗定员，以员定责，以责定酬，将绩效考核机制引入薪酬管理中；最后，加强员工的职业道德规范教育，端正员工的工作态度与作风。

三 从政府政策方面来看

解决甘肃省小微型企业融资难的问题，从政府方面来看可以从加大政府扶持力度，完善服务保障和法律法规体系；完善相关财税和法律等方面的制度；放宽政府投资力度，加快小微型企业融资步伐；加快建设融资担保体系，疏通小微型企业融资渠道；推进小微型企业融资渠道多元化；加大对银行机构考核力度，使贷款朝小微型企业方向倾斜；加快微型金融立法，完善微型金融监管体系等几个方面来加强。

1. 加大政府扶持力度，完善服务保障和法律法规体系

政府部门要不断完善金融市场运行规则，对金融市场中扰乱正常经济活动的非法行为进行严厉惩治，为小微型企业的发展创造良好的融资环境。同时，引导广泛存在的民间非正式融资行为朝着规范有序的方向发展，加强对民间借贷行为强有力的监管，对损害小微型企业合法利益的非法借贷行为严惩不贷，减少小微型企业在民间非正式融资市场的融资风险，扩展小微型企业融资新渠道。另外，监管部门在对银行不良贷款进行问责时，根据不同情况可以采取不同的标准，银行面向小微型企业形成的不良贷款额可以适度放宽。

2. 完善相关财税和法律等方面的制度

对小微型企业提供更加优惠的财政政策，一方面，可适度降低银行向小微型企业提供融资服务而获得的营业利润所得税税率，提高银行参与小微型企业融资活动的积极性。另一方面，针对小微型企业的经营管理活动给予一定的减税优惠，对税收以外的不合理收费现象进行彻底的排查与清理。在法律法规体系的完善方面，在吸收借鉴国内外的先进理论成果的同时，结合我国特殊国情，形成适合我国国情并有助于小微型企业发展的法律法规体系，借助法律手段，为不断增强小微型企业扶持政策的长效性提供法律依据，以法律的形式支持小微型企业的融资需要。

3. 放宽政府投资力度，加快小微型企业融资步伐

为解决政府财力不足在"补""增""引"方面对当地小微型企业融资的影响，一方面，各级地方政府应该进一步加大对小微型企业的支持力度，在有限的财力中增加对小微型企业的投入比重；另一方面，国家财政政策应向西部欠发达地区倾斜，增加对西部的财政融资的投入，进一步缩小东西部的差距。虽然国家决定自2012年1月1日至2015年12月31日，对年应纳税所得额低于6万元的小微型企业，其所得税减按50%计入应纳税所得额，按20%的税率缴纳企业所得税，并规定大幅提高小微型企业增值税和营业税起征点，免征金融机构与小微型企业签订的借款合同印花税等，但由于西部欠发达地区小微型企业的融资环境较发达地区更加艰难，国家

应在财政政策上区别对待,在财力上给予特别投入,以加快西部欠发达地区小微型企业融资的步伐。

4. 加快建设融资担保体系,疏通小微型企业融资渠道

西部欠发达地区许多县级担保公司缺失,严重制约了县域小微型企业的融资,欠发达地区要建立和完善省市县三级担保网络服务体系,即省财政安排资金,充实省再担保公司注册资本,增强对全省担保体系的辐射带动作用,省担保公司应与全省县级担保机构建立联保、再担保业务合作关系,与各县担保机构签订联保、再担保框架协议,提高担保融资能力,进而建立健全以省担保公司为龙头、市州担保机构为骨干、区县担保机构为支撑的担保网络体系。甘肃省则应尽快在33个贫困县建立县域融资担保机构,实现融资性担保机构在欠发达地区的全覆盖,以此疏通小微型企业融资渠道。

5. 推进小微型企业融资渠道多元化

很长一段时间以来,小微型企业融资渠道主要依赖于银行贷款,融资方式面临单一的问题。一旦遇到银行贷不到款的问题,只能私募基金,被迫使用高利贷。随着经济结构的调整和金融改革,政府也不断加大对小微型企业的扶持力度,小微型企业融资渠道多元化的发展需求势在必行。多元化融资主要有以下几种。

(1) 信贷融资。商业银行、地方银行和小额贷款公司等金融机构是信贷融资的主要来源。现如今,金融改革不断推进,地方性银行及小型金融机构不断涌现。如广西引进的股份制银行、城市商业银行等多种类型的金融服务机构,使各类小微型企业贷款时都能找到自身合适的"对象"。小型金融机构服务的主要对象是小微型企业,因此,通过小型金融机构贷款,比较容易获得信贷资金,利息较低,有效降低了融资成本,缓解短期内资金筹集。

(2) 股权融资。在小微型企业创业初期,因经营风险较大,很少有金融机构等债权人愿意来为小微型企业融资,因此其经营初期的主要融资方式是股权融资,这种融资方式也称为"内部融资",在股权融资中,企业主与合伙人和家庭成员的自有资金占了绝大部分。等小微型企业发展到一定时期和规模后,可选择的融资方式才会更多一些。

(3) 股票融资。从现有法律来看，企业上市发行股票必须要具备法律规定的相应资格和条件。随着市场经济的发展和金融改革的深入，允许小微型企业在一定范围内限额发行普通股票，应成为一种改革的新尝试。在理论与实践上都应该加以不断创新，并且在法律上加以规范。因为，如果允许小微型企业发行普通股并上市流通，不仅会给其带来一定的融通资金，满足发展需要，而且还能较快提高小微型企业的知名度和信誉，增强小微型企业在市场中的竞争力，推进经济社会的全面发展。总之，虽然小微型企业融资面临的困难较多，但通过深入研究其自身的优势、金融体制改革、资本市场的最新发展及国家的优惠政策，多渠道利用各种资金，化解融资中的瓶颈。

(4) 融资租赁。融资租赁是集融资与融物、贸易与技术更新于一体的新型金融工具，主要有经营租赁、金融租赁和杠杆租赁、售后租回等方式。融资租赁能够有效减轻由于设备改造带来的资金周转压力，以租金支付的形式允许企业在设备使用寿命内分期摊付，避免了一次性支付大量现金而产生资金周转问题的困难，因此，对于大多数生产型的小微型企业来说，融资租赁是一种十分有效的融资方式。

6. 加大对银行机构考核力度，使贷款朝小微型企业方向倾斜

首先，监管部门加大有关政策落实的监管力度，制定具体合理的考核指标，对各家银行业金融机构对小企业贷款总量、市场份额、贷款结构、存贷比及资产质量等指标进行科学评估，并将评估结果作为对各商业银行进行奖惩的重要参考依据，引致各商业银行对小微型企业的贷款措施真正落到实处，督促各类银行切实落实国家支持中小企业特别是小微型企业发展的信贷政策。其次，金融监管政策对小微型企业贷款要进行差异化管理，明确将小微型企业作为重点支持对象，支持专为小微型企业提供服务的金融机构，根据不同情况，专项考核符合有关条件的小企业贷款，放宽对小企业不良贷款比率的容忍。再次，国家要完善对金融机构的激励约束机制，强化银行特别是大中型银行的社会责任，鼓励各类金融机构提高对小微型企业服务质量。按照新的企业划型标准，厘清银行对小

微型企业贷款比例的增速要求，在此基础上加强统计和最终用户监测，清理银行不合理收费，查处违规行为，切实降低企业信贷资金成本，确保政策落到实处。最后，延长相关税收优惠政策的期限，不断加大财税政策对小微型企业的支持力度，遵循市场运行原则，及尽量减少行政干预，降低金融市场风险和道德风险。

7. 加快微型金融立法，完善微型金融监管体系

从国际上微型金融实践的成功经验来看，微型金融机构要想快速发展离不开国家政策的支持，而要为微型金融机构发展创造良好的外部金融环境，首要的任务就是立法。当前甘肃省微型金融发展缓慢的主要原因是法律地位不明确，城乡发展协会等非政府组织微型金融机构法律地位不明确导致其无法合法地经营，也无法吸引外部投资方面，严重阻碍了微型金融的发展，因此，微型金融立法首先，应明确非政府组织等微型金融机构的合法地位，监管当局应尽快制定关于非政府组织等微型金融机构的法律法规，确立其法律地位，以推动非政府组织等微型金融机构的发展。在监管方面，首先，应明确监管原则，甘肃省的微型金融处在一个快速发展阶段，针对其监管，既要控制风险，又要有利于其健康发展和升级转型，因此，针对微型金融的监管可以在控制风险的前提下，逐步放开市场准入，允许其吸收存款、扩大经营范围，从而实现甘肃微型金融的快速发展；其次，区分实施审慎性监管和非审慎性监管。例如柬埔寨对金融业则实行差异化的监管措施，大规模的微型金融机构实施许可经营，中等规模的只需要在央行备案，小规模的微型金融机构则可以自由运作，值得借鉴。甘肃省可以以是否吸收存款区分使用监管原则，对于农村信用社、村镇银行、资金互助社等吸收存款的微型金融机构可以采取审慎性监管，而对于小额贷款公司、非政府组织等微型金融机构则可以采取非审慎性监管。最后应明确监管机构，避免在监管过程中交叉监管和推脱责任的问题出现。

第七章

甘肃省小微型企业自主创新

科学技术快速发展的当今社会，自主创新能力关系到国家的战略利益和安全、经济增长的质量和效益、可持续发展的能力和后劲，是一个国家社会经济发展的动力，是一个国家在竞争中保持优势的关键所在。然而，作为国民经济重要组成部分的我国小微型企业自主创新能力并不强。在竞争日益激烈的当今社会，提高自主创新能力，已成为推进我国经济结构调整、转变经济增长方式的关键所在，成为走新型工业化道路、保持经济健康协调可持续发展、提高国际竞争能力的关键。甘肃省小微企业自主创新的良好发展，将对甘肃省经济实力的提升产生巨大的推动作用。

第一节 自主创新概述

近几年，随着我国大力推进自主创新理论建设及相应的理论研究，关于自主创新研究的理论成果不断涌现，并且研究深度在不断加深。研究内容也不仅仅局限于自主创新的定义，而是通过定义延伸至自主创新的内涵。

一 自主创新的含义

自主创新这一概念是在中共中央十六届五中全会上首次提出的，此创新概念具有鲜明的中国特色，并处于不断的发展与完善之中。在国外的研究中，并没有完全与之对应的英文概念，只能从相似或相近的概念和理论去追溯。国外关于自主创新概念的最早研究始于艾罗（Arrow），他在1962年提出内生经济增长理论。他最早将技术进步作为内在因素纳入经济增长模型进行分析，并将技术进步的一部分作用内生化。随后，格罗斯曼（Grossman, G. M.）等在1994年用自主创新构建了一个长期经济增长模型。相似的概念还有克鲁格曼（Krugman）等在1999年提出的内生创新（Endogenous Innovation）。1995年，德国曼海姆（Mannheim）大学教授乌维（Uwe）在分析经济增长的同时提出了内生创新和模仿创新，他的内生创新的含义是原始性创新。从以上分析可以发现，国外学术界研究的内生创新与我国最近提出的自主创新概念有重合的地方，但又不完全相同。另一个与自主创新概念相近的提法是集成创新（Integrated Innovation），在1992年，由罗斯维尔（R. Rothwell）和道奇森（M. Dodgson）提出，为了分析欧洲科学技术政策变化的过程，罗斯维尔整合提出了"科学创新政策"和"产业创新政策"为一体的集成创新政策，这一观点实际上是延伸了区域创新系统和国家创新系统的概念。从这个角度来看，自主创新概念与国家自主创新系统之间存在着广泛的联系，所以也可以这样理解自主创新，它是需要国家支持与投入的一整套创新系统，没有这套系统的存在，企业仅能依靠引进来获得技术。

陈劲[①]在1994年发表在《科研管理》的题为《从技术引进到自主创新的学习模式》的文章，是我国较早涉及自主创新理论研究的文章。他指出提高自主创新能力，提高发展的竞争性和持久性是我国引进和吸收西方发达国家技术的最终目标，获得自主创新的有效成果，但文章并没有明确自主创新的含义。1995年谢燮提出了自主创新的定义，即："自主创新是掌握知识产权，使经济、技术具有特点的创新。"随后，杨德林在1997年的《中国软件学》上发表文章指出，自主创新是相对应于模仿创新提出的，可以描述为"企业通过自身努力，攻破技术难关，形成有价值的研究开发成果，并在此基础上完成技术成果的商品化"。我国第一个明确对自主创新进行定义的是杨德林和陈宝春，他们在1997年将企业自主创新定义

---

① 陈劲：《从技术引进到自主创新的学习模式》，《科研管理》1994年第15期。

为，由自身力量独立研究与开发，并完成自主创新后续活动的过程。他们认为自主创新有三大特点，即第一是核心技术的独立突破；第二是关键技术的领先开发；第三是自主创新目标市场的首先开发。傅家骥（1998）指出，自主创新是企业通过不断的技术积累与突破，运用独立研发或联合研发的方式，在此基础上不断完善和深化自主创新研发，使自主创新研发实现市场化，最终获得商业利益的一种活动。最近几年，我国学者通过对西方学者研究成果的分析及吸纳，得出了较为全面的自主创新内涵，逐渐创造出了一系列符合中国国情的自主创新含义。通过以上文字的论述可以发现，早期自主创新定义更多侧重于技术创新方面，而新近研究，则更重视将自主创新定义为引进消化吸收外部技术后，再发展再创新的一种技术发展过程，是相对于技术引进而言的。

综上所述我们可以概括说：创新是指建立一种新的生产函数，在经济生活中引入新的思想、方法，实现生产要素的新组合，以获取潜在的利润。是相对于技术引进、模仿而言的一种创造活动，是通过拥有自主知识产权的独特的核心技术以及在此基础上实现新产品的价值的过程。通常有三层含义：一是强调原始性的创新，即努力获得新的科学发现、新的理论、新的方法和更多的技术发明；二是强调集成创新，使各种相关技术有机融合，形成具有市场竞争力的产品或产业；三是强调对引进先进技术的消化、吸收与再创新。

二 自主创新的主要类型

1. 以企业自身多样性为分类标准的自主创新类型

由于小微型企业所处行业、技术水平、规模、发展环境以及企业体制等呈现无限的多样性，因此小微型企业自主创新技术也必然表现出不同的类型，而且随着经济的持续发展和科技的不断进步，小微型企业自主创新的类型也将更加丰富多彩。目前企业自主创新大致有以下几个类型。

第一是产品创新。产品创新是指小微型企业在产品的生产和经营过程中，对其自身生产或经营的产品所从事的改进、提高或发明的创新活动。具体可分为重要创新和渐进创新两种。一般来说，重要创新对企业的发展有较大影响,而渐进创新对企业的影响并不确定,有大也有小,但较之后者,前者投入大,而且也难以实现。

第二是服务创新。服务创新源于近些年服务业,尤其是知识密集型服务业的兴起,它不仅包括把新构思、新设想转变成新的或者改进的服务,也包括改变现有的组织机构进而推出新的服务,目前兴起的网络服务是服务创新的成功例证。在市场需求变化迅速的当今社会,服务创新投入较小,是最适合中小微型企业特点的自主创新类型之一。

第三是工艺创新。工艺创新是指研究和采用新的或有重大改进的生产方法,从而改进现有产品的生产或提高产品的生产效率。工艺创新对开发新产品、改进原有产品以及提高原有产品的质量和产量具有重要作用,其重要性与产品创新相当,大多数工艺创新是渐进的,这种特点的投入大小和难度与中小微型企业发展资金需求的特点相吻合,因而也是中小企业自主创新的重要途径之一。

以上几种创新类型并不是完全独立的,他们之间有些是相互影响、相互作用的。如产品(服务)创新和工艺创新之间常常相互交融、相互影响、相互促进,同时和小微型企业的直接经营活动具有密切关系,因而具有较大的普遍性,在中小微型企业的自主创新活动中占有重要地位。

2. 以创新战略为分类标准的自主创新类型

企业实施自主创新战略要复杂很多,如果单纯从企业内部职能及其相互关系、创新影响因素、创新要素等角度进行研究,企业自主创新的模式和路径难以揭示。因为对于发展中国家来说,企业技术体系存量主要来自于国外技术引进、消化吸收以及国内合作等。站在国家层面的角度,技术创新战略可分为自主创新、合作创新和模仿创新,从企业自主创新来看,企业自主创新战略可分为原始性创新、集成创新和引进消化再创新,这三种企业自主创新方式是相互联系、相互影响的,主要根据企业现有资源状况和未来资源的需要及由此形成的企业发展战略进行资源利用。

(1) 原始创新

原始创新是一种非常重要的创新活动,是科技创新能力的重要基础和科技竞争力的源泉。它是指企业通过构建研究开发机构，培育和形成一批研究开发队伍，加大开发投入，围绕企业核心技术，在企业内部组织开展技术创新活动的行为方式。大量的研究证明，由于技术知识包括显性知识和隐性知识，以及所有技术能力只能通过学习获得，而技术转移的有效性取决于接受方的学习努力程度，甚至企业吸收外部技术知识的能力也取决于其进行自主研发的技术学习经验。因此原始创新是企业学习、吸收、创造和发展技术和知识资源的基础，也是企业生存和发展的基础。如果企业过多地依赖外部资源，在发展的过程中将失去自身的能力，从而失去高效地吸收和利用外部资源的机会。

（2）集成创新

集成创新是研究开发活动中存在的一种较为普遍的方法。集成创新主要的优点是创新周期短，创新投入不高，因而创新风险比较小；但同时集成创新也有它的不足之处，难以形成有效的技术壁垒并会受到知识产权保护的困扰，存在较强的限制性。大多数产品和工艺的创新是在已有技术上的局部创新，或者是已有技术的组合式创新。在技术创新的组织和方法上也普遍采用将已有技术组合成为系统的技术方案等手段。

（3）引进消化再创新

引进消化再创新是指企业从境外引进技术，并进行消化吸收和二次创新活动的一种创新方式。创新过程中，企业为了加快技术和知识吸收及积累的进程，在自身特色基础上实现二次创新。引进消化再创新和企业其他形式的创新是相互关联、相互影响的。一方面，企业引进消化再创新的目的不仅是从企业外部获得技术来源，开发和生产出满足市场需求的产品，对于自主创新企业，更重要的是在引进创新过程中向引进方学习，加快知识和技术的转移，拓宽企业的知识技术平台，增强企业原始创新能力。另一方面，原始创新是引进消化再创新的基础，企业只有坚持不懈地研究开发，具备较强的原始创新能力，才能在更高层次开展有效的引进消化再创新活动。

3. 以创新基本功能单元为分类标准的自主创新类型

根据系统论①的观点，系统是结构与功能的统一体，系统的结构与系统的功能之间是对应的，有什么样的结构，就决定会有什么样的功能，功能只是结构的外在表现形式。据上述分析内容可知，企业自主创新的基本功能是推进企业自主创新，即推进技术创新以及为实现技术创新而进行的管理创新、组织创新、基于应用的企业间合作创新。进一步来讲，企业自主创新体系的功能是在企业主导下优化配置企业内部知识和资源，同时不断吸收外部知识，在此基础上重新整合和激活内部知识和资源，形成和提高企业自主创新能力，产生新的知识、技术平台，保持企业可持续创新从而促进企业可持续发展。因而，根据这一划分标准，自主创新可以分为以下几种。

（1）技术创新

企业技术创新是企业自主创新的核心部分，能够培育和形成持续的自主创新能力，从而形成企业持续不断的核心竞争力。

（2）管理创新

企业管理制度是技术创新取得预期效益的保证。健全和良好的管理创新能有效降低技术创新的决策风险，提高技术创新投入资源的配置效率，促进技术创新的市场运行。

（3）组织创新

组织模式影响着组织生产的效率，选择合适的组织形式并适时进行合理的组织变革，是企业技术创新中需要研究解决的重要问题之一。创新企业应该根据企业所处环境的不断变化与创新目标进行组织创新。

---

① 系统论是由美籍奥地利人、理论生物学家 L. V. 贝塔朗菲（L. Von. Bertalanffy）创立。他在1932年发表"抗体系统论"，提出了系统的思想。1937年提出了一般系统理论，奠定了这门学科的理论基础。1968年贝塔朗菲发表的专著：《一般系统理论：基础、发展和应用》《General System Theory: Foundations, Development, Applications》一般系统论试图给一个能描述各种系统共同特征的一般的系统定义，通常把系统定义为：由若干要素以一定结构形成联结构成的具有某种功能的有机整体。在此定义中包括了系统、要素、结构、功能四个概念，表明了要素与要素、要素与系统、系统与环境三方面的关系。确立了这门科学的学术地位。

（4）基于供应链的企业间合作创新

合理健康的供应链体系能使企业在激烈的市场竞争中站稳立足。因此，在激烈竞争的当今社会，建立新型基于供应链的企业间合作创新十分重要。企业间把供应链视为一个整体，注重建立企业间密切的、长期的、可信赖的战略伙伴关系，以速度取胜，在最短的时间里为客户提供有价值的产品和服务，迅速赢得更多的客户，使整个供应链中的所有企业共同受益。

三　企业自主创新的条件

企业自主创新是在一定条件之下实施的，因此，充分了解企业自主创新的条件，对有效提高企业自主创新能力是非常必要的。

1. 需要良好的文化学术环境

文化学术环境对创新非常重要，只有在良好的环境下，杰出人才才能更好地成长，才能不断涌现出新发明、新创造、新产品，因此，企业自主创新必须有良好的文化学术环境。春秋战国时期，在宽松的学术环境下，学术景象一片繁荣，呈现"百家争鸣"的热闹场景。同样，位于美国新泽西州普林斯顿的高等研究院，被世人称为"聪明王国""学术天堂"，这里聚集着世界各地的精英人才，有很多举世闻名的发明创新（其中有 19 名诺贝尔奖获得者，32 名数学领域最高奖获得者，爱因斯坦是当中最耀眼的明星），其间原因，该院校良好的学术环境和优厚的经济待遇无不发挥重要作用。

2. 需要健全的金融服务环境

世界发达国家的成功经验表明，有效提高企业的自主创新能力，配套且完善的金融支持是必不可少的，同时政府相应的配套支持同样重要，企业要进行自主创新必然要有一定的资金实力作为保证。如美国的太空计划、信息高速公路计划等，政府都投入了大量的资金。相比之下，目前我国 R&D（研究与开发）经费投入只占 GDP 的 1%，远远低于发达国家 35% 的水平，显而易见，难以满足企业自主创新发展的现实需要。因此，我国政府一方面可以从国家和民族利益这一战略高度出发，加快金融体制与功能改革，每年安排合理的资金投入到自主创新中，使金融服务对企业技术创新发挥更加积极的作用。如可发行可转股债券、国家级或省级的重大科技发展债券、专项信托凭证、技术（产品）创新专项中长期融资券、设立自主创新风险投资基金和专项创新投资基金等，为企业进行自主创新提供多层次、多元化和多形式的财力支持和资金融通。另一方面国家可以通过调整财税政策，当企业自主创新项目在风险投资未全部收回前，做更多的政策倾斜和支持。

3. 需要优秀的人才集聚环境

企业自主创新的主体是人，当然离不开最基本的创新型人才，企业要时刻树立人才资源第一位的观念，从自身发展的战略高度认识到培养人才的重要性。紧紧抓住吸引、培养和用好人才三个环节，在企业内形成尊重劳动、尊重人才、尊重创造的良好风尚，切实加强企业人才队伍的培养与建设，构建学习型、知识型、进取型、创新型组织和团队，为企业自主创新筹备人才资源。

4. 需要完善的法律制度环境

无规矩不成方圆，没有知识产权的有效保护，就没有企业的自主创新，也就没有科学技术的不断发展与进步。因此，企业自主创新需要完善的法律环境作保障，不断加大对知识产权的保护力度，健全知识产权保护体系，优化科技创新环境，用法律手段对不良现象坚决打击，切实保护创新者的积极性与权益性。只有这样才能使各种侵害自主创新的动机与行为没有生存的基础，才能让投机取巧者无利可图，让抄袭仿冒者付出沉重代价，让那些"搭便车"[①] 者以及各种仿制产品的伪名牌、仿名牌没有立足之地。

四 小微型企业自主创新的特征

随着全球高新技术的不断涌现和发展，信息化、知识化已成为世界经济发展的不争趋势，这对我国小微型企业的自主创新不仅是机遇，更是挑战。为此，小微型企业应不断加强企业自主创新的力度，学习高新技术，提升产业技术水平。认清小微型企业自身与大

---

① 搭便车理论首先由美国经济学家曼柯·奥尔逊于1965年发表的《集体行动的逻辑：公共利益和团体理论》（*The Logic of Collective Action Public Goods and the Theory of Groups*) 一书中提出的。其基本含义是不付成本而坐享他人之利。

中型企业的不同,是小微型企业成功加强企业自主创新力度、提升企业竞争力的必要前提。小微型企业与大中型企业相比,由于其自身的人力、物力、财力等资源禀赋的差异以及所面临的外部环境的不同,在自主创新方面形成了与一些大企业不同的特点。

1. 自主创新效率较高

小微型企业在自主创新的过程中,致力于开发周期短、见效快的实用技术,能根据自身发展的需要,量力而行,集中有限的人力、物力和财力,进行满足自身发展需要的创新活动。而且小微型企业组织机构灵活轻便,上下级关系比较融洽,能够随外部环境的变化,进行及时的合理调整,减少了因市场信息不畅造成损失的风险,这些优势的存在,一定程度上有助于小微型企业自主创新效率的提高。

2. 自主创新体制灵活

小微型企业自主创新的方式主要有自行研制、技术引进、共同开发和委托研究等,创新方式根据实际情况的不同,灵活多变,因时制宜。

一般不固定设置独立的研究开发机构,主要采用技术引进方式进行创新,或者和高校、科研单位等进行合作共同开发创新,有时也利用自己掌握的情报、信息资料等自有资源,同时借助于外单位的力量进行创新。

3. 企业家在自主创新中的作用突出

小微型企业的企业家除对自主创新制定战略决策外,通常还亲自参与自主创新活动,或者组织和领导自主创新工作,与大企业相比,他们在自主创新活动中的作用明显要大,因此在企业家的有力领导和参与之下,企业的自主创新成果会更加明显。

4. 强调应用型自主创新

小微型企业的自主创新,强调技术上的适宜性、经济上的合理性和生产上的继承性,注重比较实用的应用型的自主创新,发挥自己的优势,一般进行单一创新,且注意从小处开始。而且小微型企业的自主创新主要着眼的是现在而非将来,较少从事投入大、项目多、见效慢的基础型自主创新。因此,相对来说,小微型企业自主创新的实用性较强，风险相对较小，损失较易把握。

五 小微型企业自主创新的必要性

提升小微型企业的自主创新能力，是全面提升我国社会自主创新能力的一项重要任务，对于更好地拓展小微型企业生存空间具有重要的意义。加快提高小微型企业自主创新能力，是引导我国经济发展的重要任务，是加快转变经济增长方式的迫切需要，是推动产业结构优化升级的迫切需要，是增强我国综合国力和竞争力的迫切需要，也是在激烈的国际竞争中从根本上保障国家经济安全的迫切需要。

1. 增强企业核心竞争力，维护国家经济利益

目前，我国小微型企业自主创新能力不强，致使相当一部分核心技术仍然受制于人，已成为约束我国整体竞争实力提高的瓶颈。我国因为缺乏必要的自主技术创新能力，直接导致了经济结构滞后，进而影响到经济总量的增长，难以改变在国际竞争中所处的不利地位，自主创新能力弱，将直接影响到我国的经济安全和国家利益。而拥有技术优势的发达国家会对转移或转让前沿技术持谨慎甚至堵截封锁的态度，作为发展中国家，面对国际市场的竞争压力，如果不能快速提升自主创新能力，就无法突破技术垄断和技术壁垒。因此，提升小微型企业自主创新能力，已成为保障国家经济主权、增强我国国际竞争力的迫切要求。

2. 促进产业结构优化升级

从新一轮全球经济结构调整的现实状况看，谁掌握了世界经济的主导产业和战略产业的核心技术，谁就掌握了竞争的主动权，谁就赢得了竞争优势。我国小微型企业中传统产业以及传统产业中低技术含量和低附加值的产品仍占主导地位，传统的粗放式的增长方式已不适应时代的要求。而企业通过自主创新可以为自己构筑起较强的技术堡垒，会带动一大批新产品的诞生，形成创新群集，从而形成市场的核心竞争力。因此，提升小微型企业的自主创新能力，进而提高新技术、新工艺、新产品、新材料在产业中迅速扩散的速度，促进产业技术创新，增强产业的竞争力势在必行。优化升级产

业结构的过程就是不断地扩大具有较强技术竞争优势产业、缩小淘汰工艺技术落后产业的过程。而实现产业结构优化升级的关键是掌握具有自主知识产权的高新技术，而这种技术的获得，必须依靠自主创新。

3. 转变经济增长方式，走低碳经济的发展模式

自改革开放以来我国经济实现了长期高速发展，近几年更达两位数增长，但经济快速增长的背后是资源过度消耗的沉重代价。日前中国能源研究会公布的数据显示：2010年，中国一次能源消费量为32.5亿吨标准煤，同比增长了6%。该研究会常务副理事长周大地表示，中国已成为全球第一大能源消费国。去年中国能耗强度进一步降低，单位产值能源消费量下降4%。但中国能源消耗强度仍偏高，是美国的3倍、日本的5倍。[①] 我国生产技术手段的落后和自主创新能力的不足造成了经济增长对于能源的过度依赖。我国的GDP总量表面上看是高增长，背后看实际是高损失，给我们带来的反思就是转变经济增长方式。科技创新是实现经济增长方式转变的突破口，是获得高质量经济增长的唯一途径。只有增强企业的自主创新能力实现经济增长方式的转变才能实现经济社会的健康协调可持续发展。提升小微型企业科技创新能力，转变我国经济增长方式，实现从资源消耗型向资源节约型的转变，从以环境为代价的粗放型增长方式向环境友好型的节约型增长方式转变，走低碳经济的发展模式，是小微型企业生存与发展的必要准备。

企业进行有效的自主创新，必须在创新的过程中坚持正确的方向和路径。首先，要发挥政府的战略导向、综合协调和服务功能，明确企业在自主创新中的作用，加快建设产学研相结合的技术创新体系，努力实现新技术的产业化，为企业营造更好的创新环境。其次，必须要加快引进消化吸收再创新，充分利用全球科技已有成果，形成有力的后发优势；要大力加强集成创新能力，形成单项相关技术的集成创新优势，努力实现关键领域的整体突破；要大力提

---

① 韶丽：《2010年我国一次能源消费同比增长了6%》，中国能源网，http://www.china5e.com/news/news-161148-1.html。

高原始创新能力，形成创新的重要基础和科技竞争力的主要源泉。

六　小微型企业自主创新的有效途径

小微型企业进行自主创新，在树立加强自主创新目标之后，一定要选择正确有效的自主创新途径，达到最好的创新效果。

1. 小微型企业要注重人才的引进

企业的发展，关键在人才，要有广纳贤才的意识，积极引进人才、培养人才。一方面，企业要加强自身人才队伍的建设，坚持把引进、培养、使用、凝聚人才作为提升创新能力的重要内容，最终不断提高企业开发新技术、应用新技术的能力。另一方面，小微型企业要善于发挥自身优势，利用企业有限的资源，建立有效的人才引进机制，通过各种途径发现人才、引进人才、培养人才、留住人才。如通过调整制定合理的薪资、福利、职位等制度，有效吸引人才。

2. 小微型企业要营造企业自主创新的文化氛围

一个企业要增强自主创新能力，不能只关注技术的积累和人才的积累，更重要的是重视企业文化氛围的积累。加强企业创新文化建设，形成重视创新的文化氛围，通过对有关创新制胜企业典型案例的宣传学习，引导员工形成自己的创新价值观念，充分调动员工创新、创造的积极性，由学习创新到积极投入创新，形成企业良好的创新氛围。如此，才能使企业全体员工重视创新、亲身体验创新，从而在整体上提升企业的创新能力，增强企业竞争力。

3. 小微型企业自主创新要实施信息化推进工程

小微型企业应在重视自主创新的基础上，抓住当前的有利时机，实施开放式创新战略，大力实施科技兴企的战略，积极从国内外引进先进技术，对引进的技术进行消化吸收再创造，运用现代信息技术提升小微型企业的发展质量和自主创新能力，加快小微型企业信息化进程，提高小微型企业的管理技术水平、增强竞争力。

4. 国家出台有关企业自主创新的政策

国家应制定和落实激励企业自主创新的各项政策，大力整顿市场经济秩序，为小微型企业的发展创造宽松、公平、良好的竞争环境。加强对小微型企业发展的组织领导和政策协调，放宽和规范市场准入规则，健全社会化服务体系，在加强服务的同时搞好管理。鼓励和支持小微型企业运用新技术、新科技成果，提高技术水平，引导小微型企业走上规模化、创品牌道路，积极推动创新型企业的建设与发展。

5. 小微型企业要不断提高自身创新意识

当今社会，创新已成为谈论企业生存发展的永恒主题，小微型企业更应该把其作为立身之本。企业要随着外部环境的变化和市场经济的发展，不断进行自我观念更新，追随时代潮流，接受发展的新思想、新观念，并具体落实到经营管理活动上，以获得持续发展之能。同时，企业要通过管理创新，健全有利于企业自主创新的工作制度和有利于激发员工创造力的激励机制，主要包括市场快速反应机制、人才激励机制和科学决策机制等，优化企业内部创新资源的配置，为企业自主创新提供制度保障。

自改革开放以来，总的来看，我国的科技发展水平不断提高，产业结构的技术构成也发生了重大变化，同时劳动力素质也得到了综合提升。但具体看来，在全球经济一体化的大背景下，面对日新月异的科学技术变革，面对以创新和技术升级为主要特征的激烈国际竞争，面对日益强化的资源环境约束，我国自主创新能力薄弱的问题已经日益成为发展的瓶颈。因此，加快提升我国自主创新能力，成为加快转变经济增长方式的迫切需要，推动产业结构优化升级的迫切需要，增强我国综合国力和竞争力的迫切需要，也成为在激烈的国际竞争中从根本上保障国家经济安全的迫切需要。为了更好地落实科学发展观，推进国民经济建设，把提高我国自主创新能力作为"十一五"时期引导我国经济发展的重要任务，规定必须把提高科技型小微型企业自主创新的能力作为调整经济结构、转变增长方式、提高国家竞争力的中心环节，通过创新创造新的商机和新的财富，促进小微型企业在市场经济中的发展。

第二节 甘肃省小微型企业自主创新的现状及存在的问题

随着经济社会的不断发展和进步,小微型企业在国民经济中所起的作用越来越显著,地位越来越重要。然而小微型企业自主创新的过程却不是一帆风顺的,在前进的过程中不可避免地存在诸多问题,面临诸多困难。本小节通过分析甘肃省小微型企业自主创新过程中呈现的一些现实状况,指出小微型企业在自主创新过程中面临的困难,为后文提出相应的解决对策打下基础。

一 甘肃省小微型企业自主创新的现状

中国是一个小微型企业众多的国家,小微型企业占全部企业数的99%以上,且大多数是在改革开放之后诞生和发展起来的,其中乡镇企业和民营科技企业的迅猛发展,更是中国经济体制改革和科技体制改革的一个重要成果。反过来,它们在推动中国的改革开放进程方面,也发挥了巨大的作用。自主创新对于小微型企业来讲是生死攸关的战略问题,因此促使小微型企业不断加强自主创新,提升企业高新技术水平,进而增强我国经济技术实力,加强我国在国际上的竞争力,是非常重要的。然而现实的客观环境却存在着诸多不利于小微型企业自主创新的因素,这些不利因素如下所述。

1. 当前的市场环境不利于企业自主创新

目前影响企业自主创新动力的最大问题是缺乏公平的市场竞争环境。改革开放以来,为了促进国民经济快速发展目标的实现,我国广泛引进外资,有效促进了民营企业和高新技术产业的发展,逐步形成了目前的企业法律制度和税收制度。因企业不同的所有制、不同的地理位置,而采取不同的法律制度和税收制度,这种灵活的法律、税收制度,在一定阶段上有效地促进了经济的发展,但目前其表现出来的负面作用越来越大。如两税合一、增值税转型、税收优惠起点统一、某些行业和技术领域因为存在严重的垄断而导致竞争不足等客观创新环境问题,已经成为影响企业自主创新内在动力的最大问题,已经到了必须马上解决的时候,否则无论政府财政拿出多少钱给企业,也无法真正解决企业自主创新的动力问题。

2. 国家科技经费投入结构不合理

20世纪90年代以来国家财政科技经费投入总量高速增长,陆续实施了自然科学基金、863计划、重点实验室建设计划、工程中心建设计划、大科学工程建设计划、973计划、211工程、知识创新工程、985工程等重大科技计划与工程,中国科学院和重点高等学校获得的国家科技投资都达到几百亿元,但相比之下,政府对企业自主创新的经费支持却很少,2003年全国20000多家大中型工业企业总共只获得51亿元的资金支持。来自政府的科技拨款仅占大中型工业企业科技经费的3%,政府科技经费拨款中用于支持企业科技活动的经费仅占7%,而同期美国企业获得的政府科技经费占政府全部科技支出的比重超过20%。[1] 总体上来说,我国企业的经济实力和创新能力不足,不管是与发达的美国相比,还是遵照WTO规定的政府补贴比重不超过50%的规定相比,在当前乃至未来的20年内,都特别需要政府的大力支持。

3. 政府科技经费的支持重点不合理

改革开放初期,我国经济发展面临的主要问题是科技研发与经济发展相分离,高等学校和政府科研院所的科研成果不能有效地运用到经济发展中,面对当时的现实状况,国家的主要政策导向是促进科技成果商品化和产业化,这种政策在当时发挥了重要作用,但随着社会经济和科学技术的不断发展变化,政策的积极作用已经发挥殆尽,阶段性的政策必须及时做出调整,否则将对经济发展和技术创新产生双重负作用。因此,国家政策要根据社会的发展变化,经济环境的发展变化,结合实际情况不断做出调整,以适应社会发展新要求。另外,鼓励提高自主创新能力的被鼓励主体不明确。虽然,我国国家自主创新体系已经从计划经济体制下以政府科研院所为主体进入了以企业为主体的企业自主创新能力体系阶段,目前阶段,促进企业自主创新能力的提高成为比获得一些关键技术更重要

---

[1] 胡钰:《政府如何支持企业自主创新》,《决策管理》2006年第3期。

的目标任务。然而，现实中我国实施的一些涉及产业技术发展的计划，其项目实施的主体主要还是高等学校和科研院所，虽然也鼓励企业积极参与其中，但往往只是陪衬，即使是有些计划项目有幸获得了预想的关键技术，但企业并不能通过国家计划项目的实施获得自主创新的权利。

4. 促进企业自主创新的法律体系尚未形成

虽然改革开放以来，我国已经逐步制定和实施了若干有关技术创新的法律法规，但总体上来说还很不完善。首先是缺少一部有关国家创新体系和企业自主创新的基本法，目前已有的科技进步法已经不能适应国家创新体系和自主创新活动对法律的需求。其次是一些相关法律法规没有能够充分体现鼓励技术创新的原则的内容，即使有也不能适应自主创新的有效需求。例如，不同企业使用不同的法律，而没有可以用于统一管理、统一规范的公司法，再如政府采购法中没有体现政府采购对自主创新的促进作用。再次是经济社会发展的重要方面直接面临法律法规缺失的问题，如商业秘密法的缺失。

5. 企业自主创新的政策体系还不完善

改革开放以来，虽然中央政府和地方政府都陆续出台了大量有关技术创新的政策措施（根据不完全统计，仅中央政府出台的与技术创新相关的政策就超过 2500 项），但是在这些政策的制定过程中，制定的部门、时间、针对的问题、政策演变程度等都不一样，这种现象的存在致使有关鼓励自主创新方面的政策有的存在重复，而有的存在空白，更甚至有的存在相互矛盾。在政策的实施过程中政策设计不合理、政策信号不一致，多重政策指导、成本预算增加的同时，政策的可操作性和可控制性减弱，最后导致我国整体创新体系的混乱。

二 甘肃省小微型企业自主创新面临的困境

目前我国小微型企业的自主创新能力既面临着教育支撑、文化观念、体制障碍等宏观环境的制约。同时还存在着激励机制不足、融资难、人才短缺和服务机制不完善、研发资金投入不足与低效等微观制度的缺陷。

1. 宏观环境的制约

（1）教育对自主创新的支撑不够。我们都知道"十年树木，百年树人"。在21世纪的今天，知识是非常重要的资源，而知识的获得是要通过学习教育，如果没有高质量的教育作为基础，知识的获得就无从谈起，自主创新就更是无本之源。我国教育发展滞后，自主创新能力更是不足，主要表现在：一是教育资金投入过低。虽然我国1996年在制定的《教育法》中，把教育投入占GDP的比重设定为6%，但实际上这一比重一直徘徊于2%左右。与发达国家相比，2006年我国的这一比重仅为2.27%，而美国在1990年就达到了6.8%。同样重视教育的芬兰，教育经费始终处于优先保证的地位，即使是该国经济出现衰退时，政府预算削减的主要是军费开支，而教育经费不减反增。因此，芬兰有着最完善的欧洲教育体系，经济也得到了高速发展。[①] 二是中央与地方教育投资比例不合理。一般国际上，中央与地方教育经费投入的比例普遍为60∶40，而我国目前的教育投入主要是以县乡两级为主，中央与地方的投资比例为37∶63，中央和地方严重的比例失调，不利于国家教育的发展。三是教育资源分配失衡。由于整体上中央与地方教育投资比例不当等因素的存在，致使我国东部与中西部、沿海与内地、城市与农村、重点与非重点城市的教育资源分配存在巨大悬殊，导致出现严重的教育不公平，最终将会影响到"创新型国家"的建设目标。四是教育质量和模式存在严重的缺陷。想要建设"创新型国家"，必定需要大批有创新思维的人才资源，才能用他们的才智创造出价值，为国家发展做贡献。然而，目前我国的教育更多的是应试教育，学生只会死记硬背，学习的知识往往只是知识，并不能激发学生的创造力，产生不了应有的价值。

（2）文化环境不够宽松、自由。自主创新需要有追求真理与自由的文化土壤，需要有百花齐放、百家争鸣的制度氛围，需要有国

[①] 江沿：《从韩国、芬兰经验看自主创新中的政府作为》，《经济纵横》2007年第8期。

民的危机意识、忧患意识。如果国家以官本位、权本位作为主导文化的制度方式，社会必定到处充斥着学术权威、学术霸权、学术欺诈，大众的言论没有自由、思想受到禁锢，科研创新的氛围不佳、学术浮躁，上级领导者对思维活跃者进行压制，同事间对思想冒尖创造者进行冷嘲热讽，创新在这样的土壤中必定得不到健康的生长。"在中国，为了获得重大项目，一个公开的秘密是：做好的研究不如与官员和他们赏识的专家拉关系重要，中国目前的科研文化是浪费资源、腐蚀精神和阻碍创新。"[1] 同时，我国国民自小接受"地大物博"的思想教育，危机意识和忧患意识不足，传统的封建文化、中庸之道和小农经济思想，都会在一定程度上制约创新思维能力的发展。

（3）国家体制不健全阻碍企业自主创新。小微型企业在自主创新过程中，会遇见各种各样的困难，这些困难仅靠企业自身力量是很难解决的，必须注重政府在小微型企业自主创新中的重要作用。首先，从创新规律看，一个国家的发展环境对企业创新动力的形成和创新程度有着决定性的影响。目前我国经济发展正处于由生产要素导向和投资导向为主向创新导向为主的转型期，市场中有些行业竞争过度而有些行业由于垄断出现竞争不足的现象，行业间严重的竞争分配不均，对企业间的竞争刺激和企业创新造成了限制。其次，在创新活动中存在政府越位和缺位现象。本应由市场驱动的创新活动，由于政府越位越权，扭曲成由政府主导的创新。而本应由政府提供的研发基础设施、金融基础建设，却得不到应有的发展，政府的缺位将本应该由政府承担的创新风险转嫁到了民营企业身上。[2] 没有平等竞争、一视同仁的法治环境、政策环境和市场环境，导致对知识产权保护不到位，降低了企业自主创新的热情，不利于企业的创新发展。再次，企业的战略决策、政策制定受官本位以及领导个人意志的影响，公众的参与严重不足，政策的民主性、科学性、合理性不足。

---

[1] 施一公、饶毅：《中国的科研文化》，《科学时报》2010年9月3日。
[2] 伍万云：《民营企业自主创新之路的困境与对策》，《理论建设》2008年第5期。

2. 微观制度的缺陷

（1）企业研发资金投入较少且效率不高。对企业而言，R&D 经费投入的多少反映着该企业对技术创新活动的资金投入情况，企业 R&D 经费占销售总收入 5% 以上，企业才有竞争力，占 2% 仅够维持，不足 1% 的企业难以生存。据此分析我国目前的情况不容乐观，主要表现在：

第一，全社会研发资金投入不足。我国 2002 年 R&D 的投入仅占 GDP 的 1.1%，2006 年为 1.4%，2010 年上升至 1.5%。虽然有所增长，但这与国际上"创新型国家"的标准（R&D 占 GDP 的 2% 以上）还有一定差距，与发达国家相比差距更大。如 2003 年美国 R&D 的投入占 GDP 的 2.8%，而日本占到 3%。第二，政府科研资金的投向需要调整。目前，政府对竞争性领域的产品开发和生产项目进行大量资金支持，而在一些关键性的共性技术研究方面，资金投入严重不足导致技术无法突破。第三，科研资源存在浪费问题。据统计表明，我国的大型科研装备利用率仅为 25%，而美、韩等发达国家达到了 170%—200%，这数据充分说明，我国科研资源的利用率较低。而在分配方面同样存在浪费问题，有部分科研经费的分配是基于政治影响力和人脉关系，这些科研计划和项目纯粹属于政治需要、政绩需要，而不是基于发展经济的需要，导致资源的严重浪费。第四，科研创新"产出"低效。据世界知识产权组织（World Intellectual Prope Organization）透露，中国发明人在 2008 年提交了 203481 项专利申请。从表 7-1 看来，这一数据令中国成为继日本（502054 项申请）和美国（400769 项申请）之后创新力第三强的国家。然而，中国超过 95% 的申请都是发明人在中国国内向国家知识产权局提交的，绝大多数的中国"创新"只是对现有设计的小修小改。而国际上认为的创新力的一个重要标准是三重（triadic）专利申请或被授予专利权的数量，其中，"三重"指的是就同一项发明分别向全球重要专利办公室即美国、欧盟和日本的专利受理机构提出专利申请或被上述三个机构授予专利权。据经济合作与发展组织（OECD）透露，2008 年中国只提交了 473 项"三重"专利申请，而同一时期的美国、欧洲、日本分别有 14399 项、14525

项、13446 项。此外，中国原创专利中有一半是授予外资跨国公司在华子公司的。① 由此可见，中国的创新力大大落后于美、日、欧。第五，我国中小微型企业研发投入的内在动力不足。国际经验表明，研发投入占销售额比例达到5%的企业才有竞争力，比例为2%的企业只能维持生存，比例在1%以下的企业难以持续。② 而我国企业的研发投入占销售额比例不到1%。

表7-1　　　　　　　　2008年各国专利申请数目　　　　　　　　单位：项

国家	美国	日本	中国
专利申请项数	400769	502054	203481
"三重"专利申请	14399	13446	473

资料来源：根据世界知识产权组织和经济合作与发展组织发表的文章制作。

（2）小微型企业融资难，创新资金短缺。资金短缺常常是小微型企业技术创新的主要障碍。小微型企业由于经营时间短、风险较高、无可抵押财产等原因，很难获得银行信用贷款。证券市场融资的条件和要求也使大部分小微型企业望而却步。一方面，由于直接融资方式对资金使用者要求较高，限制较多，小微型企业只能转向间接融资，资金获取来源过于单一，而且随着金融体制的改革，银行更趋于向大型化、城市化方向发展，适合于小微型企业的融资渠道就变得越来越少。另一方面，银行普遍认为小微型企业多属于流动资金贷款，贷款规模小且分散，造成银行的工作量大，融资服务成本高且收益少，加上信用担保机制及其体系的不健全，因此银行偏向于向大企业提供贷款，忽视小微型企业的融资需求。

（3）激励机制不健全，创新动力不足。首先，我国普遍存在知识产权保护不力、假冒伪劣横行、司法保护成本大等不良金融现象，这些因素的存在势必导致技术创新的投入大且收益率低，进而

---

① ANILK. GUPTA, HAIYANWANG. China as an Innovation Center? Not So Fast,《华尔街日报》，http://cn.wsj.com/，2011年7月29日。
② 赵荣：《析企业技术创新的激励模式》，《重庆工商大学学报》2004年第6期。

损害企业创新的积极性和主动性。如果创新成果的收益得不到保障，自主创新只能是一句空话。其次，从美国、德国、日本等科技强国的发展经验来看，鼓励小微型企业进行自主创新，需要政府综合利用税收、财政补贴、政府采购等激励政策，在政策的支持下，企业积极进行技术创新、产品创新和产业结构升级，而我国这方面的相关制度都有待完善。如我国《中小企业促进法》第34条规定"政府采购应当优先安排向中小企业购买商品或者服务"，《政府采购法》第9条也有"政府采购应当促进中小企业发展"等的规定，但这两部法律都没有更加详细的规定和事后相应的法律责任，在实际工作中不具备可操作性。

（4）研发人才短缺和服务机制不健全。一方面，与大型企业相比，小微型企业在工资水平、福利待遇、社会地位和发展预期等方面，都存在一定的落差。所以，小微型企业对于高端创新人才的吸引力很有限，造成了企业发展人才的短缺。在我国，由于创新环境、创新文化的影响，即使是大型企业，顶尖科技人才也同样奇缺，更为严重的是人才的流失，如我国装备制造业的顶级专家50%流向了美国和德国。另一方面，与企业自主创新相关的科技信息、市场信息、价值评估、风险投资、咨询代理等服务机制不健全，均有待进一步完善。

第三节 解决甘肃省小微型企业自主创新问题的对策及建议

小微型企业自主创新面临的困难很多。因此，要解决小微型企业自主创新面临的这些困境不是仅仅依靠企业通过自身努力或者政府加大扶持力度或者制定几部相关法律法规就能够解决的。小微型企业自主创新能力的提升是一个系统工程，需要全面兼顾，多方考虑，共同努力。

一 加强教育的支撑作用，提高国民的创新素养

1. 政府应高度重视提高基础教育尤其是科学技术教育的质量。

从国际发展经验来看，1989 年，美国公布了长期教育改革计划《2061 规划：全民的科学》，1994 年克林顿总统签署《美国 2000 年教育目标法》，2002 年布什总统签署《不让一个孩子落后》的教育改革法案，加大全国的教育投入，落实《教育法》中规定教育投入占 GDP 比重的 6%。从这些数据可以看出，真正的发达国家，真正的经济强国，是非常重视国民教育的。我国应该加大中央的教育投资比例，同时借鉴国际上关于中央与地方教育经费投入比例普遍为 60：40 的做法，改革投入结构，大力加大对农村、中西部等教育资源极度缺失地区的投入，尽快扭转教育不均衡、不公平的现象。在教育投入资金充足的基础上，改革教育模式和教学方法，保护并激发孩子的好奇心、求知欲，从小培养学生查找文献资料进行论文写作、进行社会调查撰写调查报告等学习研究的能力。同时，加强对学生的科学教育，大力进行创新方面的宣传教育，搭建公众与科学互动的平台，如举行"科学对话"活动等，重视培养国民的创新思维和创新能力，提升全民的知识水平，进而促进创新的不断发展和实现。

2. 西部地区人才发展战略两手抓。西部地区地理位置偏僻，自然环境恶劣，多高原山地，交通十分不便，经济相对落后。在这样的条件下，西部地区基础教育发展滞后，人们的教育水平普遍较低，人力资源匮乏。因此，位于西部地区的企业，人才投入问题要从两个方面着手：一方面，从身边资源抓起，加大对西部地区本土人才的教育，培养西部地区企业发展的骨干力量，降低由于本土人才缺失而造成的西部地区自主创新根本性失败的风险；另一方面，着眼于长远，加强与区外的合作，从区外引进新鲜血液，把区外人才作为实施西部自主创新战略的重要补充力量。自主培养与外界引入相结合，自我特性与外部个性相结合，双管齐下共同为西部地区人才培养和积累做贡献，促进新型科技的发展使用。

要实现这两个方面的完美结合，必须要做到"三破"：一破，是要在思想上破除人们固有的择业观念、区域观念。就目前情况看，很多大学毕业生及高等人才倾向于考取公务员，倾向于到沿海地区或者中部地区参加工作，而对到西部地区的企业中工作产生消极情绪，更甚至从心理上排斥，不能清楚地认识到西部地区一些企业存在的无限发展潜能。而事实上，随着国家对西部地区发展的大力扶持和倾斜，随着"西部大开发""一路一带"等重大项目的实施，西部地区存在着巨大的发展空间，西部地区兴起的企业，可以为人才的自我价值实现提供无限的可能。所以，对大学生进行毕业前的就业教育，转变他们的择业观念迫在眉睫。二破，是破除我国长期以来的等级制度，转变论资排辈的传统观念，给年轻人提供表现自己、发挥自身才能的机会，积极倡导不拘一格用人才，为各个阶段人才的不同特性创造机会。自古以来，我国一直是一个以儒道治国、孝道治家的文明古国，儒家思想主导着整个社会和民众的日常生活，尊老爱幼、尊师重教、谦虚谨慎等思维充斥于生活的方方面面。但对于这份尊重的不同理解，将产生不同的结果，理性的尊重会有利于文化的传承、社会的和谐。而拘泥于教条的尊重将会对社会的进步和思想的解放产生阻碍作用，当思想禁锢不前时，创新思想的产生更是无从谈起，整个国家自主创新的能力自然也是止步不前。所以，我们应该更加理性地认识我国的传统文化，紧追时代的步伐，结合新形势不断转变自我认识，积极施行多种灵活的选拔和任用人才的方式，大力提拔具有创新力的年轻人，为他们提供发挥才能的机会。当前，我国提出培养实用型人才的概念，放低对职称、经验和学历的要求，对选拔和任用人才的新方式进行大胆尝试，推进对于实用型人才的使用，有利于满足目前急需创新人才的产业升级和自主创新需求。三破，是破除急于求成的老旧观念，给人才预留更多发挥才能的时间和空间，以实现自身价值，为企业和国家创造价值。目前，在广泛倡导自主创新的环境下，很多企业急于立刻实现技术突破和创新，对应聘人员和企业内部员工提出了许多不切实际的要求，这不仅不能解决企业创新的需求，而且在很大程度上给技术人员制造了过大的压力和负担，致使他们在研发和创新的过程中不能全身心投入，结果只能是适得其反。

二 创造追求真理与自由的文化氛围，培养全民形成创新文化意识

1. 创新文化的形成

首先，以知识本位代替官本位、权本位，树立知识和人才的权威；树立危机意识、开放性思维和创新意识，消除封建文化、小农经济思想对国民创新思维的影响，在全社会形成追求真理与自由的思想氛围。如经济高速发展的深圳，作为多元的现代移民城市，当地文化具有开放性、包容性、创新性的特点，有效地推动了全社会的自主创新。处于西部偏远欠发达地区的甘肃省，要积极向中东部发达地区学习，拓宽视野，不断提升本省创新水平。

2. 营造有利于创新的企业文化氛围

观察发现，无论国内还是国外，优秀的企业内部都具有自身的企业创新文化，都具有浓厚的创新氛围。企业文化全面影响企业管理者和员工的价值观、思维方式和行为方式，创新文化的存在必定有利于企业创新氛围的形成。一个企业靠文化磁性产生内生凝聚力，小微型企业进行自主创新本质上也是受文化驱动的行为，用理念整合员工的思想行动，打造企业强有力的凝聚力和向心力，以企业文化形成坚不可摧的竞争。因此，在企业内部，要通过各种方式营造尊重知识、尊重人才的氛围，尽力满足人才的多层次需求，允许张扬个性；管理层委以下级重任时，要充分放权、授权，提供实现个人价值的发展空间；倡导和营造创造性、人性化、自主性的企业文化，形成宽松和谐、独特奋进的文化影响力，对优秀人才产生高效的吸引力、凝聚力和感召力，进而迸发出巨大的创造力和竞争力。

三 提高政策制定的民主性、科学性和合理性，完善体制环境

一方面，政府应制定相应政策和法规，清除不利于小微型企业自主创新的制度障碍，完善相关制度建设，以维护公平竞争的市场秩序，使所有小微型企业都能在相同的市场条件下进行优胜劣汰，打破行业垄断，营造公平的竞争环境，为企业自主创新提供有利的市场环境。另一方面，强化企业自主创新的主体作用，政府既不能缺位也不能越位，更多地应该提供政策支持，加强服务职能建设。同时，不断完善民主决策机制，加强公众的参与度，提高战略决策、政策制定的民主性、科学性、合理性。最后，还要借鉴美国、英国、日本、澳大利亚等科技大国的成功经验，重视著名科学家、资深企业家、产业界代表等知名人士在战略决策中的重要作用。

四 增加对研发资金的投入，同时提高创新产出的效率

充足的研发经费是企业自主创新活动的基本前提。而科技投入不足是我国企业自主创新能力薄弱的重要原因，因此，企业要通过多种形式、多种渠道依法筹集资金，开展技术创新工作。

1. 保证企业自主创新资金充足

为尽快缩小与发达国家的科技差距，小微型企业要建立并严格执行 R&D 经费保证占企业销售额的一定比例的规定，即 R&D 占 GDP 的比例应尽快提高至 2% 以上乃至 3%，为自主创新提供充足的资金保证。即使是在资金紧张的情况下，也要优先保障对创新的资金供给。在此基础上，小微型企业还要逐渐提高创新资金在销售收入中的比重。通过技术开发联盟形式与国外企业建立合作关系，借助国外资金和技术力量实现技术突破，这种方式还可以减轻企业自身负担，并降低小微型企业的创新风险。

2. 政府加大对企业自主创新的投资力度

政府要加大对小微型企业创新活动的资金投入，在政策上进行倾斜，努力营造一个有利于小微型企业进行创新活动的政策环境。同时，国家财政对科研投资的方向，要从主要投向科研机构转为主要投向企业，采取多种形式，加大对企业的支持力度，尽快实现企业研发费投入与 GDP 同步增长，形成小微型企业成为科技创新主体的局面。而且政府应该设立专项资金，用于支持引进技术的消化、吸收和再创新，除了关注扶持竞争性领域的产品开发和生产项目建设，关键性的共性技术研究应得到更多关注，支持重大技术装备研制和重大产业关键共性技术的研究开发。

3. 提高科研经费的透明度与科研资源的利用率

企业的自主创新活动是一种未来事项，是针对企业未来的创新活动，而未来具有很大的不确定性。因此，在创新的过程中，企业需要根据市场和社会变化，观察事物的发展变化，捕捉事物的新变化、新特点，进行大胆新颖的推测和设想，通过各种努力，整合创新人才、资本等资源，进行新产品、新技术的创新开发，以适应不断变化的外部市场环境，立于不败之地。

4. 抢占自主创新先机，加快科技创新成果转化的进程

抢占自主创新先机是创新的本质要求，也是企业自主创新过程中一个重要的方面。抢占先机并不仅仅是指企业在进行创新行动中领先一步，更重要的是将领先的技术和发明创造转化成能够面向市场的产品或现实的生产能力。创新成果在产品化和市场化的过程中，需要一些复杂的技巧和技能，企业如果缺乏相关的能力，辛苦得来的创新成果就很难为企业带来现实的竞争优势和利益，得以白白浪费。如最早进行彩色电视机开发的公司为美国的哥伦比亚广播公司（CBS），NTSC（National Television Systems Committee）标准就是该公司率先提出的。但让彩电真正为市场消费者所接受，仅仅让制造商和电视网络统一标准是远远不够的。他们必须以合理的成本结合消费者的兴趣爱好，生产出性能合格、消费者喜爱的电视机，创造出吸引观众的电视节目，同时，还必须吸引电视台投资购买制作节目和播放节目的设施、设备，只有如此，才能最终为企业带来利润。结果哥伦比亚广播公司虽然在这场标准大战中赢得了先机，但由于没有进行更为完备的相关配套工作，失去了市场地位，美国国家广播公司（NBC）的美国无线电公司（RCA）进行完善，最终通过后向兼容（兼容黑白电视机）彩电系统将其取代。从这个案例可以看出，抢先发明机会固然重要，但解决好应用问题才能最终赢得市场，因此企业要兼顾各个方面，而不仅仅是进行单独的创新活动。

五 不断完善小微型企业创新融资体系

持续的资金投入是企业进行自主创新的必要条件，而小微型企业的资金实力是相对不足的，因此就需要政府为其提供良好的金融支持。

一是建立风险投资机制。因为小微型企业往往受规模限制，只能进行单一技术的开发活动，缺乏必要的替代技术开发途径，其承担的风险比大企业要更高。因此，政府应大力发展专门为小微型企业技术创新服务的风险投资机构，积极开展风险投资业务，帮助有志于创新的小微型企业解决其资金"瓶颈"问题，鼓励小微型企业的创新活动，促进其科技成果商业化，并可以利用风险投资机构的优势为企业提供信息服务和经营指导。二是拓宽小微型企业直接融资渠道。探索建立以政府财力为引导，以专业担保机构为主体，以商业银行网络为基础的信用担保体系，鼓励具备条件的民营企业成立担保机构和开展担保业务，鼓励企业开展多种形式的互相性融资担保等。

六 完善财政补贴、税收、政府采购、知识产权等激励机制

创新思想和创新能力的形成，需要建立一个有利于创新的环境和一整套机制，包括财政补贴、税收、政府采购、知识产权等激励机制，适当的组织和激励，是企业创新的重要推动力。

1. 设置政府专项资金，加大对小微型企业研发的财政优惠及补贴

积极借鉴国外先进成功经验，从直接优惠为主转向直接优惠与间接优惠相结合的方式，采取多种税收优惠形式；同时，积极实行鼓励人力资本投资的税收优惠政策，如可以利用税收制度，以贴息、补助、建设经济科技园区等形式全面扩大优惠对象，支持企业进行自主创新。如在发达美国，为了有效促进中小微型企业创新发展，在1982年颁布了《小企业创新发展法》，该法要求政府机构为中小微型企业的研发活动提供特别的资金支持，并在该法律的基础上设立了小企业创新研究计划，1983—2003年的21年里，政府为小企业的创新发展共资助了7.6万多个项目，提供的资金达到了154亿美元。同样发达的日本，其政府也制定了专门的技术开发补助金制度，资助下限为500万日元，上限为2000万日元，对中小微型企业的技术开发给予50%的赞助。在德国，如果中小微型企业因技术开发需要购买专利，联邦政府除给予15%的研究投资费补贴

外，另外还补贴30%的费用用于后期的专利购买。法国政府，可提供高达其研发投资25%的财政补贴用于对中小微型企业研发行为的支持。①

2. 要不断完善《政府采购法》

1953年，美国通过了《小企业法》和《小企业融资法》，这两部法律规定，联邦政府的采购活动中小微型企业的采购份额必须占到23%，同时，大企业也必须保证将获得的政府采购份额中的20%转包给小企业。从发达国家的经验可以看出，完善政府采购法，从法律规定方面规定政府对小微型企业的采购份额，给予小微型企业必要的法律保证，为企业自主创新能力的提升创造环境。

3. 加强知识产权保护力度

知识产权是企业利益很重要的一部分，在竞争如此激烈的今天，对知识产权的保护是非常必要的。如美国法律规定：盗版音乐、电影和软件的行为，最高可处以100万美元罚款和10年监禁。同样美国总统林肯也说过："专利制度就是给天才之火浇上利益之油。"仅从美国的成功经验就可以看出，制定并完善知识产权方面的法律制度，有利于保障创造发明个人或企业的利益，对发明创造行为形成无形的激励。因此，我国要借鉴发达国家的成功经验，完善并严格执行知识产权法律法规，降低小微型企业知识产权保护的成本，花费更多的财力、精力在创新行动中，激发发明创造者或企业的积极性。

七 改善人才激励机制和服务机制

人才队伍和研究机构对创新是非常关键的，小微型企业没有优秀的人才、强有力的研发团队和研究机构，发展过程中就难以产生竞争的优势。

首先，要完善鼓励技术创新人才向小微型企业流动的措施。人才是企业自主创新、科技研发最重要的资源，高素质的创新人才队

---

① 蔡丽华：《发达国家促进自主创新的经验与启示》，《科技广场》2007年第10期。

伍是以企业家为核心、以技术专家为主体并不断注入新鲜血液的学习型团队。在竞争激烈的当今社会，只有拥有了具备创造力的核心人才，才能有效地开展自主创新，因此，小微型企业积极提供能够为创新型人才利用的广阔平台，调整对创新人才的激励机制，创造出一个能够吸引人才、留住人才的企业环境，为企业的发展储蓄力量。如德国政府规定：从1983年开始，凡在中小企业从事研究、设计和试验的人员，5年内可取得工资40%的补贴，第6年和第7年可补贴25%。

其次，要进一步培育和健全科技信息、市场信息、价值评估、信用担保、风险投资、咨询代理等各类与技术创新相关的组织机构，对小微型企业的自主创新形成推动和支持作用。同时，引导进行创新活动的组织，勇于打破传统组织森严的等级制度，推行相对更为松散灵活、人性自由的组织形式，发散员工思维，组织员工间的思想交流，为发明创造提供良好的生长土壤。

市场的需求和自身发展的需要是企业进行自主创新的主要动力，不断地创新能够给企业带来新的增长点，促进经济增长方式的及时转变，提升企业在发展中的竞争力，扩大市场占有份额。自主创新和可持续发展是现代企业发展的主题，我国应不断探索有利于提高小微型企业自主创新能力的新途径、新方式，逐次完成从创新向持续创新的过渡，完成从单一创新向全员创新的过渡，时刻保持旺盛的活力，同时，加速推动建设"小微型企业成长工程"，全面提升小微型企业的整体素质和市场竞争力，为我国经济的可持续发展做出应有的贡献。

第八章

甘肃省小微型企业集群发展战略

近年来受经济全球化影响，面对大量的国外竞争者进驻中国市场，激烈的市场竞争问题随之而来。为了适应当前经济形势，发展企业集群这种新型企业组织形式已成我国经济发展战略的题中之义。随着我国沿海地带涌现出了一批初具规模的小微型企业集群，小微型企业集群发展在我国经济生活中掀起了一股热潮。目前，在我国沿海城市、沿江以及内陆地区，已形成各种不同类型的小微型企业集群，这些小企业在专业化分工及竞争协作中，共同发展，不但推动了相关产业与区域经济的快速发展，也提升了自身的核心竞争力。发挥小微型企业优势，提高生产效率、降低投入成本，从而形成我国在国际市场的竞争优势已成了我国经济发展的必经之路。

第一节 小微型企业集群战略概述

小微型企业集群（Small Business Cluster）是指一群既独立自主又彼此依赖，既具有专业分工、资源互补现象又维持一种长期的、非特定合约的小微型企业在一定地域范围内的聚集。[①] 其外在表现形式是企业在地理上的集中，而内部形式则以柔性生产方式为主，形成一定的网络组织关系。小微型企业集群有两个根本特点：一是专业化分工合作；二是空间集聚。以小微型企业为主的企业集群，规模都相对较小，集群区域内没有能在供产销方面具有垄断地位的

---

① 包兴荣：《浅谈集群战略与西部中小企业的发展》，《探索》2004年第3期。

大企业，总体上属于同一产品市场供给者，彼此之间存在一种竞争合作的关系，由于其能够快速适应市场变化、满足顾客个性化需求而日益得到迅速发展。①20世纪90年代以来，不同成因类型的企业集群推动了我国经济的快速发展，长江三角洲和珠江三角洲等沿海地带逐渐发展成为国际性的制造业生产基地和加工出口基地。在我国推进工业化的进程中，企业的地域性聚集与地区经济增长之间存在正的相关性，即我国企业集群的分布主要集中在经济实力明显领先于全国平均水平的长江三角洲与珠江三角洲等地区，这种现象也恰恰印证了企业集群理论解释企业集群化成长在发展经济工业化中的有效性。

一　小微型企业集群形成的原因

1. 外部规模经济促进企业对集聚效应的追求自发形成

小微集群的形成主要是靠市场自身发展的内在逻辑自然形成而不是靠外力的强制，是一种自发秩序的扩展，而此中的关键是现实利益的驱动，当集群内企业合作的收益大于合作的成本时，企业就会进行有效的分工。马歇尔的外部经济理论认为企业集群的外部规模经济表现在集群内企业实行高度专业化的分工协作，每个企业承担产业链中某一环节的活动，生产效率极高，使无法获得内部规模经济的单个小微型企业通过外部合作获得规模经济，所以企业既能享有规模经济带来的好处又不必过分扩大企业规模，使企业实现了"柔性"与规模的统一。②而根据韦伯的区位理论，要形成小微型企业集群，需要具备以下四个方面的因素：①技术设备的发展能使生产过程产业化，而专业化的生产部门更要求工业集聚；②劳动力的高度分工要求完善而且灵活的劳动力组织，劳动力组织有利于企业集聚的发生；③集聚可以产生广泛的市场化，批量的购买和销售降低了生产成本，提高了生产效率；④生产集中化可以使基础设施共享，降低了一般经常性开支成本，一般经常性开支的降低会促进企

---

① 仇保兴：《小企业集群研究》，复旦大学出版社1999版，第193页。
② ［英］马歇尔：《经济学原理》，华夏出版社2005版，第121页。

业的集中化。小微型企业集群化可以扩大产品市场，从各环节投入品、劳动力市场以及信息和技术交流三方面提高企业的生产效率。浙江省海宁市的70%以上的企业的都是服装生产企业，其中制革、皮衣及其他皮革制品，是海宁工业的第一大产业，海宁皮革产品已遍及全国各地，并远销世界上40多个国家。近几年，外销产量逐渐增加，总体而言，海宁市已形成系统的皮革工业生产体系，近几年发展势头良好。由此可见，小微型企业通过集群这种产业组织形式，可大大提高其生存发展能力。

2. 不确定性、交易频率和资产专用性促成企业集群的产生

科斯认为，环境的不确定性、小数目条件、机会主义以及信息不对称等导致交易费用的增加，构成了市场与组织间的转换关系。在生产过程中企业之间关系一直处于一种动态的博弈状态，任何一方都会在交易中为了使得自己的利益达到最大化而出现违约的情况，但是小微型企业的特性决定交易是小额、高频并且各企业间的生产是密切相关的，所以每个企业都在以信任为基础的合作过程中，要求与有依赖关系的相关企业关系相对稳定，加强集群中的企业与上游供应商，以及国内外市场的联系，以便小微型企业之间可以共享技术成果、营销渠道、客户资源、市场和技术信息，分担市场风险和经营成本，促进企业之间的共同技术创新、共同生产和共同营销达到一种均衡状态，通过企业集群，有利于减少环境的不确定性，改变小数目事件和减小企业对机会主义的顾虑，减小市场交易中的不确定性并达到双赢。① 在小微型企业集群中，由于地理邻近所带来的交易便利性，企业间关系往往超越于正式的经济契约关系，形成基于友谊与互惠基础上的高度信任关系和紧密社会网络，如图8-1，显示了小微型企业集群的基本结构。

3. 地方政府的政策引导企业集群的形成

随着国家对小微型企业发展重要性的认识，开始从财政政策、税收政策到企业融资扶持等方面颁布了一系列的方针政策来引导小

---

① 王缉慈：《创新的空间——企业集群与区域发展》，北京大学出版社2001版，第156页。

微集群的建立，解决目前我国面临的就业难题，促进地方经济发展。政府的政策引导，对于集群中企业的创新绩效的发挥程度起着重要的作用。小微型企业集群发展已经进入政府的决策视野，而由于地方政府促进企业集群发展的作用更为具体、直接，所以集群内的小微型企业能更好地获得政府所提供的支持，以及利用集群所创造的环境，从而提升企业本身的技术能力和创新绩效。广东省的小微型企业集群就是地方政府作用的结果，其发展有较强的政府主导特征，与政府积极的招商引资政策措施是密切联系的。2011年以来，我国西北地区陕西、甘肃、宁夏、青海、新疆等省（自治区）相继推出各种地方性扶持政策来推进小微型企业集群的建立。

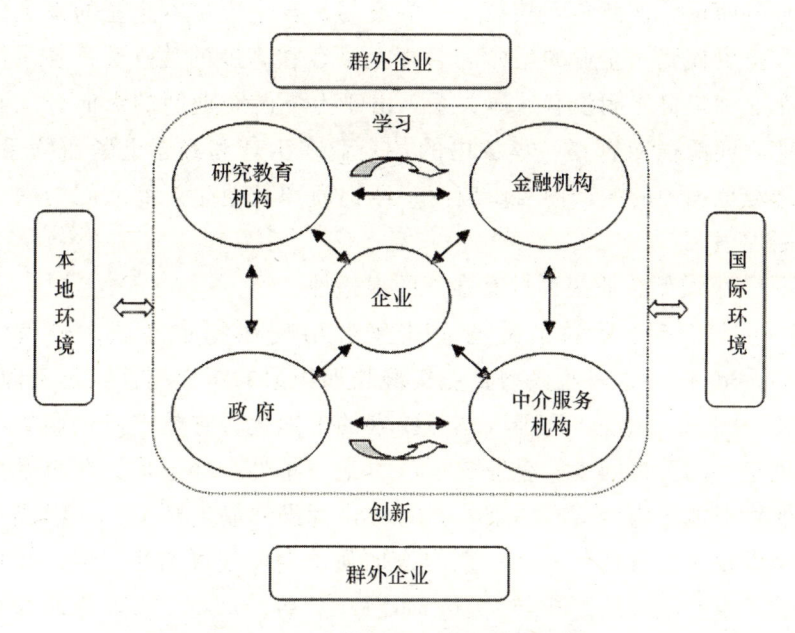

图 8-1 小微型企业集群基本结构

二 小微型企业集群的特点

作为小微型企业与市场之间的中间组织形态，小微型企业集群"比市场稳定，比层级灵活"，既保持了小微型企业灵活多变、反应敏捷的特点，又能形成群体规模，从而获得竞争优势，具有地理集中、行业领域密切相关、相关人才集中、原料和生产成品相对集中、行业信息集中、买者意向集中和配套机构与设施集中等特征。

1. 小微型企业在集群中呈现出高度的同质性却又相互独立

集群不同于一般工业集聚，它主要是针对同类小微型企业和相关小微型企业集聚的数量而言，集群并不是简单的小微型企业堆积，如果仅仅是企业积聚一地而互不关联，不存在协同作用，是不可能产生集群效应的。在集群内，各小微型企业之间存在密切的交互作用，这种联系不仅体现在实物联系，还有信息之间的交流，而且这些联系日益成为企业之间联系的核心内容，这种联系和依赖使得企业之间呈现出了高度的同质性。但是，各小微型企业在产权上又划分明确，彼此独立核算，平等交易，自主决定本企业的发展方向和投资模式，企业的运营和管理上又存在高度的独立性，各小微型企业和集群之间没有从属关系。由于上下游企业间的纵向分工和企业之间的横向合作，集群内的各企业在生产和经营上紧密联系。该地域范围内的生产商与供应商、经销商和其他生产商之间的联系不断加强。[①]

2. 小微型企业集群具有强烈的根植性

生产特定产品的小微型企业集群出现在特定地域，根植性（Embeddedness）是小微型企业集群长期积累的历史属性，是资源、文化、知识、制度、地理区位等要素的本地化，它是支持企业集群地理集中的关键因素，企业集群的本地根植性一经形成，在小微型企业集群地域内就会有一个共同的文化背景和制度环境，并形成一种难以复制的特性。人文关系网络加强了企业集群的稳定性，并且促进了企业集群的形成与发展。如浙江义乌、永康、玉环等地的小微型企业都具有一定的本土化特色，如果要在我国西北内陆复制这些模式，可能性基本上为零。

3. 小微集群内企业之间的产业具有高度关联性

根据迈克尔·波特（Michael E. Porter）对集群的定义可知企业

[①] 王黎明等：《中小企业服务体系国际经验比较》，中国经济出版社2009年版，第156页。

之间劳动分工细密，将某一产品制造过程分解为众多的中间产品（零部件）的制造环节，并分别由专业化程度很高的小微型企业进行生产和组装，企业遵循市场竞争的原则进行中间产品的交易。对此，波特将其描述为："集群包括一批对竞争起重要作用的、相互联系的产业和其他实体。例如，他们包括零部件、机器和服务等专业化投入的供应商和专业化基础设施的提供者。集群还经常向下延伸至销售渠道和客户，并从侧面扩展到辅助产品的制造商，以及与技能技术或投入相关的产业公司。最后，许多集群还包括提供专业化培训、教育、信息研究和技术支持的政府和其他机构，例如大学、标准的制定机构、智囊团、职业培训提供者和贸易联盟等。"[1]

4. 小微型企业集群有高度的地理集中度和产业集中度

小微型企业有明显的地理集中的趋势，集群在本质上揭示了经济活动具有空间集聚性。著名经济学家克鲁格曼（Paul R. Krugman）就曾指出：在现实经济微活动中，一个最突出的特征就是产业地理集群。集群内的企业数目少则几十家，多则成百上千家；还有许多属于微型企业（micro-enterprise），即家庭工厂或手工作坊式的企业。尽管小企业集群内部企业众多占有很大的一部分市场份额并呈现出高度的市场集中度，但就其每个企业所占的市场份额而言，几乎是微乎其微，因此，每个企业都不能影响市场的走势。在其他条件相同的情况下，集群将比非集群更具有竞争力。小微型企业集群的最重要特点之一，就是它的地理集中性，即大量的相关产业相互集中在特定的地域范围内。由于地理位置接近，企业集群内部的竞争自强化机制将在集群内形成"优胜劣汰"的自然选择机制，刺激企业创新和企业衍生。在产业集群内，大量企业相互集中在一起，展开激烈的市场竞争，集群加剧了竞争。竞争是产业获得核心竞争力的重要动力。

---

[1] Michael E. Porter: Location, Competition, and Economic Development: Local Clusters in a Global Economy, *Economic Development Quarterly*, 2000 (14).

表8-1　　　　浙江省典型小微型企业集群地区分布①

地区	中小企业集群	地区	中小企业集群
温州	鞋、服装、眼镜、打火机	路桥	日用小商品
义乌	小商品	嵊州	领带
绍兴	轻纺、化纤	金乡	标牌、包装
永康	五金制品	大唐	袜业
海宁	皮革、服装	瑞安	汽车和摩托车配件
余姚	轻工模具	柳市	低压电器
慈溪	鱼钩、长毛绒	台州	精细化工
永嘉	纽扣、泵阀	濮园	羊毛衫
天台、三门	橡胶制品	仙居	工艺品、饮料

表8-2　　　　广东省典型小微型企业集群的产业特色

集群地	主要产业	集群地	主要产业
中山小榄	五金制品	东莞石龙	电子信息
中山古镇	灯饰	高要金利	小五金制品
佛山张槎	针织业	花都狮岭	皮革皮具
南海西樵	纺织业	澄海凤翔	玩具
南海金沙	小五金制品		

资料来源：根据广东省专业镇建设有关资料整理。

5. 企业集群具有高度的系统开放性

通过对诸如"硅谷""第三意大利"以及中国的浙江和广东等典型的小微型企业集群的分析，可以发现，不论是国外，还是国内，企业集群都存在于小微型企业可以自由进入的地区。在美国、意大利等国有《中小企业保护法》促进小微型企业的发展，在我国也有促进小微型企业发展的特殊政策，小微型企业的建立得到各种优惠政策，且处于一种自由竞争状态。

---

① 资料来源：http://wenku.baidu.com/view/8b6dc54cfe4733687e21aa70.html。

三 甘肃省实行小微型企业集群战略的必要性

小微型企业集群是迅速提升区域经济综合竞争力的重要途径。集群能够提升本地产业的竞争优势，推动工业化进程，促进小微型企业自身的发展。小微型企业集群是一种较好的地区经济建设和企业发展的模式，也是甘肃省迅速提升区域经济综合竞争力的重要途径。

1. 企业集群有利于提高小微型企业的竞争力

小微型企业的特点决定加入集群可以实现个体之间的资源和信息的共享与互补，避免企业之间的恶性竞争，提高企业对外界经济环境的适应能力，减少外部市场的不确定性，增强小微型企业的生存发展能力。集群内的竞争主要是创造出各自差别化的产品，使集群具有高度多样化的产品供给能力，从而提高了整个企业集群参与外部竞争的能力。小微型企业为谋求改善自身的生存环境而自发形成了企业群体。成功的企业集群往往是多工序的产品链在某一地区的集聚，这种集聚情况一旦形成，其他地方和企业在短时间内无法成功效仿，而企业集群化更容易得到政府政策的倾斜扶持，企业集群可以经过统一对外促销、规范产品质量标准等手段谋取自身与其他地区企业的差异性。

理论与实践证明，小微型企业集群是提升企业竞争力、引导产业可持续发展、推动区域经济发展的有效途径。随着意大利北部、美国硅谷等小微型企业集群的兴起，众多学者在马歇尔（1890）、韦伯（1909）等人对产业区研究的基础上，对小微型企业集群的特征、竞争优势、成长过程做出了大量的理论研究，也对现实中存在的典型的小微型企业集群进行了实证研究。无论是理论研究，还是实证研究，学者们都得出了小微型企业集群中的企业，通过获得空间集聚效应和分工协作能力，会具有很强的竞争优势的基本结论。

2. 小微型企业集群能够降低企业成本

在现代社会，社会分工日益发达，在市场的需求多样性和不可预测性连续增加的情况下，单个企业（即使是大企业）不可能也没有必要囊括生产链上的所有环节。企业可以通过采取与其他企业进行合作与交易的形式，来获得所需的产品与服务。这就意味着企业之间的交易频率必然不断增加，交易成本也就相应地成为企业生产经营过程中投入的重要组成部分。而且由于企业间的交易本身也包含着区位成本，企业在空间上越分散，交易频率越高，交易成本就越高。但对于小微型企业集群来说，企业间的空间接近可以降低每一次的交易成本，继而在连续的交易过程中减少总的交易成本。

在小微型企业集群内，企业的经济活动是植根于地方社会网络之中的，企业与企业、人与人之间的合作往往基于共同的社会文化背景和共同的价值观念。企业集群既不同于市场制，也不同于科层制，而是类似威廉姆森所谓的"中间性体制组织"。这种组织可以克服由于单个企业规模扩张而产生的企业内部组织成本过大、对市场反应刚性、官僚主义等规模不经济。而从交易效率来看，地方社会网络显然有利于成员之间的合作与彼此信任，从而促使交易双方很快达成并履行合约。因此，基于地方社会网络信任基础上的交易，有利于提高效率，节约交易成本。

3. 小微型企业集群能够促进技术创新

从企业集群的空间接近方面来看，小微型企业集群使相互间具有紧密经济联系的企业在地理空间上相互靠近，不仅降低了运输成本，并且降低了技术创新相关信息搜索成本。从专业化分工与合作的角度来看，小微型企业集群内部基于开拓共同市场而建立起来的较稳定的专业化分工与协作关系，不仅促进了企业间以有序的竞争来激活创新的动力，而且，专业化分工也使小微型企业日益专精于某项技术，使得每个企业负担的技术创新投资成本大大降低。从企业间关系方面来看，集群中企业间的关系已经不仅仅表现为"自然选择"，而且由于融入当地的社会文化环境获得人文网络的支持而使企业之间进行技术创新的合作大大强化，这有助于降低为缩小企业间知识和经验技能的差距所付出的成本；从学习过程来看，小微型企业集群有助于技术知识的外溢传递，后进企业可以利用技术创新的先进企业的经验、技术等信息，并通过模仿和学习来缩小差距、节约成本。所以，小微型企业集群使集群内部企业学习新技术变得容易并降低了学习成本。

4. 小微型企业集群能够推动了产业结构升级

技术创新是推动产业升级的关键。上游企业之间、下游企业之间以及上游企业与下游之间的交互过程正是产生一系列创新所需知识与信息的过程，企业集群的专业化分工使得每个企业专注于特定的环节，这样，每个企业所投入的创新成本大为降低。此外，由于集群内企业的空间集中性，以及信息传递的便捷，使得创新成果在集群内的扩散速度加快。集群内企业之间的创新竞争，以及相互学习与借鉴，促进了企业集群的技术进步，进而推动了产业结构升级。

以大企业为龙头拉动经济的战略是长期以来西部多数地区实施的产业发展战略，重工业地位突出也是其产业结构的一个显著特点。但是，甘肃省的大企业多是依靠国家直接投资建立，一大部分属于国家直属企业，与区域经济缺乏紧密联系，对当地经济的拉动作用没有凸显；以矿产资源采掘业、机械制造业为主的重工业在新兴产业发展、机制僵化、资源枯竭等因素的影响下，对国民经济的贡献作用已明显下降。小微型企业代表着甘肃省经济的活力和未来，不仅要增加数量，增强活力，还要解决普遍存在的缺乏产业联系、布局分散的问题。因而，小微型企业集群战略成为甘肃省提高小微型企业发展水平、培育区域经济内生力量的现实选择。

5. 小微型企业集群有利于区域经济的发展

小微型企业集群的形成与发展对区域经济发展的作用主要体现在小微型企业集群的整体效益远远大于各企业单个效应之和。其具体表现为：

一是小微型企业集群有利于提高区域竞争优势。根据波特的国家竞争优势理论，国家竞争优势来自于若干主导产业的竞争优势，而主导产业的竞争力并不仅仅来源于其自身，还与其供应商和其他相关行业的发展水平密切相关。小微型企业集群的区域特性就是同一产业及相关产业的小微型企业在地域上的集中，其积极作用是有利于形成优势产业群，从而提高国家竞争优势。对于以制造技术为基础、靠产品开发和创新来竞争的行业来说更是如此。

二是小微型企业集群有利于增强区域经济整体实力。尽管区域内单个小微型企业规模较小，难以实现大批量生产的企业规模经济，但通过企业集群发展，同一个部门中从事不同工序的小微型企业实行协作，可以获得规模经济。而且，由于小微型企业集群一方面是有组织的，另一方面内部的各企业又是相对独立的，所以，在获得规模经济效益的同时，又保持了内部各个小微型企业固有的灵活性。20世纪80年代中期至90年代初期，浙江义乌的产业集聚主要是横向的商业集聚，从而带动了交通运输业、电信服务业、旅游餐饮业、房地产业与各种服务业等第三产业的迅速发展。90年代初以后，商业集聚效应向纵向延伸，进而带动了工业集聚。

三是小微型企业集群有利于形成扩散效应和累积效应。小微型企业集群的发展在地域空间上则易于形成较强的扩散效应，在企业集群区内易于形成累积效应。小微型企业集群的深化发展会导致企业集群规模不断扩大，在空间上不断拓展，将周围欠发达地区纳入其中，推动邻近地区经济的发展。并且，由于小微型企业集群内部复杂的企业间联系，使得在该地区内一企业或一部门的增长，将带动区内相关企业和部门的增长。而且，随着企业集群规模的增大，在一定规模范围内的集聚效益也在增强，对集群之外的企业的吸引力将进一步增强，新的生产商和供应商将不断加入，这些反过来又将提高专业化水平，形成较强的累积效应，促进集群的良性循环发展。

四是小微型企业集群有利于提高区域创新能力。区域创新的主体是企业，小微型企业在创新方面以其小而灵活的特点比大企业更有优势，而通过企业集群发展，小微型企业在提高区域创新能力方面的作用更为明显。一方面，创新往往是通过极短的渠道，在了解顾客需要以后做出的，或在一些非正式的情况下发生的。小微型企业集群内企业间存在着各种正式或非正式的关系，便于信息的集中与扩散。产品制造者、原料供应者和产品消费者之间能在较小的地理范围内面对面地交流信息，能相互学习，并积累其他企业的经验和技巧，尤其是一些难以具体化、系统化的知识；另一方面，由于地理集中使竞争行为明显暴露，使竞争激烈程度加大，而竞争越激烈，越能刺激企业进行创新。因此，随着企业集群内企业创新水平的提高，必将对企业集群所在区域的创新能力产生重要的影响。奥格布鲁（Ogburu）和邓肯（Duncan）在1964年对美国重要创新地域分布的研究中，充分肯定了这种相互间存在着特定关系的企业在地理上的集中对区域创新能力的积极影响。美国硅谷之所以具有源源不断的技术创新能力，一个很重要的原因就在于以企业间密切交流、信任、合作为基础的小微型企业集群为区域营造了一种特殊的创新环境。

6. 发展企业集群有利于缓解小微型企业的融资困难问题

发展产业集群能解决银企信息不对称问题，提高小微型企业整体信用和保证资金安全，解决小微型企业抵押担保物不足问题，降低小微型企业融资评估成本和申请费用。通过完善银行风险定价机制，探索创新互助抵押贷款、互助合作基金、网络联保贷款融资模式以完善融资制度与优化融资环境，能够有效降低小微型企业融资成本，缓解其融资难问题。

近年来，出于安全性和营利性的考量，大型国有商业银行已相继从小微型企业密集的广大县域经济区撤并营业网点3万余个，大大减少了该地区的金融服务，降低了小微型企业的信贷资金融通量。而部分企业由于资金链断裂陷入经营困境，更加突出了解决小微型企业融资难问题的迫切性。目前，我国的小微型企业在同一行业分布集中、产业集群化发展趋势越来越明显，产业集群对控制小微型企业信贷融资成本具有明显优势，因此，通过发展产业集群以降低小微型企业融资成本，破解其信贷融资困局。

第二节　甘肃省小微型企业发展现状及问题

甘肃省位于我国西北内陆，一直处于一种资本稀缺、劳动力相对过剩的状态，在这种情况下，发展劳动密集型产业是甘肃省发展本地经济的不二选择。劳动密集型产业主要集中在小微型企业集群中，大力发展小微型企业集群，解决劳动力的就业问题，已成了近几年甘肃省的经济政策重点。2012年以来，国家相继出台"国九条""银十条""小微型企业二十九条"等政策措施，对营造小微型企业良好的发展环境起到了积极推动作用。从响应国家号召和促进自身发展的角度，甘肃省相继推出了小微型企业成长工程、支持小型微型企业发展、三年内对小微企业免征42项收费、支持个体工商户升级为企业、重点支持百户小微型企业发展、科技小巨人企业培育计划项目申报等一系列相关扶持政策。

一 甘肃省小微型企业集群发展现状

"十五"时期西部地区发展战略的比较研究表明：西部各省在确定"十五"时期的重点发展产业时，仍存在比较严重的产业发展选择雷同和盲目、重复建设问题。一个区域的经济优势往往根植于经济特色上，所以，甘肃省政府在扶持企业集群时，一定要有产业发展战略目标和实施规划，给予优惠政策不仅是简单的地区倾斜，而且需要向产业倾斜、技术倾斜转移。

甘肃省对外开放程度低，吸引外资能力弱，因此浙江的"原发型"[①]企业集群模式比广东的"嵌入型"[②]模式更有借鉴意义。发展"原发型"企业集群，需要挖掘该区域文化、制度中的积极因素，发挥区域资源优势，促进人们树立创业、创新的意识，鼓励私营小微型企业发展，从而培育出区域经济发展的原动力。目前，甘肃省的小微型企业集群发展迅速，结合甘肃省的资源优势和经济特点，探索多样化的、具有本地区特色的企业集群发展道路。从甘肃省现状而言，小微型企业集群发展起步较晚，但近几年来已颇具形式。企业集群主要依据本省有着丰富农产品和矿物资源这一现状，发展具有资源优势和竞争优势的以下五个产业链和企业集群。

1. 以石油化学产业为主的小微型企业集群

中国石油化工行业占工业经济总量的20%，因而对国民经济非常重要，石油化工行业包括石油石化和化工两个大部分。2013年甘肃省将培育四个石化工业千亿级产业链以兰州石化、庆阳石化、银

---

① 指以依靠本地力量为主形成创新发展的模式，浙江经济就是在没有国家、外商投资的情况下，依靠本地中小企业集群而发展起来的，是典型的"内生式"模式。

② 从广东省企业集群发展过程中，以"外资"为主导资本、市场结构和作用上来说，称其为"嵌入型"。

光公司、西北永新、蓝星公司等大型企业为龙头，加快培育兰州新区石油化工循环经济、白银煤电化冶及新材料、庆阳石油化工和煤电化冶、平凉煤电化冶等一批带动力强的千亿级产业链和产业集群，积极推进重点项目建设以及新增产值。① 这些地区依附于原有价值链中的国有企业衍生出一部分小微型企业，而这些小微型企业主要以农药、化肥、橡胶助剂、合成材料为主，以国有企业为依附，群聚在大型化工企业附近。

2. 以有色冶金产业为主的小微型企业集群

甘肃省酒钢企业产量大幅增长，成为西北首家钢产量突破千万吨的钢铁企业，标志着酒钢已站在跨越式发展的新起点。2011 年，全行业生产铁合金 129.25 万吨，名列全国第 9 位，与上年比增长 8.17%；生产碳素制品 90.27 万吨，同比增长 14.43%。2012 年，生产 10 种有色金属 220.83 万吨，名列全国第 6 位，比 2011 年增长 15.26%。其中：铜 65.34 万吨，名列全国第 3 位，增长 36.72%；铝 117.32 万吨，名列全国第 5 位，增长 12.17%；铅 1.91 万吨，名列全国第 19 位，下降 24.79%；锌 23.02 万吨，名列全国第 9 位，下降 2.08%；镍 13.05 万吨，全国第 1 位，增长 0.51%。生产稀土 2.53 万吨，增长 13.61%；生产硫酸 265.97 万吨，增长 7.68%；盐酸 25.06 万吨，增长 20.01%。2011 年全省黄金产量达 14.62 吨，比上年增加 2.6 吨，再创历史新高，名列全国第 8 位。②

依托省内资源，承接铜、铅、锌、铁、铝、钴、镍等金属产业链，进一步拓宽有色工业产业范围，提高有色金属资源的增值效益，提升产业结构。以甘肃省白银市为例，在积极打造兰白经济区承接工业产业转移示范区的过程中，围绕构建"一带三片区"产业承接发展布局，推进有色冶金、新材料、化工、能源、新型建材等产业突出延链补链环节。同时，以白银国家高新技术产业开发区为龙头，构建包括银东、银西、刘川、平川、正路、会宁工业园，总规划面积 320 多平方公里的工业集中区空间格局。③

---

① 资料来源：http://news.sina.com.cn/o/2013-04-12/083526805273.shtml。
② 数据来源：《甘肃酒钢集团 2012 年年度报告摘要》。
③ 资料来源：http://www.mining120.com/show/1307/20130717_107510.html。

3. 以农副产品产业为主的小微型企业集群

马铃薯产业：马铃薯是甘肃支柱性农业特色优势产业之一，是甘肃第三大粮食作物。《甘肃发展年鉴2012》显示，2011年甘肃省精心组织实施1000万亩马铃薯脱毒种薯良种工程。预计2011年原种生产量3.5亿粒以上，建成原种生产网棚1.5万亩，完成计划的150%；完成脱毒一级种薯扩繁面积16.1万亩，占计划的160%；完成二级种薯扩繁面积134.4万亩，占计划的134%；10个马铃薯主产市（州）的52个县（区）共完成脱毒种薯推广面积978.5万亩，全省脱毒马铃薯推广面积超过1000万亩。马铃薯产业已成为带动农业和农村经济发展，促进农业增效、农民增收的战略性主导产业。目前，已形成了中部高淀粉菜用型，河西加工专用型，陇南早熟菜用型及中部高寒阴湿地区种薯繁育型四大优势生产区。甘肃马铃薯高淀粉育种水平居全国一流，是甘肃最具发展潜力的特色优势产业之一，随着先进的种植技术推广力度不断加大，贮藏保鲜技术正在扩大应用，马铃薯加工业规模和装备达到了一定水平，流通体系建设有了长足发展。产业科技含量逐步提升，产业化水平逐步提高，已由满足鲜食市场供给型向优质专用和工业原料型生产转变。

果品产业：甘肃地处西北内陆腹地，光照充足、气候干燥、日温差大，具有生产优质果品的地理气候条件，果业已成为甘肃的区域优势产业之一。其中，苹果是甘肃分布范围最广、栽培面积最大的果树树种，是具有明显竞争优势的特色产业和主产区农民增收的支柱产业。《甘肃发展年鉴2012》显示，2011年，甘肃省全力落实苹果产业发展扶持办法。争取落实苹果产业扶持资金1亿元，新增5000万元，推进了良种苗木繁育基地建设，扶持果农合作社、苹果产销协会发展，支持省级苹果标准化生产示范园建设。全省水果面积700万亩、产量360万吨，其中苹果面积450万亩、产量240万吨。天水已成为全国最大的元帅系苹果生产基地，平凉庆阳已成为全国知名的优质红富士苹果生产基地。

4. 以旅游产业为主的小微型企业集群

甘肃旅游资源丰富，中国旅游标志铜奔马和中国邮政标志驿使图就出土在甘肃。甘肃的旅游资源既有石窟寺庙、长城关隘、塔碑楼阁、古城遗址、历史文物等文物古迹,又有青山绿水、高山草原、大漠戈壁、沙漠绿洲、丹霞奇观、冰川雪峰等独具特色的西部自然风光,还有以藏、回、裕固、保安、东乡等少数民族浓郁风情为特色的民族风情资源。在2011年兰洽会和"敦煌行"国际旅游节旅游合作洽谈会上,推出了景区开发、餐饮娱乐、旅游商品、休闲体验、生态旅游、乡村旅游、民俗旅游、文化旅游、红色旅游、综合服务等10大类共257个项目,总投资323.2亿元,共签约项目72个,合同资金136.2050亿元。与兰州银行签订《金融支持甘肃省旅游业合作发展框架性协议书》,兰州银行将在未来三年内提供贷款授信10亿元,用于支持全省重点旅游项目建设、旅游星级饭店改造提升、乡村休闲度假和农家乐等旅游业发展。2011年,全省A级旅游景区接待总人数3836.2万人次,营业收入27.93亿元,门票收入3.77亿元。丰富的文化遗产、独特的自然景观和多彩的民族风情,成为人们向往的旅游胜地,开发前景广阔。截至目前,甘肃省15个市州中有11个市州将旅游业定位为"支柱产业"。其中,张掖市和甘南藏族自治州还将旅游业定位为"主导产业"和"龙头产业"。① 平凉市崆峒山、天水市麦积山以及嘉峪关市嘉峪关文物景区均是国家5A级景点,对形成旅游产业集群、促进地方经济发展起到了重要的作用。

5. 以中医药产业为主的小微型企业集群

中药材是甘肃在全国具有比较优势和发展潜力的产业,政府大力培植中药材加工业和现代制药业。省内传统大宗地道中药材种类有当归、党参、甘草、大黄等,其中当归、党参是甘肃最具优势的2个品种,在国内种植面积最大,品质最好,且影响着国内市场价格。

甘肃省共有中草药资源1527种,其中植物类1270种、动物类214种、矿物类43种。据统计,2007年,该省中药材种植面积已

---

① 资料来源:http://news.xinhuanet.com/politics/2012-09/27/c_113234677.htm。

达14.9万亩,成为全国人工种植中药材面积最大的省份之一;年产中药材40.9万吨,中药材产量仅次于四川省,位居全国第二。由于不断引进和驯化一些新的中药材种类,其中药材种植面积呈逐年扩大态势。目前,该省已形成以岷县、漳县、宕昌等为中心的当归生产基地;以文县、舟曲、渭源、临洮、安定、陇西等为中心的党参、红芪、黄芪生产基地;以武都、康县、成县等为中心的杜仲、天麻生产基地;以民勤、张掖、酒泉等地为中心的甘草、麻黄生产基地。该省当归、红芪、党参、大黄和甘草的产量分别占全国总产量的90%、70%—80%、65%、60%和25%。①

甘肃省定西市和陇南市9个县的36个乡镇建立了优质药材基地47.1万亩,建成中药材标准化种子基地5400亩、种苗繁育基地10730亩,无公害中药材GAP示范基地达11.93万亩,使甘肃省中药材的规范化种植程度有了较大提高。敦煌市已批准为国家可持续发展实验区,天水市秦州区、兰州市西固区被列入省级可持续发展实验区。

近年来,通过大力调整产业结构,发展优质高产高效工业及农业,产业综合生产力提高。依据甘肃产业的基本状况,在提高甘肃生态经济总量的同时,甘肃省大力发展地方特色经济。在传统产业中创新,在旅游、农副产品、中医药、冶金制造等传统产业中创造出产业特色来,并在产业特色的基础上不断地进行技术创新,将新技术与地方知识技能相结合,加快工业化进程。

二 甘肃省小微型企业集群发展存在问题

企业集群效应促进了地区的工业化和城市化,并推动了经济的发展。但是,甘肃省的企业集群基本上是转轨经济时期的产物,大多处于低级发展阶段,集群内企业缺乏分工协作,技术创新能力不足,还面临着经济全球化的挑战。目前,甘肃省小微型企业集群存在诸多不足,为促进当地经济发展,提升本地的经济竞争力,当地

---

① 资料来源:http://www.gscn.com.cn/specialties/system/2012/02/07/010002155.shtml。

政府通过构建工业园区等手段促进小微型企业集群的形成发展，小微型企业集群是促进甘肃省经济发展的重要载体。但是，以政府主导的人为地构建基于本地域状况的企业集群也面临诸多问题：产业规划问题、招商引资风险、环境污染、融资困难、人力资源风险、集而不聚问题等。

1. 缺少合理的产业规划以及盲目的招商引资为企业集群埋下风险隐患

近年来，政府的政策引导、介入在一定程度上促进了小微型企业集群的产生和发展。由于政府对企业集群形成的影响力较大，所以在产业的选择上就面临着如何正确规划的问题。在小微集群内，各个企业在不同程度上存在追求"小而全"的构成倾向，不仅削弱了小微型企业的盈利能力，还限制了企业集群的横向延伸，导致企业之间缺乏必然的产业联系，难以形成各种能够推动企业有效互动和相互促进的机制。类似的问题在我国很多地方都普遍存在，各个地域的产业同构现象严重，同质的产品导致同业的惨烈竞争，同构产业之间出现激烈的"价格大战"。同时，因为西北地区的地域及经济情况在与其他区域竞争的过程中会受到压制甚至被边缘化，同样是产业结构，东西部招商引资方面就会存在很大的差异。并且招商引资是地方政府促进当地经济及小微集群发展的重要手段。为大量引进资金，不少地方政府采取了大量的优惠政策，这就为以后的企业集群经济带来了一定的风险隐患，如不完善的产业链、企业档次低下、企业高流动性以及高的交易成本等。

2. 小微型企业集聚热潮导致生态环境污染

伴随着各地小微型企业集群化的推进，大兴工业园区的热潮导致对农业用地的大量占用，优质土地的占用不仅导致资源浪费，还有可能因为工业污染导致土地荒废。而"污染的梯度转移"理论说明，污染企业从东部向西部、从中心城市向中小城市、从发达地区向欠发达地区的逐步转移，这使欠发达地区在引资的过程中经常遭遇污染企业转移，而产业集群由于大量企业的集中，对于环境的影响更大。环境的污染不仅会对当地居民的健康造成影响，而且会破坏地方的社会人文气息，妨碍其他企业在当地进行投资发展，危机经济的可持续发展,所以环境的治理也成为产业集群发展的一个制约因素。

3. 小微型企业普遍面临融资困难问题

企业融资的主要途径就是商业贷款,根据贷款的难易程度即可知道融资的难易程度。人民银行统计数据计算了2010年和2011年甘肃省大型企业和小微型企业贷款数据。2010年,甘肃省企业贷款余额2722.14亿元,其中,大型企业1278.9亿元,占46.98%;小微型企业1443.24亿元,占53.02%。2011年,甘肃省企业贷款余额3534.12亿元,其中,大型企业1754.35亿元,占49.64%;小微型企业1779.77亿元,占50.36%。① 2011年小微型企业获得贷款所占比重没有上升,反而下降了,但这并不能完全说明2011年小微型企业所面对的融资环境没有得到改善,反而恶化了,这可能与2011年并不宽松的金融环境有关。与大型企业相比,小微型企业从商业银行获得贷款的难度要大很多。或者说,即使能够获得贷款,小微型企业需要付出的成本要高很多。融资困难问题成为当前经济形势下困扰所有小微型企业的难题。

4. 相对较低的教育水平不能保证高素质的人力资源

由于小微型企业基本上都是劳动密集型产业,所以企业集群的建立就需要相应的人力资源集聚来支持。甘肃省有丰富的劳动力资源,但是由于劳动力普遍接受教育的程度较低,短期内这些劳动力不会成为技能熟练的工人,而企业在投资进入企业集群的时候优先考虑的就是是否有充足合适的劳动力的问题。如果没有充足的劳动力,那么对于很多企业来说是没有吸引力的。并且如果人力资源问题不能及时得到解决,对于当地的就业问题和"三农"问题而言都存在很大的压力。就某种程度而言,人力资源与企业的引进是相得益彰的。

5. 小微型企业的流动性风险埋下集而不聚的产业链脱节隐患

小微型企业有很强的流动性,它对不同地方政府给予的政策变

---

① 数据来源:甘肃省统计局、国家统计局甘肃调查总队《2010年甘肃省国民经济和社会发展统计公报》,2011年3月4日。

动以及经济环境的改变做出迅速的反应，向有利于其发展的区域移动；或者与其对于税收优惠到期的反应而移动，比如很多"三免两减"税收政策到期之后企业就移动到其他区域继续享受此优惠政策。中小企业的流动对不同区域的经济趋同有比较大的作用，但是它对于其离开的区域经济而言则可能是不利的，将减少当地的就业、消费与产出，并可能瓦解业已形成的企业集群或影响企业集群的发展与扩张。所有的企业在面对着政府的大量优惠政策和招商力度时，趋利的企业很快就聚集在了一起，一方面显得优惠政策与招商引资成果丰厚，另一方面也使工业园区呈现出一片热火朝天的景象。但是，迅速集聚的企业处于不同产业链，与其配套的上下游产业未进入园区，行业分散，与企业运行相关的产业链不能形成，企业的产供销容易脱节，这些不协调，不仅达不到产业集聚的集群效应，还使得企业在储存、运输、人力资源等方面的运营成本上升。由于集而不聚，加大了企业向业已形成集群的区域流动或者流动到正在形成集群的区域。这样就会导致相对成熟的企业集群愈发成熟，而新建的企业集群得不到发展。

6. 企业集群缺少中介服务机构的支持问题

虽然甘肃省政府成立了一些中介服务机构，如协会、商会、行会等借以促进企业的知识转移和产品创新绩效，但是金融保险机构、专业律师、会计师事务所、创业咨询、专业人才培训等中介组织建设严重滞后，而且其中有不少中介组织是作为国家行政机关的附属机构设立的，或者是由政府来直接管理，受到政府的管理和约束较多，并不能真正有效地发挥作用。调查发现，这些中介服务机构功能局限，且凝聚力不强，尚未形成有机的统一体，并未发挥其在企业集群中规范的自律性管理、价格协调、人员培训、与政府沟通和对外谈判代表等功能。

第三节 甘肃省小微型企业发展对策及建议

甘肃省小微型企业的生存和发展还存在一定的问题和困难。从外部环境来看，行业竞争无序，市场需求量不足；从内部环境来看,小微型企业在人才、管理、技术开发、市场营销和融资等方面都处于劣势。但是,小微型企业通过产业集聚而形成的企业集群仍然是推动甘肃经济发展的有效的产业组织形式。

一 甘肃省小微型企业发展对策

对于集群提升和产业结构优化的要求,是适应国际化竞争的必然趋势,也是提高企业集群经济竞争力的有效途径。因此,甘肃省要从以下几个方面做起,从而使小微型企业产业集群更好地发展。

1. 推动企业集群的技术创新,制定产业规划的合理措施

当集群区域内部聚集了大量的从事类似创新活动的企业时,这个有着技术相似性的企业群体能够高效共享知识的外溢效应。相比较于集群之外的企业,新企业也能够更加容易从集群环境吸取其必要的技术和知识。① 企业集群的技术创新具有公共产品的属性,技术创新的外溢性和"搭便车"行为往往导致集群内单个企业技术创新投入不足的问题。因此,在集群企业创新不足的情况下,政府必须介入集群技术创新平台的建设。比如,地方政府通过垫付资金来购置关键性技术设备,使小微型企业以低成本购买获取诸如产品外形设计、结构与功能设计等共性技术;通过让利让股权等方式,与外地科研院所组建集群技术创新中心,不断为地方小微型企业提供共性技术服务支持,推动小微型企业的技术创新(王珺,2002;魏江,2003)②。创新是企业进步与发展的原动力。小微型企业的集群化发展获得的规模效应,但对大型和中型企业来说其仍然是脆弱的,小微型企业集群只有加快新产品、新技术的研发,加快科技创新,不断提高集群内企业技术创新的积极性与创造性,增强小微型企业集群的整体技术创新能力,这才是企业集群发展的最终出路。

在结合本地产业经济特点的前提下,提升地方经济综合实力,

---

① Rosenkopf, L., Nerkar, Beyond Local Search: Boundary - spanning, Exploration and Impact in the Optical Disk Industry, *Strategic Management Journal*, 2001, 4 (22): 287—306.

② 魏江:《小企业集群创新网络的知识溢出效应分析》,《科研管理》2003 年第 24 期。

从人力资源、政府服务水平以及基础设施建设方面对小微型企业集群进行有效的激励，引进相关的上下游企业，用适当的优惠政策促进企业的扎根和发展，形成稳定的产业链。稳定的企业集群更有利于外部规模经济，降低生产成本，促使企业集群化形成良性循环。2011年甘肃省招商引资工作贯彻落实省委省政府"中心带动、两翼齐飞、组团发展、整体推进"的区域发展战略取得明显成效，共执行招商引资项目2170个，投资总额5026.53亿元，实现到位资金1238.81亿元，比上年增长53.32%。吸引省外资金前6位的是兰州、酒泉、庆阳、平凉、白银、天水等市，到位资金分别为302.83亿元、203.40亿元、122.64亿元、109.20亿元、98.15亿元和82.13亿元，6市到位资金总和占全省的74.13%，对全省的带动作用明显。[①]

作为地区社会经济发展的管理者，甘肃省地方政府首先需要研究目标产业及其产业链的构成，了解相关企业需求，收集相关企业资料，制定完整的企业集群发展规划和科学系统的企业集群促成政策体系，切实做好产业的战略规划，做出合理、有特色的产业定位，考虑多方面因素选择产业定位。对区域资源禀赋状态进行分析，产业定位要依托资源优势。其次分析国际、国内市场需求的空缺，区域间的竞争态势，辨析自身的优势与劣势、机会与问题，由此确定企业集群的产业定位。从国内外中小企业集群发展的普遍经验来看，在一个镇域、县域经济中只能发展好一个企业集群，则企业集群的产业定位也应当是该区域经济发展的产业定位。通过政府与入区企业的合作，促进上下游产业入园，降低运行成本，加大企业对地域与产业链的依赖性，同时提高企业收入，缓解企业的流动性风险与集而不聚风险。

2. 明确环境监管的重要地位

地方政府在追求高额经济效益的同时可保持最低限度的环境污染。对传统的高能耗、低效益的工业可以通过高新技术改造使其

---

① 数据来源：甘肃发展年鉴编委会《甘肃发展年鉴（2012）》中国统计出版社2012年版，第115页。

实现更高的经济效益,使能耗降低而产量不变。地方及以上政府应严格控制梯度转移污染企业在当地的开办与在运作之后的管理,特别对可能严重污染环境的小微型企业集群从引资开始到其开办、运营的全过程实施严格污染的可控性监管。要求污染环境的企业投入技术和资金来控制排污量,地方政府也可采取收取排污费和限定排污标准等方法对污染量进行有效的限制。地方政府在招商引资的同时应明确了解进驻产业的性质以及集群内对污染的承载能力,选择适当企业入驻,而不能为了短期经济效益而盲目引进。

3. 选择企业融资的正确途径

适应甘肃的集群融资模式应当符合以下三大标准:集群融资优势充分发挥标准、小微型企业融资效率提高标准、现实可行性标准。根据小微型企业集群融资模式选择的三个标准看,最能充分发挥集群融资优势,又能提高小微型企业融资效率,同时能在甘肃现有条件下进行广泛推广的是互助担保集群融资模式。小微型企业是整个融资生态环境中最重要的主体。信用协会、担保公司、承贷平台的主体都是产业集群内的小微型企业。小微型企业按照自愿原则组建信用协会,信用协会建立严格的会员制度和信用评估制度,通过实施严格的入会制度在门槛上排除不良小微型企业。与此同时,信用协会将充分利用集群的信息机制,详细了解会员的具体实施情况,对其进行信用评估。信用协会必须定期对会员企业进行信用状况评估,并及时将信用评估情况传递给担保公司及承贷平台。

4. 加强相关人员的教育培训

甘肃省小微型企业集群的组织形式,一种是大量小微型企业共存的水平型,一种是以某些大中企业为核心,众多小企业为其配套外包的垂直型。甘肃省基于现有的体制环境和传统的重工业、大企业优势,在白银、金昌等中等城市中可依靠现有的大中型企业,鼓励开展外包业务,形成基于个别国有大型企业的垂直型小微型企业集群。而广大乡镇则应重视发展水平网络型或两者兼有的混合型,产业发展重点在于以当地资源为依托的小微型企业发展。目前,甘肃省企业家不仅表现为数量少,难以满足社会经济发展的需要,而且现有的企业家素质也不容乐观。为了提高企业家素质，政府可采取定期举办企业家论坛等形式加强企业家的交流和合作，并且可以鼓励大学教师、研究人员到公司兼职，为企业提供技术支持，也为企业家素质的提高提供一个平台。同样，我国的小微型企业普遍存在相关从业人员受教育程度较低，并且从事生产的员工不少是招募来的临时工，缺少专门的技术与技能培训。针对这一问题，政府应为小微型企业的相关劳动人员举办培训班，进行岗前培训，提高劳动力的专业技术能力，为企业提供优质的人力资源，这样一来不仅可以大量地吸引外来企业进驻集群，而且可以解决甘肃省目前面临的就业困难这一难题。

5. 培植区域经济的"内生"力量

中小企业集群战略是一种强调"内生"力量的区域经济发展战略，对于西部地区发展有现实意义。"外生式"模式虽然可使区域在短期内快速发展，但吸引外部资金需要本地有良好的投资硬环境、软环境。甘肃省在发展本省经济的过程中，除了利用国家给予大量基础设施投资和积极吸引外部投资者以外，更为基础的是区域经济的发展内力的培育。在充分利用外部资金、外部力量的同时，一定不要忽视对内生力量的开发、使用，走上一条内生力量为基础、内外融合、持续创新的道路。政府引导、推动小微型企业集群发展。

甘肃省由于市场机制不完善，企业及社会的"自组织能力"低下，因此，即使小微型企业集群以内生性、自发性为主要特征，政府也应发挥应有的推动作用。地方政府可以采取多种途径发挥对小微型企业集群的推动作用，可以是：设立支持小微型企业集群发展的基金，提供优惠政策；转变政府管理职能，提高服务意识和办公效率；在企业与研究机构、大学之间牵线搭桥，构筑官产学研的链条；举办该产品的主题节日活动、研讨会、展销会，扩大地方、企业、品牌的知名度；创办或鼓励中介服务机构创办集群内发行的专业性报刊，研究产业和技术，传播知识和信息等。在此，着重强调工业园区建设和专业批发市场建设两种途径。培育有利于小微型企业集群发展的区域创新环境。企业集群的生命力在于创新，而区域创新的可得性不仅来源于区域资金、人才和技术等资源要素的有效供给，更重要的还来源于区域创新的产业气氛。这种产业气氛一旦形成，就具有难以模仿和复制的特点。区域创新的产业气氛通常具有以下特征：专业化和开放型的生产方式；高速的人才流动；诚信与合作的人际网络；对失败的鼓励和宽容；敢于冒险等。

6. 加强行业协会作用并完善中介服务机构制度

企业与中介机构，如行业协会、培训机构、咨询机构、风险投资机构关系在集群创新中起了非常重要的作用。研究表明，小微型企业与服务中介的联系强度正向影响集群内小微型企业的产品创新绩效。因此政府应完善服务机构类型和制度，加强行业协会的作用，建立如图 8-2 所示的完整服务体系。集群内外的企业或个人都应积极主动地创办地方中介服务机构。中介服务机构可以加强集群中的企业与上游供应商，以及国内外市场的联系，使得中小企业间可以共享技术成果、营销渠道、客户资源、市场和技术信息，分担市场风险和经营成本，促进企业之间的共同技术创新、共同生产和共同营销，还可以在建设基础设施、引导协调企业及行业方面改善政府行为，提高规制效率。同时加强企业集群的信息化建设，一个地方建立起从企业到区域的良好的信息沟通环境，实施电子商务的平台，以及柔性、动态的生产系统与创新网络，从而使整个企业网络的凝聚力和扩散力更强。一方面，企业集群的信息化建设要求生产企业内部要提高信息化管理水平，有条件的企业应建设企业局域网，采取敏捷制造、网络营销、及时供应等基于信息化建设的生产管理、供应链管理、营销管理新方法；另一方面，信息服务机构和政府有关部门要建设为本地产业服务的专业网站，投资于通信、网络硬件设备，提供公共的网络信息服务。

建设中介服务机构首先是行业协会，集群中的企业应有建设行业协会的意识和积极性，因为行业协会就其本质应是企业自发形成的组织，在企业关系协调、信息传播、与政府沟通等方面发挥作用。行业协会可以是一个，也可以分别组织供应商协会和制造商协会，地方政府应该鼓励当地成立行业协会或领导性龙头企业，使其成为集群整体利益的代表，协调公共产品供给过程中存在的一些问题。再者，技术服务机构、营销公司、金融机构、管理咨询公司、会计和律师事务所等中介服务机构也需要集群中的企业或外部企业能够在政府的引导下发现企业需求，积极去创办，以提高企业集群的合作效率和分工水平。

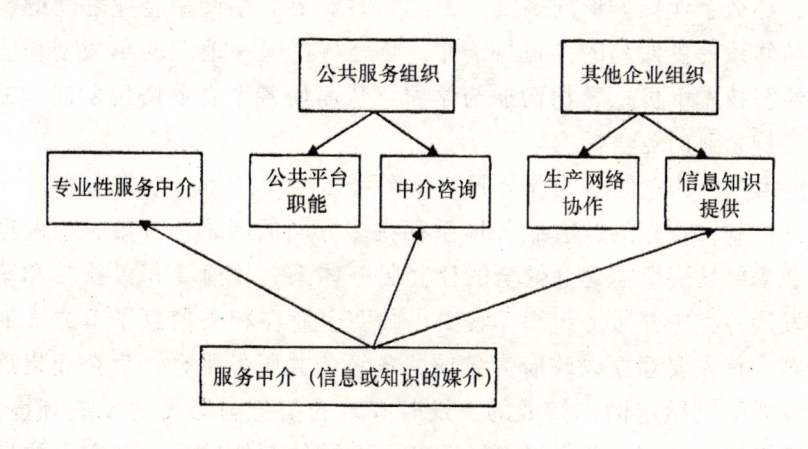

图 8-2 服务中介类型①

二 甘肃省小微型企业集群的支持政策建议

小微型企业是西部地区经济增长的推进器和社会稳定的调节器，具有创业成本低、产权集中度高、吸纳就业能力强、发展见效快等特点，在转变经济发展方式、优化产业结构升级、促进就业等方面发挥着重要作用。通过完善政策及服务、创新发展模式、引导产业发展，拓展小微型企业集群发展空间，形成支持扶持的合理体制与互动机制，真正发挥出小微型企业集群在"创新驱动、转型发展"中应有的作用。

第一，出台加强集群企业之间密切联系的政策，充分发挥政府在小微型企业集群发展中的作用。甘肃省要向小微型企业集群发展取得成功的省份及地区学习其完善化的市场管理机制。甘肃省政府在制定中小企业集群发展的政策时，不能只注重自己部门的眼前利

---

① 王俊峰、王岩：《我国小微型企业发展问题研究》，《商业研究》2012 年第 9 期。

益,而是要真正为小微型企业集群发展谋福利。要注重大中小微型企业的全面发展,不能只注重个别企业的发展,要把大中小微型企业放在一起,让大企业带动小微型企业共同发展,形成小微型企业集群发展。而要真正形成小微型企业的集群发展,首要的是加强小微型企业之间的沟通与联系。集群企业之间如果没有密切的联系体制,那么企业集群形同虚设。因此,政府要为小微型企业之间的沟通与联系提供便利的设施与条件,使分布在同一地区的小微型企业在经济技术上可以密切沟通与学习,从而使各个企业协调发展,提高集群企业的竞争能力。

第二,建立健全的社会服务体系可以为小微型企业的集群发展提供便利,现存的社会服务体系存在多方面的问题。甘肃省小微型企业集群发展急需建立健全的社会服务体系,政府要积极扶持和培育发展各类中介服务组织,解决小微型企业在相关信息了解方面的难题。首先要建立以政府为主导的各级公共服务平台,为企业集群的发展提供稳定的、权威的、及时有效的信息与必要的发展环境。甘肃省的小微型企业集群发展还处于发展的起始阶段,各方面的发展都不成熟,因此政府要为小微型企业集群发展提供融资、法律、技术、人才及创业辅导、管理咨询和市场开拓等方面的服务,有利于小微型企业集群的发展与其竞争力的提升。同时还要建立对小微型企业统计监测、信用评估的体系。总之要使小微型企业集群各方面的发展都得到良好的保障,有一个公平、便利的发展环境与规范有序的市场环境,增强甘肃省小微型企业集群的区域竞争优势。

第三,加强政策的宣传、贯彻和落实。甘肃省政府要增强服务意识,在出台小微型企业集群发展相关政策后要加强宣传,使其真正落实到小微型企业集群发展的过程中。提高政府的服务质量,在政策贯彻落实的过程中,政府要规范其行政行为,减少相关政策的行政审批事项和审批环节,提高政府的行政效率,为小微型企业集群发展创造良好的政务、法制环境,降低企业运营的制度成本。使政府出台的政策运用到小微型企业集群的发展中去,而不仅仅存在于纸上。

第九章

甘肃省小微型企业社会化服务体系建设

在现代市场经济条件下,企业是社会经济活动的主要组织形式。纵观当今世界各国的经济发展,凡是经济发达或经济发展迅速的国家,无一不拥有一批具有竞争力的企业,而在这些形形色色的企业中,其中数量占绝大部分的是小微型企业。由于小微型企业自身的特点,同大企业相比具有天然的劣势,这就决定了要形成有效率、有活力的小微型企业群体,除了需要小微型企业找准市场切入点和加强自身实力之外,还要有一个良好的外部环境和一系列合理的制度安排。

第一节 企业社会化服务体系概述

量大面广的小微型企业在保持经济快速增长、促进技术创新、创造就业机会甚至推动经济体制改革等方面发挥着越来越重要的作用。纵观世界小微型企业的发展历程,不难看出,建立为小微型企业提供全方位服务的社会化服务体系,是各国政府特别是成熟市场经济国家扶持小微型企业发展的通行做法,小微型企业社会化服务体系建设能有效改善小微型企业经营的外部环境已经成为各界共识。

一 小微型企业的特点与社会化服务体系建设的关系

(1)小微型企业的突出作用与其资源弱势之间的强烈反差,使扶持小微型企业成为国际惯例。

小微型企业在社会经济发展中的起到了重要作用。事实表明，无论是在促进经济增长，还是推动社会发展方面，小微型企业都扮演着极其重要的角色，已成为各国社会经济发展中的重要力量。在我国，小微型企业在数量上占绝对优势，2008年全国规模以上小微型工业企业占全部规模以上工业企业总数的99.3%，这些企业涉足领域遍及全部工业39个大类的行业。目前，我国GDP的55.6%，工业新增产值的74.7%，社会销售额的58.9%，税收的46.2%以及出口总额的62.3%均是由小微型企业创造的，而且，全国75%左右的城镇就业岗位也是由小微型企业提供的。[①] 小微型企业在社会经济发展中面临着明显的资源弱势，这是市场经济国家普遍存在的矛盾，发达国家也不例外。与大企业相比，小微型企业存在着不少阻碍其发展的劣势。正如赫瑞格尔（Herrigel）所分析的，小微型企业自身不可能同时承担以下的所有任务：提高技术水平；寻找新的销售市场；培训具备高级技能的工程师和技术工人；筹集发展资金。在现实市场经济中，由于小微型企业的资源弱势使得其在获得资金、人才、技术、信息等要素方面往往存在障碍；由于投入不足，小微型企业很难像大企业一样建立起完整的生产销售网络；由于信息闭塞和渠道狭窄容易导致小微型企业的市场拓展乏力等。小微型企业在其生产经营的各个环节和各个阶段，都可能遇到不少困难，这对于处在发展转型中的中国来说，情况更是如此。我国大多数小微型企业发展的内在基础薄弱，普遍缺乏技术、人才与信息，创新能力不足，产品附加值偏低；增长方式粗放，产业结构层次不高，缺乏融资抵押品和担保，融资难度大；在市场竞争中往往处在极为不利的地位。为弥补或消除小微型企业的种种先天不足，大力扶持和促进小微型企业发展，已成为一种国际惯例。

小微型企业社会化服务系统从本质上说是一种社会分工系统。它的产生改变了小微型企业的不利地位，将原来由单个企业承担的经营风险化解到多个企业，加强了企业间的协作，增强了抗御风险的能力。如果有了一个健全的社会服务保障系统，只要小微型企业

---

① 数据来源：http://finance.china.com.cn/news/gnjj/20120531/764657.shtml。

生产的产品为社会所需，就不会因为规模小、资金少、装备差、技术落后、创新能力弱等因素而不能很好地生存和发展。因此建立健全符合我国国情的小微型企业社会化服务体系势在必行。

（2）外部经营环境的变化与市场经济体制改革的推进，对我国小微型企业服务体系建设提出了迫切要求。

首先，我国小微型企业的发展正面临着严峻的外部经营环境。随着工业化、市场化、城镇化和国际化的快速推进，尤其是进入2008年以后，受从紧的货币政策、要素（包括原材料和劳动力等）成本上涨、人民币升值，以及节能减排环保成本的增加等国内外负面因素的叠加影响，我国小微型企业面临着严峻的生存困境。国际金融危机的冲击更使我国小微型企业的生存环境雪上加霜。小微型企业自身的资源弱势加上外部经营环境的恶化，已使得我国不少小微型企业难以生存，在一些地区（尤其是沿海发达地区）甚至出现了大量小微型企业倒闭的现象。加快小微型企业服务体系建设，进一步改善小微型企业的经营环境，已经成为我国小微型企业健康持续发展的必然选择。

其次，随着我国市场经济体制改革的深入推进，政府职能的转换使基于多元主体的社会化服务体系建设成为必然。在我国，政府长期以来都是小微型企业服务的主要供给者，尤其是在计划经济时代，从服务政策的制定、执行以及监督与评价到服务投资和具体的服务提供，基本上都是由政府相关部门包揽。这种政府主导的服务模式确实为保障小微型企业的基本公共需求做出过重要的贡献。然而，随着小微型企业数量的快速增长，小微型企业的服务需求日趋多样化和异质化，其创立和发展所需的多层次、多渠道、全方位的服务越来越滞后于小微型企业的需求，政府主导下的服务提供越来越难以满足小微型企业的需要；此外，随着经济体制改革的深入推进，政府职能将逐渐从对企业的直接扶持转向法律规范和促进社会化服务机制的建设，实现从"管理型政府"向"服务型政府"的转变。这些都使得小微型企业社会化服务体系的建设成为必然。

（3）建立和完善小微社会化服务体系是政府转变职能的需要。

政府转变职能并不是对企业撒手不管，而是要做好应由政府做而过去没有做好的事情。对小微型企业的管理不是行政干预，而主要是通过特殊的政策，帮助、扶持小微型企业，贯彻管理就是服务的思想。特别是对情况复杂、量大面广的小微型企业，更应通过培育社会化服务体系，建立为小微型企业的生存和发展提供多层次、多渠道、多形式、全方位的社会化服务网络，政府应通过改革，将相关行政职能逐步转化为服务职能，转移到小微型企业协会、联合会等组织，形成"小政府，大服务"的格局，以体现政府扶持小微型企业发展的意图，维护小微型企业的合法权益，引导社会各方面力量为小微型企业服务。同时，还有助于促进企业转变意识，发挥主观能动性，由依赖政府转为面向市场，实现政企分开。

（4）我国小微型企业服务体系发展滞后，有效提高服务体系的运作效率成为重要课题。

近年来，我国的小微型企业支持政策已经开始关注服务体系的建设。从2000年原国家经贸委印发《关于培育小微型企业社会化服务体系若干问题的意见》和小微型企业服务体系建设试点，到2003年《小微型企业促进法》的正式实施，小微型企业服务体系建设已经引起政府及相关部门的重视。但从总体上讲，小微型企业服务体系在我国尚处在初步摸索阶段，其发挥的作用十分有限。在当前经济体制转型和经济结构调整时期，我国小微型企业社会化服务体系尚不完善，其发展面临不少问题：一方面，政府对服务体系的职能转移力度和支持力度还不够强，存在政策不配套、服务机构缺位、经营不规范、人员素质差、服务质量低等问题；另一方面，社会中介机构发展较慢，且往往设在政府部门，很少对企业直接开放，小微型企业也就更难得到其服务，而新成立的一些商业性中介服务公司，做到了面向所有企业，但是服务收费太高，小企业难以承受。这些中介机构、服务公司都没有真正起到为小微型企业排忧解难的作用，健全和完善小微型企业社会化服务体系仍然任重而道远。

以上种种问题表明，面对日益开放的国际环境和日益激烈的市场竞争，没有一个有效的社会化服务体系的支持，小微型企业的持续稳定发展是不可能的。进一步加快小微型企业服务体系的建设步伐，提高小微型企业服务体系的运作效率，成为当前理论界与政策界共同面临的重要课题。

二 小微型企业社会化服务体系的含义、功能及其建立的意义

小微型企业在我国国民经济和社会发展中具有重要地位和作用，促进其健康发展，对于保证我国国民经济增长、扩大就业、适应多层次市场需求、繁荣地方经济等具有十分重要的意义。我国经济发展的实践已对培育小微型企业社会化服务体系提出了迫切要求，成熟健全的服务体系是保证小微型企业健康发展的关键。

1. 小微型企业社会化服务体系的含义

小微型企业社会服务体系在国际上并没有一个统一的、标准的定义。根据原国家经贸委小微型企业司2000年4月25日颁布的《关于培育小微型企业社会化服务体系若干问题的意见》的内容，将小微型企业服务体系定义为以服务社会各类小微型企业为宗旨，以营造良好的经营环境为目的，为小微型企业的创立和发展提供多层次、多渠道、多功能、全方位服务的社会化服务网络。它既包括政府和民间的各种专门组织机构，也包括国家制定的各种特定的法律、政策以及相关的条例、规定等。小微型企业社会服务体系，是现代市场经济体系的一个重要组成部分，是市场经济条件下政府管理经济和市场机制，市场规律调节经济活动的有机结合体。从实施层次看，有国家、州县、地区以及村镇各个级别之分；从构成主体来看，有国有与民间之分；从组织形态来看，有政府行政机构、社团法人、市场中介机构、行业协会、金融机构等；从涉及内容来看，有金融、财政（补助与减税）、科技开发、政府采购、贸易、诊断、指导、教育培训、会计、法律、信息咨询、海外投资、创业、就业等诸多方面。

国外的小微型企业社会服务体系包括了政府与非政府机构、营利与非营利组织，也包括了国家制定的特定法律和政策，是由多层次、多渠道、多形态、多方位构成的统一体。然而，这样的体系并不是一夜之间就形成的，也并不是单靠民间自发力量就能形成的。事实上，政府、半政府的作用远比民间大得多。可以这么说，即使

是在鼓励自由发展的西方国家，离开了政府的援助，为小微型企业服务的社会体系也是不可能建立的，因为扶助小微型企业的最终目的是增加就业、搞活宏观经济，是国家社会政策与经济政策相结合的综合举措，而不是某一企业、某一团体的慈善活动。对于我国来说，小微型企业社会服务体系的基本框架，应由中央政府专门机构、地方政府、官民共同组成的地区社团、综合的和专业的各种专门机构，以及区县内、行业内的协会等构成，形成一个以省市级地方政府为主体的服务网络。因为"放小"之后，摆脱了计划经济体制的管理，所以只有通过这样一个网络，政府才能实施有效的产业引导、金融财政的援助；小微型企业才能保持与政府的沟通，获得来自各方的服务，同时还可避免盲目发展和重复建设。

2. 小微型企业社会化服务体系的功能

了解市场经济条件下小微型企业发展的需求是制定小微型企业政策的直接基础。市场经济条件下，小微型企业的需求是由小微型企业的市场环境和企业特征共同决定的。小微型企业所面对的市场环境的基本特征是竞争性，其最基本的表现是每年都有大量的小微型企业注册，同时又有大量的企业破产退出。这种高进入和高退出的状况决定了小微型企业经营的高风险特性。因此，降低风险是小微型企业对社会经济体系的首要需求。

在企业特征方面，几乎所有小微型企业都具有一个共同点，即创新性。小微型企业本身就是某种创新的组织形式。或者由于出现了一种新技术、新发明而形成了一个企业，或者由于形成了一个新资本而构建一个企业。这种创新性还表现在经营方面，小微型企业赢得市场主要依靠产品或服务的新颖性和独特性。因此，小微型企业的生命力主要源于创新。相对于大公司而言，小微型企业不存在稳定的市场份额，也不存在稳定的产品结构，因此，小微型企业经营活动的着眼点也在于创新。这种创新属性使小微型企业对社会服务体系具有特别的依赖性，尤其是对人力资源和技术资源的需要，是小微型企业依赖于社会化服务体系的根本所在。以上两方面属性决定了小微型企业的社会化服务体系的功能主要包括降低风险和提供创新性资源。

3. 建立小微型企业社会化服务体系的意义

（1）建立小微型企业社会化服务体系，能使小微型企业更好地发挥经济的稳定作用。小微型企业的特点是开业快，失败多；成功的可以对经济起越来越大的作用，而失败的却对大局无大的影响。因此，小微型企业社会服务体系要鼓励这些企业向新的产品与劳务部门发展，以使经济不断充满活力。小微型企业的这种经济稳定作用也表现在对社会就业的稳定作用上。小微型企业开办容易，能较快创造新的就业机会。特别是大量小微型企业实质上是自我雇佣，降低了依靠政府创造就业机会的压力。小微型企业的普遍发展为个人创造了商品与劳务生产的投资领域，而不是让个人储蓄仅仅在证券市场上进行投资。小微型企业的发展会使人们从股票债券等虚拟资本投资意识进一步发展到资产实业等真实资本投资的意识，为市场经济的更强有力发展创造条件。小微型企业社会服务体系应当以此为功能目标。

（2）建立小微型企业社会化服务体系，可以使小微型企业更好地进行产品创新，为产业结构进步做出贡献。在传统观念上，小微型企业的作用是拾遗补阙，充当大企业的配角。但随着产品更新速度的加快，小微型企业越来越多地承担了产品开发、市场探索的作用。这一方面是因为产品进入大批量生产之前首先需要进行市场开拓，另一方面也因为现在产品更新换代越来越快，小微型企业比大企业具有更大的适应市场调整的能力。在发展中国家，小微型企业在经济结构实现多样化、开辟新的经济领域中起了重要作用。因此，小微型企业社会服务体系，是经济具有长期结构进步内在机制的重要保证。

（3）建立小微型企业社会化服务体系，使小微型企业更能适应信息时代的消费需求特点。信息时代的消费呈现多样化、多变性和个性化的特点，要求企业产品实现多品种、小批量甚至个性化定位，这对拥有标准化生产线的大企业来说一时难以适应。而小微型企业面对市场需求的反应则要快得多，可以根据市场的需求随时调整产品的生产，以快速灵敏的方式满足市场的需要。

（4）建立小微型企业社会化服务体系，可以以小微型企业的发展来推动体制转换、机制转轨。这一点对转型期经济尤为重要。在国有企业进行股份化改革的同时积极发展小微型企业，有利于培育以公有制为主体的多种经济成分，为国有企业改革中释放出来的大量劳动力找到出路，走出一条"内部转制，外部转化"的道路。这是转型期经济赋予小微型企业社会服务体系的一个特殊功能。

（5）建立小微型企业社会化服务体系，可以解决历史遗留的经济问题。新中国成立以来，由于历史原因和国际原因，我国政府制定了重工业优先发展的政策，使国家和政府把更多的资金和精力都用在发展国有大型企业上，小微型企业处于可有可无的地位，一直没有受到各级政府的重视。但是随着改革开放的发展，小微型企业在市场经济中的地位以及对国民经济的贡献越来越大，为此建立小微型企业社会化服务体系顺应市场经济发展的形势要求，具有重要意义。党和政府也十分重视小微型企业的发展，在十四届五中全会上提出："培育小微型企业服务体系，为小微型企业提供信息咨询、市场开拓、筹资融资、贷款担保、技术支持、人才培训等服务。"

三　建立小微型企业社会化服务体系的理论基础

1. 社会分工理论。服务业的发展是社会分工发展的结果，社会分工是人类社会的重要现象：农业和畜牧业的分离的第一次社会大分工，手工业的产生的第二次社会大分工，商人阶级的出现是第三次社会大分工，其极大地促进了生产力的发展。事实上，在社会分工发展中，分工和专业化既有个人的专业化又有企业的专业化。斯蒂格勒认为，一个企业的活动包含了许多职能，分工和专业化过程就是企业职能不断地分离出去，其他专业化的企业专门承担这些职能的过程。服务产业的发展，是社会分工的产物，它更主要的是企业专业化发展的产物。小微型企业在发展过程中，由于其自身的特点如经营机制灵活、生产多样化、资金缺乏等，必然需要专业化的服务业为之服务，才能充分发挥小微型企业在市场经济中的地位，才能为社会创造更多的就业机会和国民财富。

分工细致的服务业可以降低交易成本，从而提高企业的核心竞争优势。经济学认为总成本是由两个部分组成的，其中生产成本就是改变它的物理性状和化学性状所花费的成本；另外一个部分叫作交易成本。随着分工和专业化的日渐深化，交易成本在总成本中的比重随之上升。专业化服务业的质量越高，交易成本就会越低。小微型企业由于规模小、资金缺乏、技术落后，自己完成产品供应链上所有环节的成本必然是高昂的，因此，在市场经济中，建立分工细致的专业的社会服务体系为小微型企业服务，可以大幅度降低交易成本，提升小微型企业的竞争优势。直观来看，现代经济中的商业不是简单地把产品买过来、卖出去。随着分工越来越细，商业就变成一根线，把整个流程串起来，从原料到消费品，分工非常细，每个企业只做一个小环节。

2. 市场增进论。政府和市场，谁在经济发展中占主导地位，这一直是经济界争论的焦点之一。纵观西方经济学历史，可把各主要经济学流派粗略地分为"亲善市场论"和"国家推动论"，他们都把市场和政府控制视为可供选择的资源配置机制。他们最主要的区别在于市场能否自动出清。亲善市场论认为实现这一目标不应受政府行为的干扰，完全依靠市场自身的调节，而国家推动论则认为政府干预必不可少，双方由此展开了激烈的争议。世界银行组织了青水昌彦、金澄基、奥野—藤原正宽等经济学家对此进行了深入地研究，根据研究成果提出了一个新观点——市场增进论。市场增进论的观点是：经济活动中的政府协调失灵可能并不比市场协调失灵少。为此，除了依靠市场协调以外，应积极推动不同的民间组织（包括企业组织、贸易联合会、金融中介、劳工和农民组织以及商业协会等）发展起来，这样政府的基本职能将更多地用于促进这些组织的发展，并与其相互作用形成一种新的协调制度，而较少直接干预资源配置。利用市场增进论的观点来指导我国建立小微型企业社会化服务体系的问题具有重要意义，可以区分社会化服务体系的主体是谁，必然是以政府为指导的，有社会各方面共同参与的社会化服务体系。①

---

① 胥建明：《西部地区产业集群发展问题研究》，《产经透视》2011年第7期。

第二节 甘肃省小微型企业社会化服务发展现状

小微型企业社会化服务体系是我国市场经济体制改革的产物。随着我国经济发展阶段的变化和经济体制改革的逐步深入，小微型企业服务体系建设在经历了自发发展和试点探索之后进入到全面推进的发展阶段。

一 我国小微型企业社会化服务体系的建设历程

20世纪90年代初期以前，受政府政策的影响，小微型企业生产经营过程中的一系列服务，包括资金提供和技术支援等，基本是在政府政策指导下主要由政府或相关部门提供的，单一"部门化"的服务供给是这一时期企业服务提供的特征。此时，小微型企业服务体系建设尚未提上日程。进入90年代以后，随着政府政策的不断调整和经济发展环境的变化，小微型企业服务体系建设的重要性逐渐凸显出来。概括起来，我国小微型企业服务体系建设经历了自发发展、试点探索和全面展开三个阶段。

随着建立社会主义市场经济体制的改革目标的确立，个体、私营企业得到快速发展，市场推动下的小微型企业产权改革开始启动，一些为产权改革提供配套的服务业开始出现，如资产评估业等，面向小微型企业的服务体系建设开始引起关注，但此时小微型企业各类市场化服务的提供基本处于自发发展的状态。

直到20世纪90年代中后期，一方面，随着市场经济体制改革的逐步推进，小微型企业的数量大量增加，政府直接的政策支持与服务已经难以满足广大小微型企业的需要；另一方面，市场格局的转变和宏观环境的变化使小微型企业面临的困难和问题日渐突出，产权改革全面推进，市场化服务体系建设的重要性迅速凸显，小微型企业服务体系建设进入学习和试点探索阶段，相应的政策法规支撑体系也逐步形成。2000年6月起，原国家经贸委分别在我国东、中、西部地区选择了10个城市（上海、青岛、镇江、深圳、哈尔滨、成都、兰州、温州、抚顺和滁州）进行小微型企业服务体系建设试点，探索在不同经济发展环境下服务体系建设方式、服务途径和服务重点，从企业迫切需求的重点服务入手，建立全方位的社会化服务体系。2000年7月，国务院办公厅印发了《国务院办公厅转发国家经贸委关于鼓励和促进小微型企业发展若干政策意见》，进一步提出各级政府要转变对小微型企业的管理职能，推动建立小微型企业服务体系。

进入21世纪，随着试点的逐步拓展和《小微型企业促进法》的颁布实施，小微型企业服务体系建设在实践中全面展开，政府政策也开始向引导支持小微型企业服务体系建设转变，我国的小微型企业服务体系建设迈出新的步伐。许多地区结合自身的特点，形成了各具特色的小微型企业服务体系。兰州市小微型企业服务体系建设广泛联系政府职能部门、社会中介服务机构和公益服务机构，由市经委牵头发起组建小微型企业服务机构联合会，组织整合现有社会资源，帮助小微型企业提高经营管理水平和促进小微型企业稳定健康发展，行业协会在为小微型企业提供服务等方面发挥了不可或缺的作用。

可见，政府在小微型企业的扶持和治理问题上的政策思路日渐清晰，方向更加明确。在具体的政策倾向上，逐步实现了由重点关注大企业发展，向关注和支持处于市场竞争弱势地位的小微型企业的转变；在政策措施上，实现了由注重减税让利转向注重营造公平的发展环境，由直接为企业提供资金和项目支持转向注重培育社会化服务体系的转变。这一系列的转变，反映着政府本身治理模式的变化，是政府在经济转轨过程中做出的适应性调整。小微型企业服务体系的建立和不断发展完善的过程必然伴随着政府职能的动态变迁。

二　甘肃省小微型企业社会化服务体系建设的政策基础

在甘肃省小微型企业蓬勃发展的时代背景下，甘肃省委、省政府十分重视小微型企业服务体系建设，有关领导也多次强调要健全和完善小微型企业社会化服务体系，为小微型企业发展营造良好的社会环境。2005年甘肃省专门组建了小微型企业局，负责对全省小微型企业进行全面协调和管理。2007—2009年，国家和甘肃省共投入8500万元资金用于小微型企业服务体系建设，这一举措有力地促进了小微型企业服务体系建设。与此同时，甘肃省还积极出台了专门指导小微型企业社会化服务体系建设的相关政策措施，如《甘肃省促进小微型企业发展条例》《关于加快推进全省小微型企业社会化服务体系建设的指导意见》《甘肃省小微型企业"十二五"发展规划》《甘肃省小微型企业成长工程实施意见》《甘肃省推动小微型企业出口工程的实施意见》《甘肃省小微型企业乡镇企业2008—2012年农产品加工业发展规划》《甘肃省小微型企业乡镇企业和非公经济2008—2012年产业集聚区发展规划》《甘肃省小微型企业乡镇企业和非公经济科技创新和教育培训实施意见》和《甘肃省小微型企业乡镇企业社会化服务体系建设的实施意见》等，此外还有一些政策正处于起草或讨论阶段，如《甘肃省关于加快小微型企业信用担保体系建设的意见》《甘肃省小微型企业服务体系建设发展规划》《甘肃省小微型企业发展专项资金管理办法》《关于加快甘肃省民营经济发展意见》《甘肃省加快推进小微型企业服务体系建设的指导意见》和《甘肃省小微型企业信用担保资金管理暂行办法》等，这为小微型企业服务体系建设和小微型企业持续健康发展奠定了有利的政策基础。

三 甘肃省小微型企业社会化服务体系的现状及问题

小微型企业对社会化服务体系的需求是多方面、多层次的，而且随着经济形势的变化，小微型企业自身的发展还会不断涌现出新需求。① 就现阶段而言，甘肃省小微型企业对社会化服务体系的需求主要集中于融资资金、创业辅导、技术支持、信息咨询、市场开拓、人才培训、国际合作等领域。由于目前地方财力有限，而社会化服务体系建设工作也不是一蹴而就的事情，甘肃省针对本地情况，从小微型企业的客观需要和地方财力现状出发，找准问题，重

---

① 赵清梅、杨悦：《中小企业社会化服务体系建设》，《辽宁经济》2004年第5期。

点突破，有选择地进行试点，在培育特色服务项目过程中，以点带面，逐步形成和建立了有地方特色的社会化服务体系。

1. 甘肃省小微型企业社会化服务体系建设的成效

大力发展小微型企业是甘肃省实现经济快速增长、人民生活水平提高、社会不断进步的有效途径。然而由于市场经济基础薄弱、科教文化事业落后、第三产业及中介服务机构不发达等不利因素的现实存在，致使甘肃省小微型企业的持续健康发展受到了严重阻碍。在此背景下，甘肃省各级地方政府和相关社会主体一直在小微型企业社会化服务体系建设方面进行积极探索，以便为小微型企业发展提供宽松有利的外部环境。近年来，随着《小微型企业促进法》的贯彻实施以及政府支持的逐渐推进，小微型企业服务体系建设取得初步成效，小微型企业发展的外部环境得到明显改善。具体表现在以下方面。

（1）政策支持体系框架基本确立、创业辅导服务体系稳步推进

从小微型企业服务体系建设的试点探索到全面展开，国家各部委、各地方出台了一系列的法律法规，并制定了一系列的财政、金融与税收支持政策，涉及小微型企业服务体系建设的方方面面，小微型企业政策支持体系框架基本形成。建立创业服务平台，为创业者营造良好的创业环境，是创业辅导服务体系建立的主要宗旨。近年来，各地在开展创业辅导方面做了大量的工作，创业辅导服务体系正在稳步推进。这些工作主要体现在两个方面：一是改进创业政策环境，积极开展创业辅导服务。为规范推动创业培训，甘肃省政府起草了创业培训大纲，提出培训要求，制定了创业培训跟踪调查表，与此同时，各地相关部门或机构也积极开展针对小微型企业的创业辅导服务。二是各地以小微型企业服务中心为核心，社会各类中介服务机构积极参与的创业服务体系初步形成。

随着2005年甘肃省小微型企业局的成立，甘肃省小微型企业社会化服务体系建设开始驶入快车道，按照"政府扶持中介、中介服务企业"的思路，小微型企业局在制定法规政策、拟订发展战略和规划、经济技术交流与合作、结构调整、招商引资、市场开拓、融资担保、创业辅导、职工教育培训、人才智力引进、技术开发改

造、劳动保护、安全生产、企业协作等方面做出了积极贡献，通过满足小微型企业发展的公共需求，推动了小微型企业健康快速发展。2007年甘肃省政府对《关于加快推进全省小微型企业社会化服务体系建设的指导意见》进行批转，小微型企业社会化服务体系建设工作全面展开。

（2）培训服务体系逐步完善、技术创新服务体系效果初现

在培训服务体系建设中，甘肃省以提高企业经营管理水平、创新能力和创业能力为重点，着力加强培训网络建设，不断拓宽培训渠道，更新培训内容，积极开展人才培训，基本形成了机构、师资、教材、模式、培训内容等比较完善的培训机制，一批基础条件好、培训水平高的培训机构成为培训基地，培训网络初步形成，多层次、多渠道的培训体系也已初步建立。组织小微型企业了解上网的好处，普及上网基础知识，掌握开展电子商务的基本技能，提高信息技术应用水平和管理水平，扎实推进小微型企业信息化进程。

技术创新服务是提升小微型企业素质、推动产业结构调整升级和实现发展方式转变的关键措施。近年来，各地依托大专院校、科研院所和重点企业，积极创建技术研发中心和技术推广服务机构，初步形成了"官产学研"相结合的技术创新机制，开展重点技术和关键技术的攻关，在提升小微型企业的技术水平和市场竞争力方面取得了一定的效果。各级科技部门兴办的生产力促进中心，在提高小微型企业生产力水平方面发挥了重要作用。尤其是，自2004年国家有关部门开展小微型企业公共服务平台建设工作以来，在省委及各级政府的引导和推动下，各地围绕产业发展，采取多种形式，建立了一批具有产业特色的技术服务平台，为解决小微型企业发展的实际困难和共性关键技术需求提供了有力的支撑。目前，甘肃省基本形成了四种不同的技术服务平台建设模式：一是政府出资组建；二是龙头企业改建，即以龙头企业的研发机构为基础，建立面向行业的技术服务机构；三是行业协会协办，即由政府主管部门牵头，行业协会参与，整合业内人才，共同创建产业技术研发中心；四是与科研院所合作。

在培训服务体系和技术创新服务体系创建过程中，相关社会主

体也积极参与到小微型企业社会化服务体系的建设中来，很多行业协会、商会、大专院校、科研院所和社会中介组织利用其自身的人才优势、专业优势、技术优势和管理优势，积极搭建各类公共服务平台，为小微型企业发展提供优质服务。例如国家专利技术兰州展示交易中心与甘肃省科技厅、甘肃省小微型企业局、甘肃省知识产权局、兰州市知识产权局合力组建了"小微型企业科技成果专利技术与资本对接平台"，通过互联网快速的信息传送方式，为小微型企业的科技成果和专利技术及时转化提供了便捷完善的服务。建成了"省—市—县—重点企业"四级互通的小微型企业信息服务平台；建成了比较完善的教育培训体系，年培训人员达10万人次，完成了3.3万名专业技术人员的职称转评，建成了超过5万人的小微型企业人才信息库。

（3）信息服务体系建设初具规模

信息化建设是促进小微型企业走新型工业化道路、转变发展方式的重要途径和措施。经过几年的努力，甘肃省信息服务体系建设已经初具规模。近几年来，农业部也把乡镇企业信息服务网络建设作为信息服务体系建设的重点，积极支持省级和重点市、县乡镇企业信息服务平台建设，建立了以中国乡镇企业信息网为基础，各省级信息网为重点的乡镇企业信息网。此外，根据国家发展改革委与信息产业部、国务院信息化办公室于2005年8月联合实施的"小微型企业信息化推进工程"，启动"百万小微型企业上网计划"，建立小微型企业信息化服务联盟，全面推动小微型企业信息化，提高小微型企业的信息技术应用水平和技术创新能力的要求。甘肃省邮政公司和甘肃省小微型企业局联合搭建的"甘肃邮政服务小微型企业平台"，充分利用邮政实物流、信息流、资金流"三流合一"的服务功能，为甘肃省小微型企业的发展提供市场开拓、物流仓储和金融信贷等方面的优质便捷服务。

（4）融资担保服务体系取得积极进展、信用服务体系建设越来越得到重视

在各级政府和财政部门的大力支持下，甘肃省小微型企业融资担保体系建设取得了积极进展。为缓解农村小微型企业融资难的问

题，各级乡镇企业行政管理部门积极探索乡镇企业融资担保的有效途径，通过组建信用担保体系、加强银企合作、股票上市使乡镇企业融资担保环境得到了明显改观，初步形成了省、市、县三级小微型企业信用担保网络体系，为缓解乡镇企业融资难发挥了积极的作用。

近年来，我国社会化信任环境和监督机制的建立受到越来越多的关注，全国各类征信机构发展较快。中国人民银行建立了企业信用信息基础数据库，并实现了全国银行间网上查询；国家工商管理总局建立了拥有近600万户企业基本信息的共享数据库；国家税务总局正全面实施"金税"工程三期建设，目标是实现对纳税人进行综合管理和监控；全国整规办建立了"中国反商业欺诈网"，为企业和消费者提供维权咨询服务的窗口；最高人民法院正在积极建立全国法院执行案件信息管理系统。2006年农业部继续开展创建全国诚信守法乡镇企业活动，下发了《乡镇企业内部信用管理规范》，各地结合当地实际开展了一系列工作，取得了一定的成效。中国人民银行甘肃分行利用内部信息系统建立了小微型企业信用信息库，为小微型企业信用评定、贷款担保、调整融资结构、降低财务风险提供建议。截至2010年，甘肃省建成了120户信用担保机构，融资担保业务超过200亿元。

2. 甘肃省小微型企业服务体系建设存在的主要问题

尽管小微型企业服务体系建设取得了初步成效，但鉴于甘肃省小微型企业服务体系的建设才刚刚起步，总体上还处在探索阶段，无论是与省外相对完善的服务体系相比，还是相对于小微型企业的需求，相应的服务体系都明显滞后，近年来，甘肃省在小微型企业社会化服务体系建设方面做出了很多努力，也取得了良好成效，但是在指导思想、主体关系处理、服务质量等方面尚有诸多不足。小微型企业服务体系建设中仍然存在不少问题。

（1）政府管理体制不顺导致整合政府资源难，小微型企业社会化服务体系的指导思想尚不明确

虽然小微型企业发展在经济增长、社会进步、人们生活水平提高等方面做出了卓越贡献，但是当前"重大轻小"的思想仍然普遍

存在，一些地方政府对小微型企业发展的重视程度不足，尚未将小微型企业社会化服务体系建设提上日程。一方面，小微型企业成长仍然受到过多过苛刻的审批、检查、取缔等行政性管制，在产业准入、银行贷款、上市发债、兼并破产、项目投资和进出口权等方面尚有诸多限制。甚至有些主管部门非但不对小微型企业进行扶持，还将小微型企业作为"小金库"，不断榨取小微型企业的经营利润，致使小微型企业不堪重负，难以发展。另一方面，在小微型企业社会化服务体系建设中，有些主管部门的指导思想尚未理清，如服务体系的运行机制，是由政府主导还是市场主导？服务体系的主营业务，以公益性活动为主还是经济性活动为主？服务体系的业务，是由小微型企业服务中心直接提供还是通过整合社会资源来提供？这些问题关系到小微型企业服务体系的性质、职能、组织构架、运作方式等方面，如果不能明晰，将从根本上影响小微型企业社会化服务体系的运行成效。

小微型企业服务体系是一个多层次、多主体的复杂系统，在政府层面，它涉及财政、税务、工商等多个政府职能部门，小微型企业服务体系的有效运作依赖于各部门的相互协调与配合。然而，甘肃省长期以来都缺乏一个统一的小微型企业政府管理机构，小微型企业服务资源仍然分散于各职能部门和管理部门之中，且各部门一般属于条块分割和垂直管理，这使得政策的制定、执行和监督存在政出多门、条块分割和服务趋同等问题，难以保证各部门之间的协调配合。如在整合政府资源方面，像科技部有生产力促进中心和科技园区等，经贸部门有小微型企业服务中心和技术创新中心等，这些归属不同部门的服务机构，因管理体制不同而难以实现优势资源的有效整合，从而降低了服务体系的运作效率。

（2）服务组织发育不全，小微型企业社会化服务体系建设中相关主体的关系尚未理顺

首先，目前甘肃省参与为小微型企业提供服务的主体主要还是小微型企业服务中心等少数机构，服务提供主体相对单一，而这些服务机构大多属于全额拨款的事业单位，行政色彩较浓，市场地位不明确，运作效率往往不高。

其次，一些行业性或地区性的协会类服务中介组织发育不全，尚未独立发挥作用。这主要是因为甘肃省目前的协会组织大多还属于政府属下的行政和事业部门，或正处在与主管部门脱钩、结构调整和向市场化运营转型的过渡阶段，独立性和代表性不足，体制不畅，还谈不上为企业代言和提供服务。尽管某些民间自发组织的行业协会和商会在市场中慢慢摸索，实现了真正意义上的非营利性中介组织，成为小微型企业发展的助推器，但从总体上讲，为小微型企业提供服务的非营利性中介组织仍明显不健全。与此同时，为小微型企业提供资源类服务的市场中介组织，如融资与担保机构，提供专业人才培训、劳动力市场、信息、技术等方面服务的市场中介组织建设严重滞后。其中，融资服务类中介机构是供需矛盾最为突出的部分，这类组织提供的服务具有一定程度的外部性，往往是小微型企业需求的重点，但受进入门槛较高的影响，这些机构的盈利空间有限，再加上我国的市场发育还不健全等多方面原因使得这些领域内的服务供给显得力不从心。

最后，除政府服务机构外，尽管还有少量社会化中介机构和商业性服务机构参与为小微型企业提供服务，但政府主导下组建的服务机构、商业性服务机构与社会化中介机构往往三足鼎立、各成一体，并且都在容易展开、容易获得收益或效果的领域展开竞争，难免出现服务资源的重叠和浪费。甚至，政府、行业协会和中介机构在为小微型企业提供服务的过程中，由于各自的职责没有完全理顺，政府承担了中介机构、服务机构所应该承担的职能，使得中介机构、服务机构无所适从，造成了政府和中介机构分不开的局面，致使小微型企业服务体系对社会资源的整合能力较弱，服务资源没有得到合理组合。

小微型企业社会化服务体系建设要求政府积极发挥主导作用，相关社会主体积极发挥主体作用。政府在扶持小微型企业发展时，不可能为数以万计的小微型企业直接提供服务，而应该以行业组织等相关主体为纽带，来传递政府的意图和政策。当前甘肃省在建设小微型企业社会化服务体系过程中，一些政府部门和相关社会主体之间的关系尚未理顺，很多地区尚未建立起政府—社会组织—小微型企业之间的良性互动关系。主要表现在：一些基层政府"官本位"，思想作风比较严重，检查和责罚力度较强，保护和服务意识较弱；一些地区缺乏扶持小微型企业发展的政策措施，现有的一些政策也缺乏可操作性；一些基层政府急功近利，偏重于推动大企业和大项目的发展，而不注重扶持小微型企业发展；很多行业协会和中介组织带有"准政府"性质，用来安排离退休官员，难以提供有效的中介服务；受计划体制和意识形态管制的长期影响，一些基层政府在某些领域限制社会组织的活动，也在一定程度上影响社会组织向小微型企业提供服务。

（3）小微型企业服务体系提供的服务数量有限且提供的服务质量较差

为了扶持小微型企业发展，甘肃省在小微型企业社会化服务体系建设方面做出了卓有成效的探索。然而现有的社会化服务体系提供的服务有限，主要依靠官方出资的服务机构提供少量服务，而大量的非官方服务机构运行乏力，远不能满足小微型企业的发展需要。此外，大多数服务机构集中于省会城市和地级市的城区，小城镇很难得到优质便捷的服务。

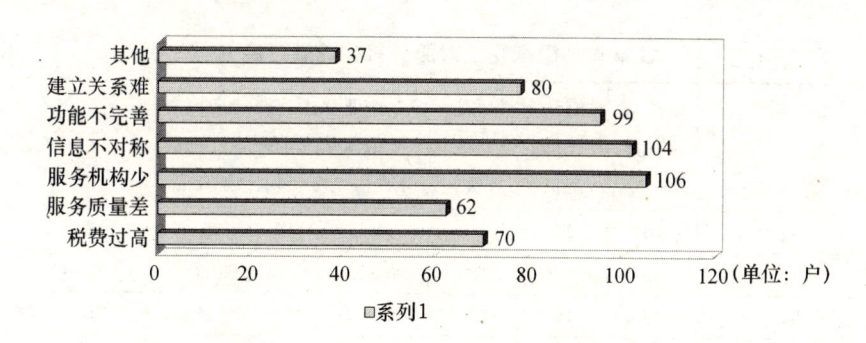

原因	户数
其他	37
建立关系难	80
功能不完善	99
信息不对称	104
服务机构少	106
服务质量差	62
税费过高	70

图 9-1　样本企业获得服务困难的原因

通过对甘肃省 171 户小微型企业的实地调研发现，当前甘肃省小微型企业获得优质便捷的社会化服务依然较为困难。据调查①，

---

① 梁冰：《我国中小企业及融资状况调查报告》，《金融研究》2005 年第 5 期。

40.94%的小微型企业认为社会服务机构税费过高,36.26%的小微型企业认为社会服务机构的服务质量较差,61.99%的小微型企业认为社会服务机构数量太少,60.82%的小微型企业认为与社会服务机构之间的信息不对称,57.89%的小微型企业认为社会服务机构的服务功能不完善,46.78%的小微型企业认为较难与社会服务机构建立业务关系(图9-1)。

甘肃省现有的小微型企业社会服务机构提供的服务质量参差不齐,小微型企业对服务机构的满意度较低。在对60户重点小微型企业(其中重点中型企业和重点小型企业各为30户)的实地调研发现,如表9-1所示,75%的小微型企业对政府出资的服务机构持满意和基本满意态度,75%的小微型企业对政府认定并扶持的示范机构持满意和基本满意态度,58.33%的小微型企业对科研院所设立的服务机构持满意和基本满意态度,56.66%的小微型企业对龙头企业出资设立的服务机构持满意和基本满意态度,53.33%的小微型企业对私人出资设立的服务机构持满意和基本满意态度,33.33%的小微型企业对行业协会设立的服务机构持满意和基本满意态度。

表9-1　　甘肃省小微型企业对服务机构的满意度①

		政府出资的服务机构	政府认定并扶持的示范机构	科研院所设立的服务机构	龙头企业出资设立的服务机构	私人出资设立的服务机构	行业协会设立的服务机构	其他服务机构
满意	数量(个)	16	26	14	11	11	5	8
	比例(%)	26.67	43.33	23.33	18.33	18.33	8.33	13.33
基本满意	数量(个)	29	19	21	23	21	15	6
	比例(%)	48.33	31.68	35	38.33	35	25	10
不满意	数量(个)	11	7	15	15	16	20	20
	比例(%)	18.33	11.67	25	25	26.67	33.33	33.33

① 崔静静:《小微型企业融资行为研究——基于甘肃省小微型企业调查》,硕士学位论文,兰州大学,2011年。

续表

		政府出资的服务机构	政府认定并扶持的示范机构	科研院所设立的服务机构	龙头企业出资设立的服务机构	私人出资设立的服务机构	行业协会设立的服务机构	其他服务机构
不了解	数量（个）	4	8	10	11	12	20	26
	比例（%）	6.67	13.33	16.67	18.34	20	33.33	43.33
合计	数量（个）	60	60	60	60	60	60	60
	比例（%）	100	100	100	100	100	100	100

小微型企业对政府设立或扶持的服务机构的满意度较高，一方面说明政府扶持的服务机构的服务质量相对较高，另一方面说明小微型企业对政府的信任度较强，这也进一步印证了"政府应在小微型企业社会服务体系建设中发挥主导作用"思路的正确性。与官方服务机构相比，非官方机构由于基础设施和工作条件较差、信誉度较低、资源严重不足，导致业务开展受到限制，服务能力不足，服务质量欠佳。

第三节　甘肃省小微型企业社会化服务体系建设对策

社会化服务体系发育不足是西部小微型企业欠发展的一个重要原因，要加快西部地区小微型企业的发展，必须针对各具体地区的企业发展结构，建设合理的、有针对性的社会化服务体系。

一　甘肃省小微型企业社会化服务体系的建设对策

根据甘肃省小微型企业发展现状，借鉴国内外小微型企业社会化服务体系的运作经验，提出了健全和完善甘肃省小微型企业社会化服务体系的建设对策。

1. 完善创业辅导服务体系

"小微型企业创业辅导体系"起源于20世纪50年代的美国，经过不断的运行实践，已经形成比较完善的小微型企业创业辅导制度，这一体系涵盖了创业申办、咨询培训、资金支持及税收优惠等一系列的服务。目前甘肃省小微型企业创业辅导体系尚为薄弱，远不能满足小微型企业的发展需要，因此应该进一步整合社会资源，健全和完善小微型企业创业辅导服务体系。首先，政府主管部门应当依法保护小微型企业参与市场公平竞争的权利，鼓励创业者进入法律、法规和产业政策没有禁止的行业领域，引导创办科技型、环保型、节能型和现代服务型等类型的小微型企业。其次，政府应该为创业人员提供工商、财政、融资、劳动用工、社会保障和档案户籍管理等全方位的政策咨询服务，并鼓励和引导高校、科研院所、金融机构等服务机构为小微型企业创业提供方案设计、可行性论证、贷款担保、风险投资和管理咨询等方面的创业辅导服务；最后，建立健全小微型企业孵化体系，将小微型企业发展用地纳入政府土地供应计划，鼓励小微型企业进入开发园区、产业化基地、科技创新基地，引导小微型企业集聚发展，并优先为朝阳型小微型企业提供办公场所，扶持创业企业迅速成长。

2. 完善人员培训服务体系

人才是小微型企业经营的第一资源，在人才竞争加剧的今天，加快小微型企业人才的开发和培育、挖掘企业员工的潜在能力、提高管理者和劳动者的素质是增强企业活力的根本途径。基于此，人才培训也成为小微型企业社会服务的重要内容之一，完善人员培训服务体系也更具有现实意义。具体而言，首先，要依托各类科研机构和培训机构，根据小微型企业的不同需要，针对企业管理者和劳动者开展不同内容、不同形式的应用培训和职业教育；其次，要充分发挥人才交流中心和职业中介机构的功能，为小微型企业引进人才提供帮助；再次，要积极组织小微型企业管理人员到发达国家和地区的企业去学习交流，广泛参与经济合作，提高管理者的管理水平和经营素质；最后，要鼓励和扶持有条件的小微型企业积极开展内部培训，与外部培训相比，内部培训的目的性更强、成本更低、效果更明显。综合而言，要通过各类社会主体的共同努力，逐步形成政府引导、社会支持和企业自主相结合的培训机制，形成适应多层次需要、覆盖面广的小微型企业培训服务体系，为小微型企业的发展提供强有力的人才支持。

3. 完善资金支持服务体系

实地调研发现，甘肃省大部分小微型企业的资本实力较弱、融资渠道较窄，对社会主体提供的资金支持服务有着非常迫切的需求。虽然甘肃省在金融政策调整、担保基金设立和信贷管理方面都取得了较大改进，但是现有的资金支持服务体系依然不能满足小微型企业的发展需要，建议从以下方面进行完善：首先，各级政府应该为小微型企业发展提供财政支持，在财政预算中安排专项资金用于小微型企业发展，并依据财政增长情况调整增加，专项资金主要用于小微型企业项目启动、技术创新、人才培训、贷款贴息和信息化建设等领域；其次，各类金融机构应该加大对小微型企业的金融支持力度，增加对小微型企业的信贷总量，简化贷款流程，并为小微型企业提供财务咨询、信贷担保、投资管理等多方面服务；最后，鼓励和扶持符合条件的小微型企业进行直接融资，实力雄厚的小微型企业可以通过项目融资、租赁融资、股权融资、债券融资或境内外上市等合法方式获取企业发展资金，具备条件的小微型企业还可以组建融资性担保机构或商业性担保机构，开展企业间的互助性融资担保业务。

4. 完善科技支持服务体系

世界各国的小微型企业发展历程均表明，小微型企业必须要充分发挥"小而专""小而特"和"小而精"的优势，不断研发新技术、新工艺、新材料和新产品，才能实现与大型企业抗衡，维持小微型企业的可持续和强劲发展。目前甘肃省小微型企业的整体科技实力较弱，省内大多数小微型企业尚未在技术研发、产品开发、设备检验和工艺改进等方面建立起完善的内部技术体系，还需要依靠外部主体为其提供科技支持服务。在此背景下，健全和完善小微型企业科技支持服务体系便显得尤为重要。结合甘肃省情，在小微型企业比较集中或产业集聚优势明显的地区，重点支持建立一批区域性的科技创业中心或技术支持平台，为小微型企业提供工业设计、产品检测和咨询诊断等方面的技术服务；鼓励和支持各类科研机构为小微型企业发展提供科技支持服务，鼓励新技术和新产品的研发和生产，提高科研成果的生产力转化率和市场成功率；促进小微型企业与相关科技团体开展产学研对接，通过联合或委托开发等多种形式，推动先进技术的引进和消化；充分发挥兰州大学、西北师范大学、兰州理工大学、兰州交通大学等高校的科研优势，促进和支持高校科技园孵化器建设；充分利用信息网络和其他媒介向小微型企业及时发布中外科技动态、专利成果和新产品开发指南等方面的信息。

5. 完善信息网络服务体系

在知识经济时代，信息已经成为直接影响企业经营绩效的关键因素，企业维持健康和强劲发展的前提是能够及时获得大量的优质信息。针对目前甘肃省小微型企业信息化建设相对落后这一实情，应该进一步加大力度，建立和完善省、市、县、镇四级的小微型企业信息网络体系，健全小微型企业行业性信息网络体系，引导规模以上小微型企业建立内部信息网络体系。具体而言，一是要利用新兴媒介和技术手段完善信息网络服务体系。甘肃省政府应该充分利用计算机网络这一先进技术手段，加快现有信息网络的升级改造，建立起以小微型企业自建网站为基础、以地方性网站为核心、以行业网站为补充的高效信息网络体系，并形成政府引导、社会支持和企业自主相结合的信息化机制。二是要进一步利用传统媒介和技术手段完善信息网络服务体系。甘肃省应该鼓励和引导社会各界对小微型企业发展进行关注，通过出台政策文件、利用公众新闻媒体、定期或不定期地发行出版物、举行各种交流会和发布会等形式，为小微型企业发布信息、推介产品，为小微型企业获悉国家政策法规、行业动态、产业导向、科技成果、人才供求、经济合作、产权交易、投资融资、国际市场、对外投资等信息提供全方位服务，从而降低小微型企业收集和分析信息的成本，提升企业的运营效率。

6. 完善现代物流服务体系

物流是企业经营中非常关键的环节，现代物流发展要求实现电子商务与物流的紧密结合，达到物资流、资金流、信息量和人才流的统一。随着现代物流的不断规范和发展，由小微型企业自办物流容易产生物流成本高、结算手续繁杂和物流设施老化等诸多问题，远远不能满足小微型企业的发展需要。在此背景下，甘肃省政府可以与甘肃物流协会相联合，营造良好的物流合作环境，探索建立和完善小微型企业现代物流服务体系，为小微型企业搭建物流合作平台，推动同一行业中的众多小微型企业在物流方面积极合作，降低物流成本，提升物流效率，改善物流效果。在甘肃省小微型企业社会化物流服务体系中，第三方物流机构应该积极发挥作用，根据不同小微型企业在储存、加工、包装、运输、装卸、配送和信息处理等各环节的需求，进行统筹规划和系统化处理，搭建供第三方物流机构和小微型企业共同使用的"小微型企业物流管理信息平台"，对小微型企业的供求信息、交通运输、物料流程和物流控制等信息进行集中处理，为小微型企业改善经营流程、转变增长方式、提升市场竞争力提供优质服务。

7. 完善市场开拓服务体系

拓展市场是提升小微型企业市场竞争力的重要条件，也是维持小微型企业持续健康发展的必要途径。甘肃省各级政府应该加强对各类商会、协会和中介组织等主体的资源整合，不断完善市场开拓服务体系，为甘肃省小微型企业发展提供良好的市场开拓服务。具体而言，首先，要形成创建知名品牌的扶持激励机制，鼓励和支持小微型企业制定技术标准，取得质量管理体系和环境管理体系等国内国际标准认证，提高产品质量，创建自主品牌，并在政府采购中，同等条件下优先购买小微型企业提供的名牌产品；其次，鼓励各类社会主体投资建立行业性商品交易中心和区域性商品交易中心，经常性地组织小微型企业市场召开论证会和研讨会，为小微市场开拓战略和策略的研究提供顾问服务；再次，鼓励和支持省内大型企业与小微型企业在原材料供应、零配件加工和产品售后服务等方面展开广泛合作，并建立长期稳定的协作配套关系，降低小微型企业的市场风险和经营风险；最后，积极组织小微型企业到发达国家和地区进行市场考察，参加产品展销会、供货会、推介会、交易会等，并从政策、资金、技术等方面支持小微型企业招商引资、扩大出口和跨国经营，开展加工贸易和服务贸易等多种形式的国际合作。

二 甘肃省小微型企业社会化服务体系针对性建设策略

根据产业的发展趋势，可把产业分为零散产业、新兴产业、成熟产业和衰退产业。针对地区小微型企业所处的不同产业形式，建设和发展与之相适应的社会化服务体系是西部地区促进小微型企业发展的基本要求。[①]

（一）针对零散产业的发展战略

1. 零散产业的特点分析

零散产业形成的原因主要是：产业的进入壁垒低；不存在规模经济、高昂的运输成本、库存成本和不稳定的销售波动，某些重要方面的规模不经济，多种市场需求并存，产品高度差异化；或者是地方法规、政府机构的产业政策禁止产业集中等。通过确定产业零散的原因，分析该产业集中的可能性大小是非常重要的。实际上，有的产业只是暂时的处于零散结构，随着技术的成熟和竞争的激烈可能会逐渐集中起来；而有的产业其性质决定了在相当长的时期内只能是零散的，在此产业内寻求占有较大的市场份额或者获得垄断地位是徒劳的。那么，如果产业的零散结构能被克服，产业集中后小微型企业的收益如何，小微型企业采用什么样的方法来进行产业集中化？如果产业的零散结构不能被改变，则应采取的策略是什么？零散产业可改变时，小微型企业可以采用的发展策略有：通过树立标准化产品在顾客心目中的良好形象使得多样的市场需求标准化；技术的进步可使得该产业的生产具有规模经济效应，从而改变该产业的结构而在市场上居于领导地位等。零散结构不可能改变时，小微型企业可以采用的发展策略有：遵循市场细分的思路走专业化的策略。比如产品的专门化、顾客类型的专门化、订货类型的专门化或者集中的地理区域经营；坚持"简单朴实"的策略。通过

---

① 康娅红：《加快服务体系建设促进中小企业发展》，《甘肃经济日报》2008年12月29日。

成本控制，使企业在市场价格竞争中处于最有利地位。①

2. 针对零散产业中小微型企业社会化服务体系的建设策略

从以上对零散产业的特点分析可以看到，处于此类产业中的企业多以小而散的形式存在，绝大多数企业难以在市场中居于领先地位。而且市场份额划分过细，因而此产业强行走集中化的策略是行不通的。只能通过市场的不断淘汰，产生出领军企业。任何在零散产业中寻求支配性市场份额的企业通常注定要失败。因而立足零散产业中小微型企业生存的需要，社会化服务体系的针对性主要在于为企业提供各种市场信息和企业咨询。通过信息服务体系为企业提供及时产品和市场信息，使企业能够根据市场发展变化及时调整企业发展战略；通过咨询服务体系为企业提供各种咨询，弥补企业经营管理过程中的漏洞，降低企业各种成本，提高企业的生存能力。

（二）针对新兴产业的发展战略

1. 新兴产业的特点分析

新兴产业形成的原因可能是：技术的巨大突破，相对成本关系的变化，新的消费需求的出现，或其他的社会原因使潜在的商业机会具有了可行性。新兴产业的特征具有以下几方面：首先是技术的不确定性，新兴产业的技术往往是新开发出来的，技术的效应最大化还缺乏证明；其次是战略不确定性，任何企业都不可能知道对手是谁，产业的销售总量和市场份额也不清楚，企业大多是处于摸索的阶段；再次，新兴产业的初始成本高但成本会急剧下降；最后，萌芽企业和另立门户的企业较多并且顾客大多是首次购买者，首批职员的素质尤其重要。一个产业发展中的新兴阶段对小微型企业来说可能是战略自由度最大的，好的战略选择在经营表现方面有着决定性的作用：首先是在新兴产业中首要战略问题是企业塑造产业结构的能力；其次是在产业的倡导和追求企业自身狭窄利益的努力之间做出平衡；再次是企业必须为稳定的原材料供应和及时获得融资

---

① 刘冬荣、王清华：《论中小企业社会化服务体系建设》，《科学·经济·社会》2002年第5期。

做好准备；最后是企业选择最佳的进入时间。

2. 针对新兴产业中小微型企业社会化服务体系的建设策略

从以上对新兴产业的特点分析可以看到，处于此类产业中的企业多以新生而且带有某种发展优势形式出现，绝大多数企业都具有巨大的发展潜力，但同时也存在着较大的风险性。发展初期大量资金的引入，员工整体的高素质以及管理咨询的需要都是影响企业成功的几大因素。因而立足新兴产业中小微型企业生存的需要，社会化服务体系针对性主要在于为企业提供各种融资渠道、人力资源开发和企业管理咨询。通过筹资和融资服务体系，解决企业设立和发展中急需大量资金的问题；通过人力资源开发服务体系为企业提供发展初期需要的高素质人才，提高企业的服务水平，树立行业形象；通过咨询服务体系为企业提供各种风险控制和管理，帮助企业及时调整发展战略，降低各种风险。

（三）针对成熟产业的发展战略

1. 成熟产业的特点分析

作为演变进程的一部分，许多产业经历了从高速增长到有节制增长的时期，这一时期通常叫作产业成熟时期。产业成熟并不是发生于产业发展过程中的某一固定点，它可以因为发明创造或其他给产业不断注入活力的事件而被推迟。而且，作为战略性突破的结果，成熟的产业可能重新得到迅速增长，因此经历不止一次向成熟产业的转化。成熟产业的特点有：增长放慢，同时对市场占有率有更激烈的竞争；产业中的企业更加倾向于向有经验的老客户销售；竞争的压力使企业趋于强调成本和服务；在增加产业的生产能力和人员时出现过剩问题；制造、营销、批发、销售及研究方法经常发生变化；新产品及应用更加难以获得；国际竞争加强等。在成熟期小微型企业可以采取的战略选择有：严格成本分析；生产流程创新和为制造进行设计；增加现有客户购买比寻求新客户更可取；购买不景气企业的资产或者购买破产清偿资产的战略可以改善盈利状况；对处于成熟产业的大多数企业来说，向前途未知的企业增加投资不如迅速撤退，收回资金。

2. 针对成熟产业中小微型企业社会化服务体系的建设策略

从以上对成熟产业的特点分析可以看到，处于此类产业中的企业多以发展较为成熟的形式而存在。市场份额竞争激烈，市场进一步扩展的机会不大。从企业长远发展的角度，在此产业中多数小微型企业需要开发新的市场，寻求新的投资环境，建立与其他企业良好的协作关系。因而立足成熟产业中小微型企业发展的需要，社会化服务体系针对性主要在于为企业提供销售网络服务、生产协作服务、技术开发服务以及投资咨询服务。通过网络服务体系为企业提供产品销售网络以及生产协作服务，扩大企业产品市场份额，加大企业对外联系，建立起与其他企业良好的协作发展模式；通过技术创新服务体系为企业开发新技术、提供新产品，满足企业长远发展的需要；通过咨询服务体系为企业提供各种投资信息，帮助企业寻求新的投资环境，开发新的投资方向。

（四）针对衰退产业的发展战略

1. 衰退产业的特点分析

衰退产业是指在持续的一段时间内产品销售量绝对下降的产业。其特点是：市场销量降低，产品类型减少，研究和开发以及广告费用降低，竞争者减少。衰退产业的战略是围绕撤资或"收割"进行的，大致有以下几种战略：领导战略，通过优势获取超过平均利润的收益；局部领导战略，谋求某个细分市场中的领先地位；收割战略，减少生产、销售和投资，只在残留优势上谋求利益；迅速撤资战略，通过出售或清算退出该行业。

2. 针对衰退产业中小微型企业社会化服务体系的建设策略

从以上对衰退产业的特点分析可以看到，处于此类产业中的企业多数已准备退出该行业。它们更多地需要退出指导和寻求新的投资渠道。因而立足衰退产业中小微型企业发展的需要，社会化服务体系针对性主要在于为企业提供销售网络服务、撤资和投资咨询。通过网络服务体系为企业提供销售网络服务，确立企业在行业中的领导地位；通过咨询服务体系为企业提供撤资和投资指导，帮助企业通过有利的途径退回行业，寻求新的发展机会。

综上所述，甘肃小微型企业社会化服务体系的建立应从地区产业结构的发展现状与调整出发，找准问题，重点突破。针对本地情况，或选择区域，或选择服务体系的一项或几项具体内容进行试点，在培育特色服务项目过程中，以点带面，逐步形成和建立有地方特色的社会化服务体系。

第十章

甘肃省小微型企业国际化发展战略

自20世纪90年代以来，经济全球化成为世界经济发展的主要趋势和重要特征，它使得各国商品、服务、资本和技术在世界范围内流通，加速了国内市场国际化发展，为各国尤其是发展中国家的经济发展带来了机遇与挑战。中小企业作为我国国民经济的重要组成部分，国际化经营成为其不可避免的发展趋势，经济全球化为小微型企业国际化发展提供了客观环境。同时，小微型企业由于其固有缺陷，国际化发展可以成为其规避先天不足，突破发展障碍，赢得发展空间的最好途径。

第一节 企业国际化概述

据中小企业划型标准和第二次经济普查数据测算，目前中小微型企业占全国企业总数的99.7%，其中小微型企业占97.3%。同时，中小微型企业创造的最终产品和服务价值已占到国内生产总值的60%，纳税约为国家税收总额的50%，是我国实体经济的重要基础。[①] 可以说，中小微型企业的国际化发展状况决定着未来中国经济的竞争力。因此，研究如何促进我国小微型企业国际化发展就显得尤为重要。

---

① 工业和信息化部中小企业司：《大力促进中小企业发展》，中国中小企业信息网，http://www.sme.gov.cn/web/assembly/action/browsePage.do? channelID = 10107&contentID = 1432184697536。

一 企业国际化的含义

1. 企业国际化理论基础评述

伴随着企业国际化经营活动的发展，有关理论研究也相应产生并不断推进，总体来看，可以将对企业国际化的研究分为传统企业国际化理论和新企业国际化理论。

（1）传统企业国际化理论

早期的经济学者经研究认为，企业国际化多产生于大型企业的对外直接投资。美国学者斯蒂芬·赫伯特·海默（Stephen Herbert Hymer）于1960年在《国内公司的国际经营：对外直接投资研究》中率先提出了"垄断优势概念"。他在研究中发现：美国企业对外进行直接投资的决定因素是其在海外生产中所独有的、当地企业不具备的现实或潜在优势；只有在不完全竞争市场上，美国企业才能凭借其独有的垄断优势抵御跨国经营所带来的风险，获得超额利润。该观点提出后经过麻省理工学院金德贝格的补充，成为今天广为认知的"垄断优势理论"。该理论不仅为国际直接投资的研究提供了新思路，而且将不完全竞争市场作为企业跨国经营的根本条件，很好地解释了技术优势在跨国经营中的重要作用。但该理论无法解释为何越来越多的缺乏技术、资金等优势的发展中国家企业会向发达国家直接投资。

1966年，美国经济学家雷蒙德·弗农（Raymond Vernon）发表了《产品周期中的国际投资和国际贸易》，阐述了著名的"产品生命周期理论"。该理论提出：产品与生命相似，按其发展历程可以分为初创期、成熟期和衰退期三个阶段，伴随着产品生命周期各阶段的更替，国际化经营在不同国家开展。在产品初创期，资本和技术起决定性作用，产品原创国一般为发达国家，产品以内销为主，外销为辅；产品成熟期，成本起主要作用，其国内市场趋于饱和，生产逐步向更具有成本优势的一般发达国家转移，发展中国家则成为商品的进口国并开始仿制；产品衰退期，原有的技术垄断优势已逐渐丧失，成本和价格成为国际竞争中的决定因素，生产转移至发展中国家。产品生命周期理论的贡献在于它从技术创新和技术传播的角度来解析国际的直接对外投资,但是,它却无法解释发展中国家或不具有技术垄断优势国家的直接对外投资行为,以及20世纪70年代以来所出现的从创立伊始就拓展海外市场的行为。

巴克利(Peter J. Buckley)和卡森(Mark C. Casson)在1976年出版了对投资理论界影响深远的《跨国公司的未来》一书,首次将美国学者科斯(Casson)的"内部化"概念引入国际投资理论,最早提出了企业国际化发展和跨国经营的市场内部化理论。后来,加拿大学者鲁格曼(Rugman)进一步发展了该理论。他们认为,由于市场的不完全竞争性,企业仅靠外部市场不仅无法保证获利,而且还会增加企业的交易成本。因而企业可以通过建立内部市场并取代外部市场,使得中间产品在企业内部自由流动,克服不完全竞争市场带来的风险和障碍。当内部化超越了国界,就产生了跨国公司,基于市场内部化动机,促使企业对外直接投资。该理论说明了外部市场与企业国际化发展间的重要关系,将市场内部化作为企业对外直接投资行为和跨国公司形成的动因,有效地发展和完善了跨国公司理论。但该理论忽视了国际经济环境对跨国经营的影响,也无法说明对外直接投资中如何进行区位选择以及布局跨国经营的战略。

日本学者小岛清(Kojima)在研究了日本对外直接投资的基础上,于1977年出版的《对外直接投资》一书中提出了"边际产业扩张论"。他提出,所谓"边际产业"是指那些在本国已经或即将丧失比较优势,但在投资目标国具有明显或潜在比较优势的产业,将投资转向该产业,不仅有利于增加两国间比较成本的差距,而且可以为扩大两国进出口贸易规模创造条件,增加福利。该理论进一步说明,中小企业与大企业相比,更加具有比较优势,技术水平更接近于投资目标国,更适合当地的生产条件,成为边际性企业容易被该国接受。小岛清的"边际产业扩张论"否定了境外投资的决定因素是垄断优势,强调运用接近于投资目标国生产力水平的技术标准,并通过扩大本国具有比较优势产业出口来占领海外市场,这对发展中国家的对外投资具有一定的借鉴和指导意义。但是该理论并未得出普遍性结论,再以日本后期海外投资的发展趋势看,与美国相似,所以该理论不具有长远意义。

1977年，英国经济学家邓宁（J. H. Dunning）在《贸易，经济活动的区位和跨国企业：折衷理论方法探索》中提出了"国际生产折衷理论"。该理论指出，所有权特定优势是企业对外直接投资的基础，内部化优势是确保企业竞争优势、实现对外直接投资的动因，区位特定优势影响对外直接投资的成本和收益。企业对这三种优势的不同组合，决定了企业国际化经营的不同模式，同时拥有三种优势，就会产生对外直接投资。这一理论目前被广泛应用于分析企业国际化经营的动机和优势，成为迄今为止世界上对外直接投资和跨国公司研究中影响最大、最完备的理论。但该理论没有得出不同国家对外直接投资动机的总体性、一般性结论。

从20世纪70年代中期开始，一部分经济学家开始关注发展中国家和地区企业国际化问题，并得出了很多有价值的理论和观点。如：美国经济学家威尔斯（Louis J. Wells, 1983）提出的"小规模技术理论"：认为发展中国家的企业与发达国家相比，在小规模技术产品、民族产品以及发展中国家市场上能够存在竞争优势，打破了企业国际化发展只能凭借垄断优势进行的传统观点。1983年，英国经济学家拉奥（Sanjaya Lall）在其著作《新跨国公司——第三世界企业的发展》中提出了"技术地方化理论"，认为技术地方化是企业对国外先进技术的消化、改进基础上的内在创新活动，这种创新是企业技术引进的再生过程，不是一种被动的模仿和复制，技术创新活动是发展中国家的企业在当地市场和邻国市场获得竞争优势的源泉。该理论将对发展中国家跨国公司的研究方向引入到微观层面，证明了发展中国家的企业国际化经营的可能性。同时，自20世纪70年代中期以来，以约翰逊和瓦尼（Johanson & Vahlne）为代表的北欧学派，从组织学习和创新的视角来研究企业国际化问题，提出了"企业国际化阶段理论"，即著名的"乌普萨拉国际化模型"（The Uppsala Model）。他们把企业的国际化经营看作是一个逐步获得、认识和利用市场知识的连续发展过程，对于市场知识的认知和利用将会影响企业对海外市场机会的把握和风险的识别，最终影响其国际化经营决策。继约翰逊和瓦尼之后，许多学者沿用这一思路陆续提出了不同的国际化模型，这些理论虽然在阶段的划分上有所不同，但在总结企业国际化经营的发展方向上是一致的，都是先出口，然后再进行其他形式的直接投资。

传统的企业国际化理论的研究背景都在20世纪80年代中期以前，且都是以发达国家的大型跨国公司为研究对象，认为企业只有在国内发展到一定规模，才有能力从事国际化经营活动。但这却无法解释为何有些新企业在初创期就采取高度国际化经营策略。虽然因国际经济环境的变化，约翰逊和瓦尼在1990年发展了企业国际化阶段理论，他们提出当大型企业市场稳定、资源剩余，而且具备与国际市场特征相似的经验知识时，该企业不一定遵循渐进的方式进行国际化发展。但这仍然不能解释新企业国际化发展现象，也没有专门针对中小企业国际化发展进行系统地分析，导致传统的企业国际化发展理论无法解释与指导中小企业的国际化发展问题。21世纪距传统理论的提出已过了几十年，国际政治经济环境与科技水平发生了巨大的变化，随着经济全球化的日益加深和信息化的发展，客观要求新的企业国际化理论出现。

（2）新企业国际化理论

21世纪以来，电子科技水平有了飞跃式的发展，经济全球化与信息化为各类经济活动极大地降低了交易成本，很多中小企业也迅速走向了国际化经营活动。中小企业在经营规模与管理方法等方面与大型企业有很多不同，缺乏大型跨国企业的垄断优势，对于它们的国际化发展问题，众多学者进行了研究，提出了不同的观点，但目前仍未有一个理论能完全客观地解释中小企业的国际化。

1988年，由约翰逊和麦特森（Johanson & Mattson）提出了企业国际化发展的网络模型理论。该理论借用网络的概念，强调了企业在市场网络中相互间竞争、合作的关系以及对国际化产生的影响，并认为企业国际化就是企业在国际市场网络中建立、发展网络关系的过程，其行为特征表现为企业与竞争对手、供应商、客户、分销商以及政府的关系函数；企业在国际市场网络中的地位决定了其国际化的水平。该理论将国际化企业划分为：早期国际化企业（early starter）、晚期国际化企业（late starter）、孤独的国际化企业（lonely international）和全球化企业（international among others）四种类型，各类型国际化企业因其在市场网络中国际化程度不同而表现出不同特征。该理论首次将市场网络中的各要素看作中小企业发展的影响因素,强调中小企业的成长乃至国际化发展都离不开市场网络,中小企业集群发展战略就是符合网络模型发展的一条途径。这一理论对于网络经济条件下的企业国际化行为有了较充分的解释,把企业国际化的研究视线从企业自身扩展到企业间的相互关系与作用,但不足的是该理论并未从发展角度出发考虑当市场国际化程度发生变化时企业的网络能力变化趋势及其动因。

美国经济学家伯格·沃纳菲尔特(Wernerfelt)在1984年发表的《企业的资源基础论》一文,成为"企业的资源基础论"正式诞生的重要标志。他提出,企业盈利的原因在于他们拥有可转变为独特能力的稀缺资源,这种资源存在于企业内在组织中,具有无形性和知识性,难以模仿,拥有该资源可以生产出成本较低或质量较高的产品。企业确定国际化发展战略时会受到其持有资源的影响,企业在国际化发展中,取得竞争优势和超额利润的关键在于提高其自身内部能力。沿着这一理论,许多学者以中小企业为对象进行了深入研究。布拉德古德(Bloodgood)的研究表明,中小企业国际化经营的能力与其积累的各种有形、无形资源储备有直接关系;与其他竞争者相比,储备有无法模仿和不可替代资源的企业更具优势,更易国际化。卡热泽戈鲁和林代尔(Karagozoglu & Lindell)通过对美国34家小型科技企业的研究发现,资源和能力的限制是制约中小企业国际化发展的主要因素。后有研究表明,影响中小企业国际化的资源主要包括:一般人力资源、企业应对突发事件的财务资源、企业主的管理能力、企业主的资历和知识积累这四类;中小企业曾经的出口销售的经历是鼓励其发展国际化经营的关键;成长型中小企业因其急需获得资源、扩大市场,比其他企业更易国际化。资源基础论的提出,使人们注意到中小企业也具有许多独特的资源优势,合理利用这些资源就能促进中小企业的国际化发展。

自20世纪80年代以来,随着经济全球化趋势的加深,一种快速国际化发展的新型企业出现,1996年,奈特和卡瓦斯基尔(Knight and Cavusgil)将其定义为"天生国际化企业",他们认为:

这些企业从设立之初就通过利用多个国家的资源实现国际化经营，并取得国际竞争优势。并且将从企业诞生至出口经营的时间跨度、所属行业、企业规模、出口比率等作为测量天生国际化企业的标准。与传统理论将企业国际化认定为若干个连续阶段逐步增加的过程不同，该理论认为天生国际化企业从设立之初就将目光瞄准了国际市场。

随着越来越多的中小企业活跃在国际市场的竞争舞台上，各国学者们开始多角度的研究企业国际化、尤其是中小企业国际化发展问题。例如，莫洛（Morrow）于1988年在《国际企业家精神：新的成长机遇》一文中首次提出了"国际企业家精神"的概念，自此后许多学者开始从企业家因素分析中小企业国际化发展问题。企业家精神角度的中小企业国际化观点认为：企业家的冒险精神、创新意识和丰富的经验知识是推动企业跳跃式发展和加速国际化的根本动力；这一因素对中小企业的影响要大于大型跨国企业。1990年，英国学者坎特韦尔（John A. Cantwell）和托兰惕诺（Paz Estrella Tolentino）共同提出了"技术创新产业升级理论"，从技术累积的角度分析了发展中国家对外直接投资的阶段性动态化推进过程。该理论提出：发展中国家对外直接投资的增长受其技术能力提高的影响，技术能力的累积不仅是其国际生产活动的决定因素，而且影响着其对外投资的形式和增长速度。因而，"发展中国家和地区对外直接投资的产业分布和地理分布是随着时间的推移而逐渐变化的，并且是可以预测的"[①]。这一理论很好地解释了20世纪80年代以来发展中国家和地区对发达国家的直接投资加速增长、从传统产业转向高新技术产业变化的趋势。对于发展中国家和地区通过国际化发展来提高技术创新与累积，继而提升产业结构和增强国际竞争力具有现实的指导意义。

从上述理论可以看到：新企业国际化理论的研究背景是20世纪80年代中期以后，经济全球化与信息时代的到来是这一时期的背景

---

① John A. Cantwell, Paz EstrellaTolentino: Technological Accumulation and Third World Multinationals Discussion, *International Investmentant and Business Studies*, 1990 (139).

特征。这一时期企业国际化发展速度不断加快,加大了国家的经济开发力度和国际竞争的参与度。新企业国际化理论是以中小企业为研究对象,研究基础有别于传统企业国际化理论的渐进模式,研究视角从网络、基础资源到企业家精神等各有不同,更加的多元化。新企业国际化理论不仅仅是国际化理论的延续和发展,更是对传统国际化理论的有力补充,为今后企业国际化发展提供了更多的理论依据与现实指导。

(3) 国内相关研究

我国对于企业国家化的研究起步较晚,最早开始于天津南开大学翻译的联合国对于企业国际化经营的研究报告——《世界发展中的多国公司》,为我国认识并开始企业国际化经营的理论研究提供了依据。随后国内的研究者先后发表了相关的著作,提出了不同的理论观点。中山大学毛韵诗教授提出了四维分析模型,指出:在对外直接投资不足的基础上,通过建立四维分析模型,来决定对外投资决策。吴斌和黄韬提出了二阶段理论,认为没有优势的企业对外直接投资是为了通过国际化经营来寻求优势,提供了企业国际化经营的新思路。孙建中提出了综合优势理论,认为我国在国际化发展中具有多计划的投资动机、多元化的差别优势、多角化的发展空间的三方面综合优势。鲁桐在《中国企业跨国经营战略》一书中分析了我国企业国际化经营的动因,并提出随着我国经济水平的提高,企业国际化发展将进入快速增长期。宁军明在 2002 年提出政府应重视中小企业国际化发展问题,认清中小企业在出口中的地位与作用,不要把目光只投向大型企业。张雨萌、胡勇提出在经济全球化的背景下,应借鉴国外经验,结合我国现实情况,促进中小企业的国际化发展。我国对于企业国际化发展研究虽然起步较晚,但对于我国企业却有现实的指导意义。

2. 企业国际化定义

对于企业国际化的含义,不同的经济学者出于不同的研究目标与研究方法,理解也各不相同。结合上述理论可以得出三种观点:一种认为企业国际化是能够通过内部化、所有权和区位优势进行分析说明的对外投资模式;一种认为企业国际化是一个持续、渐进的发展过程；一种认为企业国际化是一个与其他国家建立联系并开展交易活动的过程。基于这些观点，本文认为：企业国际化是一个综合概念，是企业通过参与国际间的分工协作与国际竞争，实现国际间的生产、销售，从而取得更多的资源和利润，并不断加深国际化程度的过程。

二 企业国际化经营的特征

企业国际化发展所面临的生产销售环境与国内经营有较大的差异，其经营特征也不同于国内发展，具体表现在以下几方面。

1. 经营空间广泛

国际化发展的企业，其资源获取的途径、经营范围的开拓以及产品开发程度比国内经营企业更加广泛。国际化发展企业将其经营目标定位于整个世界市场，那么它所制定的发展战略和经营路径的选择都会以整个国际市场作为其活动范围，企业资源的取得途径、产品的生产销售、研发目标都将扩大到整个世界。

2. 经营环境复杂

国际化发展企业较国内经营企业而言，影响其经营发展的因素更加多样化，不仅受到各国政治、经济、法律环境的制约，还包括不同国际文化和民族心理差异所带来的影响；其次，由于国际市场范围广阔，特色各异，对进入企业及企业经营者要求更高，所以影响国际化经营企业发展的环境因素更加不可控制和不易确定。

3. 竞争激烈、经营风险更大

国际化经营企业所面对的是国际市场，而且主要是买方市场，要想在众多的不同国家供应方企业中脱颖而出，竞争非常激烈。在国际化经营过程中，所面对的竞争对手不仅包括扎根于当地、熟悉市场环境的当地企业，而且包括实力雄厚、经验丰富、具有垄断优势的跨国企业。在经济全球化进一步加深的现今，更多的企业走入了国际化经营的浪潮，这使得企业国际化经营所面对的竞争愈加激烈，经营风险也更高，更不易预测。

4. 信息管理难度加大

企业国际化经营所涉及的是世界各国市场，增大了经营的空间距离，加剧了经营环境差异，使得信息沟通不如国内经营便利，而且增大了信息获取和传递的成本。国际化经营企业所处的世界市场环境要面对不同国家政府的政治倾向、不同的商业习惯及各异的文化与宗教信仰等，这些增加了企业进行市场调查获取信息的难度和成本。不仅如此，经营空间范围的加大要求信息搜集范围更广；经营环境的差异与复杂要求信息搜集更全面；经营过程的激烈竞争则要求信息的传递更为快捷、及时和准确。这些都会给国际化经营企业增加难度。

5. 经营计划和组织细致全面

由于上述问题的存在，对国际化发展企业的经营计划和组织也提出了更高的要求，其计划、组织范围包括原料的取得、产品的研究开发、生产销售及运输等。国际化经营企业为了赢得国际市场、提高经营信誉，就要保证原料的及时供应、销售商品的质量可靠、商品运送及时，这些势必要求在经营计划和组织上较国内经营投入更多的力量，对经营管理工作提出更高要求。

三 企业国际化经营的模式

企业国际化应当选择恰当的经营模式，而经营模式的选择与企业参与国际竞争的方式直接相关。自我国企业开展国际化经营活动以来，经营模式主要有以下几种。

1. 贸易经营模式

贸易经营模式是指通过进出口贸易，买卖商品和服务到他国的一种参与国际市场模式。贸易模式是国际化经营的最普遍的方式，有利于激发一国的企业家精神和促进经济发展。出口包括两种基本形式，直接出口和间接出口。

（1）直接出口

直接出口是指商品直接从生产领域直接进入国外消费领域的过程中，不经过国内的任何中间商。它又可以分为两种方式：一种是先将商品销售给国外进口商，再通过进口商将商品销售给当地市场。这种方式的关键在于寻求恰当的国外进口商，可以通过在各类媒体上刊登广告进行寻找，也可以直接联系相关企业或实地寻访中间商。另一种方式是企业通过其派驻人员或当地联络人员，在国外组织成立专门的销售机构，经过销售机构将商品出售给当地客户。一般而言，通过进口商销售的方式是在企业不够充分了解、掌握国际市场信息的情况下采用；对于条件成熟的企业多采用向进口国派驻专门机构的方式销售，因为这种方式不仅销售稳定，而且有利于企业通过所设立的销售机构调研当地市场，获取直接信息，加强与当地市场的沟通协调，从而在国际上树立起企业形象、提高企业知名度。直接出口是工业品在国际市场销售的主要方式，但是也有成本较高、需要专业人才等不利方面。

（2）间接出口

间接出口是指商品通过中间商进入国外消费领域，典型的销售链条是商品从商品生产企业经由出口中间商、进口中间商，再到经销商，最后进入消费者手里。间接出口是消费品在国际市场销售的主要方式，也是我国大多数企业采用的销售方式，这种方式无须大量资金投入，也不需要寻找专门的外销人员，风险较小。对企业而言，间接出口是一种最为简单便利的方式，尤其是那些经验缺乏、人员机构建设还不成熟、在国际市场上也没有知名度的初次进入国际市场的企业。间接出口方式的缺点在于对中间商的依赖性强，市场信息掌握不及时、不全面，难以跟随市场变化及时作出调整。

2. 契约经营模式

契约经营模式又称合同经营模式，是通过订立长期合同，在国际市场上推广其非投资性的无形资产，参与国际竞争的一种经营模式。该模式与贸易模式最大的不同在于，企业输出的并非产品，而是技术、技能与工艺等无形资产。契约模式包括许可经营、国际贴牌生产（OEM）、国际分包等。

（1）许可经营模式

许可经营模式又称技术授权模式，是指通过授受双方签订合同，授权方将其专有技术或产权等的使用权提供给受权方，以此取得相应费用和报酬的经营方式，这种经营模式一般适合中小企业的国际化经营。许可经营的授权内容包括：商标使用权、专利使用权、非专利技术使用权等；而许可的方式也有不同，具体包括：独占许可、排他许可、可转售许可等。

特许经营是许可经营的一种重要形式,是特许经营机构以特许经营合同的方式授予被特许方使用自己的商标、专利或非专利技术等,被特许方按合同规定在规定的模式下从事经营活动并支付相关费用。特许经营按特许权的内容划分为:授权经营方式和连锁经营方式。特许经营方式有利于授权方利用授权为其国际业务扩张实现融资,无须花费大量资金来拓展业务,而且经营风险较小,但是这种方式也限制了授权方的未来经营活动。

(2) 国际贴牌生产(OEM)模式

国际贴牌生产模式实际是一种"代工生产"或"委托生产"方式。其本质是拥有优势品牌的企业为了降低生产成本、缩短运输距离、抢占市场,利用自己掌握的核心技术,负责产品设计与开发,不直接从事生产,而是委托其他企业进行生产加工、并控制销售渠道的经营模式。贴牌生产最大的特点在于分离了商品的品牌和生产,是目前我国中小企业国际化经营的主要方式。贴牌生产有利于降低企业经营成本和经营风险,又可以学习国外的先进生产技术和管理经验,但是不利于国际化经营企业培育自己的品牌和掌握新生产技术,大大降低了抵抗风险的能力。

(3) 国际分包模式

国际分包又称作"外援化",是一种企业通过接受外源化订单起步发展国际化经营的模式,是我国中小企业参与国际化经营的便捷方式。在经济全球化的背景下,越来越多的大型跨国企业根据自身的战略地位,选择将部分非核心业务外包出去,从而发展成为以大型跨国企业为中心,连接横向和纵向企业群的全球供应链。企业接受分包,成为产业链中的其中一员,从而参与到国际化经营活动中去。

3. 投资经营模式

投资经营模式是一种国际业务扩张模式,通过直接投资方式拥有或控制国外企业,参与被投资企业的经营管理。采用这一国际化经营模式的企业主要目标是将企业拉升到一个新的阶段。该模式是企业国际化经营的高级形式,具体包括合资经营和独资经营两种形式。

(1) 合资经营

合资经营是企业通过分享所有权，由投资企业和国外被投资的当地企业共同经营一个企业的方式，这是目前最常采用的国际化经营模式。这种模式不仅可以通过合资经营的方式获得另一方的国际销售网络，更容易进入国际市场，而且可以通过公司合资来降低经营风险。但不可忽视的是这种经营模式会因为合资双方之间的冲突和矛盾影响企业发展。

(2) 独资经营

独资经营是指企业资源完全由投资企业拥有和控制的经营模式，具体可通过新建企业或收购当地企业的途径实现该模式。投资企业以独资经营方式取得对被投资企业的绝对控制权，独享利润，获取丰富的国际营销经验和更多的市场机会。但缺点是投资花费大，风险较高。

4. 虚拟经营模式

虚拟经营模式是指在资源有限的条件下，企业将关键的、高附加值的核心的部分掌握在自己手中，而将其他低附加值的部门虚拟化，运用信息技术，将多个独立利益的企业联合形成一种相对稳定或临时的商品生产销售和服务的分工协作关系。这种经营模式大大地降低了企业的交易成本，拓宽了企业的经营管理视野，优化了企业的资源配置，企业间优势互补，形成更强大的综合优势，推进企业的快速发展。虚拟经营模式因其联合企业可以优势互补、经营弹性较大，更适合中小企业国际化经营活动的展开。

四 企业国际化经营的影响因素

选择恰当的经营模式对企业国际化经营活动至关重要，需要考虑各种因素的影响。然而这些因素种类较多，产生的影响也难以估量，在国际化经营过程中所产生的作用也各不相同，使得确定国际化经营模式较为复杂，因而需要反复对这些因素进行分析判断。按照施与影响的因素是否来源于自身，可以将其分为外部因素和内部因素。

1. 影响企业国际化经营的外部因素
（1）目标国市场因素

市场因素主要包括三方面内容：一是市场环境，目标国家的市场环境内容包括该国对国外企业的相关政策法规、该国的地理位置、经济发展状况、工业化程度、外部经济关系等。市场环境是影响企业国际化发展的重要因素。① 企业能否成功进入新的国际市场主要依赖于自身与现有国际、国内市场之间的关系。二是市场规模，市场规模的大小影响企业国际化经营模式的选择。比如：市场规模大的常采用投资经营模式，市场规模小的常采用出口贸易模式或契约经营模式。三是市场竞争结构，具体类型包括分散型竞争市场和买主垄断型市场。分散性竞争市场常采用出口贸易经营模式，买主垄断型市场常选择投资经营模式。

（2）目标国生产因素

生产因素主要是指目标国生产要素的投入程度和市场基础设施的质量。因为二者决定了当地的生产、销售成本，从而影响企业是否在该国或地区开展国际化经营活动，以及以何种模式经营。

（3）本国综合因素

本国综合因素是指国际化经营的企业所在国的出口政策、国内市场规模与竞争结构、本国生产成本。

2. 影响企业国际化经营的内部因素
（1）企业产品因素

企业产品因素包括产品的比较优势、技术含量、服务要求、市场适应性、要素构成这几个方面。产品比较优势明显的企业可采用的国际化经营模式较多，既可以采用贸易模式经营，也可以采用投资模式经营。产品技术含量高低会决定企业所能获取的市场能量多少，因而技术含量高的企业会采用控制力强的经营模式，比如独资经营，要防止企业的先进技术被泄露，带来风险。服务要求多的产品往往需要在目标国能够获取提供服务的途径，因而更愿意采用合

---

① Johanson. J. Mattsson LG: Internationalization in industrial system: A network approach, The Internationalization of the Firm: A Reader, London Academic Press, 1988: 303–321.

资经营模式。市场适应性强的产品经营模式选择的空间较大，可采用贸易模式投资经营模式，反之则只能采用出口贸易的经营模式等。

(2) 企业特点因素

企业特点主要包括国际化发展企业的经营规模、国际化经验、企业资源以及企业经营战略。企业经营规模决定了国际化经营模式的控制程度，规模大的企业比中小企业更易提供国际化发展的资源，较多采用控制度高的独资经营模式。企业国际经验体现在其对外销售额占到总销售额的比重、经营业务中涉及国际市场的数量及对目标国家市场环境的了解等方面。一般而言，国际经营经验丰富的国家更乐于采用控制度高的独资经营模式，而初入国际市场的企业往往采用控制度低的出口贸易模式。企业资源是指影响企业经营能力、资金筹集、技术研发、营销技能等的相关因素。企业可控制资源越多，国际经营模式选择空间越大，反之则只能选择对资源需求较少的出口贸易模式或特许经营模式。企业经营战略主要是决定企业所选择的国际化经营模式是否符合其战略目标，企业所选择的国际经营模式不是一项短期行为，而是有利于实现其总体战略目标的途径。

第二节 甘肃省小微型企业国际化发展的现状与存在的问题

小微型企业是甘肃经济的重要支柱和提供新增就业岗位的主要渠道，是提高居民收入、推动城镇化建设的重要保证，也是加快发展第三产业、促进甘肃产业结构调整和转型的必然选择。虽然近年来甘肃省小微型企业在发展中呈现出蓬勃的生机，但不可忽视的是市场需求疲软、劳动力与原材料价格上涨，利润空间压缩等问题的存在，使得小微型企业的压力增大，更多的小微型企业把目光投向了国际市场，通过国际市场的开拓寻求新的发展方向和利润增长点。

一　甘肃省小微型企业国际化发展的必要性

1. 经济全球化以及国内经济环境的变化客观要求小微型企业国际化

进入 21 世纪以来，全球经济一体化发展在不断加快，世界各国、各地区的相互合作日趋频繁，经济全球化成为世界经济发展的主要趋势和重要特征。经济的不断发展，信息技术的广泛应用以及科技水平的不断提升，使得生产要素在世界范围内的流动更加方便快捷，各国企业在生产过程中充分地享受到资源在世界范围内配置所带来的高效。而评价一国核心竞争力往往要考虑该国所拥有的国际化经营企业的数量。因而，一个国家经济越发达，企业要得到长足、稳定的发展，势必要进入国际市场，参与国际间的竞争。甘肃作为我国的经济落后省份，要加速经济的发展，就应当顺应经济潮流，将企业尤其是小微型企业推向国际竞争的大舞台。同时，由于国内经济环境的不断改变而导致的企业国际化战略的相应变化，将占到企业数量比重较大的中小企业推到了国际化发展的前沿。中小企业作为我国对外开发的主力军，其国际化水平是对外开放的重要指标。甘肃省小微型企业作为我国中小企业的一支新兴力量，其国际化发展的水平将会在一定程度上影响着甘肃乃至全国经济的未来。

2. 甘肃省产业结构的调整要求小微型企业国际化经营

甘肃省长期以来以资源为主的产业结构生产的主要是中间产品，而随着经济的发展，市场对中间产品的需求减弱，对最终产品的需求增大，以最终产品作为拉动经济增长的力量。只有对甘肃产业结构进行调整，大力发展第三产业，才能摆脱单一传统、低级粗放的产业结构，确保甘肃经济的持续发展，而实施外向型经济必须增强国际竞争力，从而推动产业结构的全面升级。企业国际化发展就是实施外向型经济、促进产业结构调整的助推器。另外，由于经济发展和产业结构调整所导致的产品、技术和设备过剩，需要寻求新的销售市场，企业国际化经营可以将这些过剩产品推销到国外市场中去。

3. 国际化发展是甘肃省小微型企业由弱变强的重要途径

近年来，随着经济的稳步增长，甘肃小微型企业得到了一定的发展，但是仍然存在着经营规模小、发展不稳定、经营管理水平低等问题。一方面，开展国际化经营活动可以帮助小微型企业争取发展中的有利环境和良好机遇，有机会利用其他国家和地区的各类资源，学习国外的先进管理经验和科学技术，从而拥有某种资源和价值链上某个环节的相对优势，克服其先天不足，突破发展障碍。另一方面，从经营环境看，经济全球化的大背景导致各国的企业间展开激烈的竞争，这就为小微型企业的生存和发展带来了部分空间。同时由于这些企业经营成本低，接近市场，一旦在世界范围内寻得合适的生产区位，就会走向国际化发展的道路，实现企业长久稳定发展的目标。

4. 甘肃省经济外向度的提高要求小微型企业国际化发展

经济外向度又称外贸依存率，反映一个国家或地区的经济与国际经济联系的紧密程度。一个国家或地区的经济外向度高，说明这个国家或地区的经济与国际经济联系紧密，开放程度高，现已成为衡量地方经济发展水平的重要指标。甘肃省在经济发展水平、市场化程度、创新能力、可持续发展等重要领域，远低于东部各省份及中西部经济发达省份。现阶段，甘肃省在地方经济的发展过程中，加大了国外资本的引入力度，在对外贸易中也取得了不错的成绩，与多个国家和地区建立了良好的贸易合作关系。但是，其外向度仍然处于很低的水平。截至 2013 年年底，甘肃省对外贸易依存度依然低于全国平均水平 77.6%。甘肃省的经济外向度指标数据说明了甘肃省的外向经济开放性差，解决这一问题就是加快企业国际化发展，通过国际化发展促进本省经济发展，从而缩小地区间的差距，实现区域间协调发展。

二 甘肃省小微型企业国际化发展的现状

小微型企业是甘肃省数量最多、比例最高的产业群体，作为是甘肃省经济和社会协调健康发展的不可替代力量，其发展的进程与态势不仅是甘肃企业发展水平的集中体现，也是形成甘肃经济运行结果的重要因素。甘肃小微型企业虽然总体发展势头良好,然而由于甘肃省地理环境限制和经济发展滞后的影响,小微型企业国际化起步晚于国内经济发达省份和地区。近年来,随着经济全球化的日益加深和新西部大开发战略的实施,甘肃省中小微型企业的国际化发展成果显著。

1. 国际化发展起步较晚,但增速快

从甘肃省小微型企业的发展现状看,发展水平普遍不高,物质与技术基础比较薄弱,缺乏科技创新能力,这导致了现阶段甘肃省小微型企业的发展状况与国际化发展需求存在较大的差异。然而随着西部大开发战略和一带一路战略的实施,小微型企业国际化发展迎来了历史性的新机遇。同时,甘肃省政府把全方位扩大对外开放、大力发展开放型经济作为提升甘肃经济水平和支撑经济转型跨越的基本思路,大力开拓国际市场,不断提升外贸出口总量和水平。兰州海关按照国家、省政府的部署安排,先后研究制定了支持西部大开发的21条措施,促进外贸稳定增长18项具体措施,有力地支持和引导了小微型企业国际化的发展。[①] 据统计数据显示:2013年甘肃省对外贸易进出总值达到102.81亿美元,首次突破了100亿美元,比2012年同期增长15.5%(如图10-1所示),高出全国平均水平8个百分点(如图10-2所示)。其中:出口总值46.79亿美元,比2012年同期增长30.92%;进口总值56.02亿美元,比2012年同期增长5.19%。据兰州海关统计资料显示:2003—2013年这10年,甘肃省对外贸易总值从13亿美元增长到102.8亿美元,进出口总额翻了近三番,年均增速将近23%。有这些数据显示,甘肃省中小微型企业充分发挥产业优势,积极开拓国际市场,发展势头迅猛。

---

① 蒋凌:《2013年甘肃省进出口总值首次突破百亿大关》,《兰州日报》2014年1月22日。

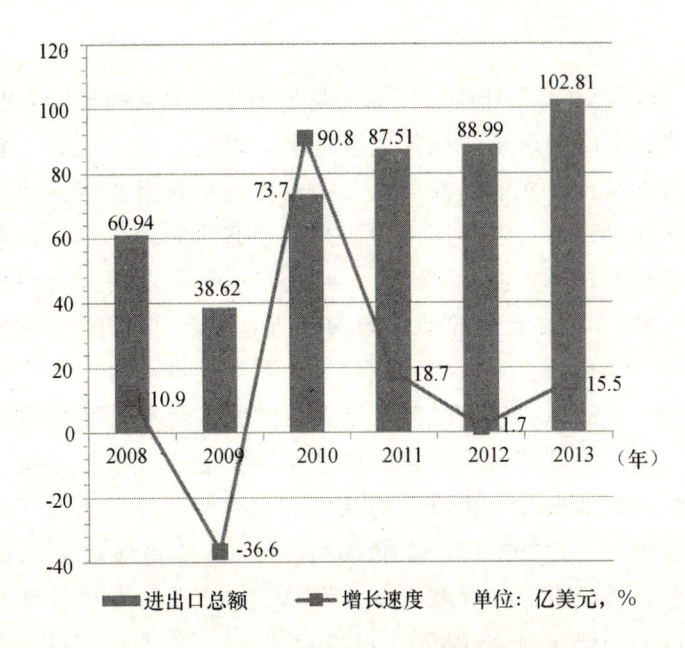

图 10-1　2008—2013 年甘肃省进出口贸易

资料来源：根据《甘肃省统计年鉴 2013》相关数据整理而得。

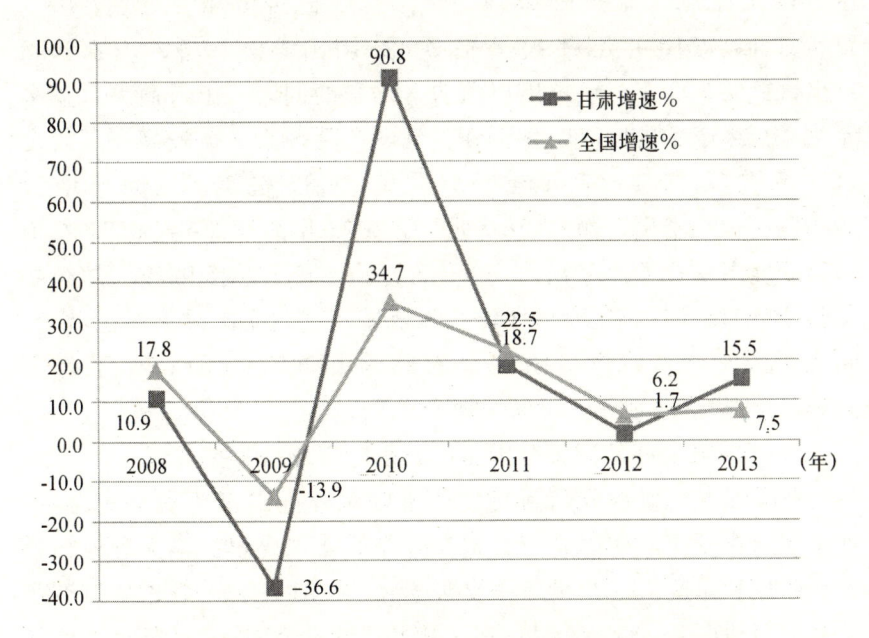

图 10-2　2008—2013 年甘肃省与全国进出口贸易增速

资料来源：根据《甘肃省统计年鉴 2013》相关数据整理而得。

2. 国际化发展行业仍以劳动密集型为主，但结构日趋合理

甘肃省小微型企业由于其规模较小，因此主要以提供一般货物贸易、劳务输出、农业及农产品为主，再加上甘肃经济发展比东部沿海地区较为缓慢，企业国际化只是处于起步阶段，达不到东部经济发达省份的雄厚实力，国际化发展只能选择资金投入较少的劳动密集型产业。再加上东部地区向西部地区进行的"阶梯型产业转移"中，中小微型企业所占比例较大，致使甘肃小微型企业国际化发展沿袭了东部地区过去的经营模式，以出口贸易为主的国际化经营模式。但令人可喜的是甘肃出口商品种类逐渐丰富，结构日趋合理。据统计数据显示：2013年甘肃省进出口商品种类达到3334种，种类不断增加，比2003年增加2084种，10年间增长了1.67倍。海关统计资料说明：在甘肃进口贸易中，矿产品一直在进口方面占主导地位，2013年矿产品进口43.3亿美元，同比增长35.9%，较2003年增长23.2倍，矿产品进口值占甘肃省进口贸易总值的比重由2003年的42.7%上升到77.3%，上升了34.6个百分点。出口贸易方面，2013年出口46.8亿美元，同比增长30.9%，是2003年出口额的5倍多。在进出口值快速增长的同时，出口商品日益多元化，初级产品出口值明显下降，机电产品等附加值较高产品的出口不断增多。2013年机电产品出口13.89亿美元，同比增长29.0%，占全省出口额的29.7%，比2003年的8.1%提高21.6个百分点；高新技术产品出口0.53亿美元，同比增长94%，纺织品及服装由10.2%提高到14.9%；贱金属及其制品出口4.6亿美元，同比下降11%；在出口份额中的比重由2003年的60%下降到9.8%；农产品占比由7.9%下降到6.7%。

3. 国际化发展的区位范围更广，国际市场得到拓展

甘肃省小微型企业国际化发展仍以对外进出口贸易方式为主，处于国际化发展的初级阶段，贸易合作伙伴主要包括澳大利亚、美国、印尼和印度。据兰州海关数据显示：2013年甘肃省进出口涉及的国家和地区为181个，与2003年的137个相比，10年间增加了44个，其中对66个国家和地区进出口总值超过1000万美元，国际

化发展区位范围更广，国际市场不断拓展。其中，澳大利亚作为国际重要矿产品输出国，多年来一直是甘肃省最大的进口贸易来源国，并且在进口数量和规模上都处于不断上升的态势。2013年自澳大利亚进口11亿美元，同比增长18.1%，是2003年自澳进口的10.8倍，占甘肃省进口总值的比重由2003年的7.2%上升至10.7%；自哈萨克斯坦进口7.5亿美元，同比增长3.5%，比2003年增长了33倍，占比由2003年的5.2%提高到13.3%。同期，外贸出口国家数量在不断增多，2013年甘肃省外贸出口国数量由2003年128个增加至178个。2013年出口前3位国家是美国、马来西亚和印度，出口额分别为4.8亿美元、4.6亿美元和2.8亿美元。省政府为了支持鼓励甘肃企业国际化发展，对企业以投资模式的经营业务给予一定的资金支持。① 据悉：2013年甘肃省财政厅、商务厅将对2012年度从事境外投资、对外承包工程和对外劳务合作等对外投资合作业务予以资金支持，合作资金对不超过项目中方投资额或合同额15%的前期费用给予支持。具体包括：对甘肃企业开展境外资源开发并将其所获权益产量以内的农业、林业、牧业、渔业和矿业等合作产品运回国内，对从境外起运地至国内口岸间的运保费，按企业实际支付费用的一定比例给予补助；对开展对外劳务人员适应性培训的企业，根据实际培训并派出人数，按每人500元给予补助等。从目前发展趋势看，甘肃省小微型企业国际化发展过程中，贸易经营模式仍将占主导地位，对外投资经营的数量和比重将会逐步增长。

4. 国际化发展企业相对集中，兰州、金昌、嘉峪关三市居龙头地位

兰州海关统计数据显示，甘肃省外贸进出口比较集中，兰州、金昌、嘉峪关、白银和天水五市进出口总和一直占甘肃省进出口总值的90%以上。2013年兰州市进出口总值为40.6亿美元，同比增长19.66%，占全省进出口总值的39.5%；金昌进出口总值为37.8

---

① 谈应霞：《甘肃省重金支持对外投资合作业务支持企业实施"走出去"战略》，《每日甘肃网－科技鑫报》，http://gansu.gansudaily.com.cn/system/2013/12/02/014788733.shtml。

亿美元,同比增长9.84%,占全省进出口总值的36.7%;嘉峪关进出口总值为8.3亿美元,同比下降2.81%,占全省进出口总值的8.1%;白银和天水分别进出口总值为7.8亿美元和3.7亿美元。上述五市2013年合计进出口98.2亿美元,占全省进出口总值的95.5%(如图10-3所示)。其中,兰州市国际化经营以出口贸易为主,出口商品主要是炉用碳电极、塑料制小雕塑品及其他装饰品等经济附加值低的小商品;金昌市则以进口贸易为主,进口总值在省内各地市中居于首位,作为矿产资源加工地,进口商品主要为铜矿砂、镍矿砂等矿产品。

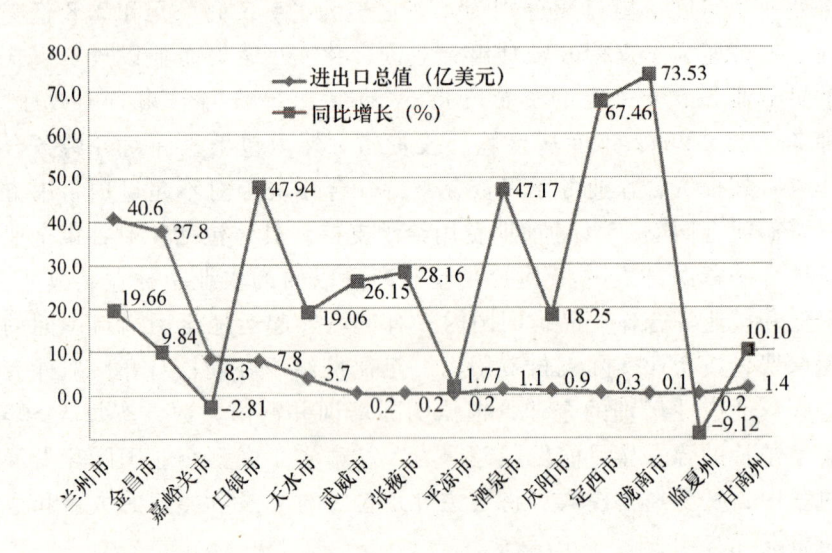

图10-3 甘肃省各地区2013年各地区进出口总值及增长率

资料来源:根据《甘肃省统计年鉴2013》相关数据整理而得。

三 甘肃省小微型企业国际化发展存在的问题

甘肃省小微型企业依托当地自然资源优势,形成了以矿产品、皮革、小工艺品等为主导产品的国际化经营行为。近年来甘肃省中小微型企业国际化的发展速度较快,取得了不小的进步,但不可忽视的是仍然存在发展规模小、出口基地少,国际竞争力弱的现实问题。

1. 甘肃省小微型企业国际化发展仍处于低级阶段

就目前来看,甘肃省小微型企业国际化经营模式基本是出口贸易模式,很少有企业采用授权经营或投资经营模式。而且,有的企业是特殊项目出口,有的是由于代理商或国外公司寻求货源而产生的偶发出口行为,出口订单极不稳定,是一种被动的国际化经营行为。没有明确的国际化经营目标及完整的国际化经营策略。只有很少的企业制定了国际化经营目标及战略,形成了初步的国际化经营理念,积极开展国际化经营活动,且其产品在国际市场上有一定的知名度及较稳定的客源,但企业经营整体缺乏竞争力。其具体表现在以下几方面。

(1) 出口产品附加值低,竞争优势弱

甘肃省小微型企业出口的产品技术含量不高,以资源密集型、劳动密集型为主。产品的研发创新不足,具有自主知识产权的高精尖产品很少。根据甘肃省 2013 年统计年鉴的数据(如表 10 - 1 所示),在 2013 年出口产品排名前 10 位的产品当中,小工艺品、服装、塑料装饰品等附加值低的初级产品和工业制成品比重占到了出口商品的 70% 以上(如图 10 - 4 所示)。由于产品的附加值低,国际市场议价能力弱,在国际市场上缺乏竞争优势。如果仅靠传统的劳动密集型和初级产品进入国际市场作为维持低价竞争的成长方式,已经不能适应国际经济发展的形势。另外,出口产品在国际市场上处于中低档次,产品技术主要来源于引进和模仿,拥有自主品牌的企业数量不多,已有品牌的企业,存在着品牌保护意识不足的问题,使得甘肃省小微型企业在国际市场上很难得到长足的发展。

表 10 - 1   2013 年甘肃省出口排名前十位商品   单位:万美元

序号	商品名称	简称	金额
1	炉用碳电极	碳电极	13504
2	塑料制小雕塑品及其他装饰品	塑料装饰品	10371
3	其他装软垫的金属框架的坐具	金属框架坐具	5358
4	野生动物皮革制面的其他鞋靴	鞋靴	3049
5	其他未搪瓷钢餐桌、厨房等家用器具及零件	家用器具	2866
6	9405 所列货品的玻璃制零件	玻璃制零件	8451

续表

序号	商品名称	简称	金额
7	棉制针织或钩编的女裤	女裤	5834
8	圣诞节用品	圣诞节用品	3892
9	塑料制人造花、叶、果实及其零件和制品	塑料花	1706
10	其他钢丝制品	钢铁丝制品	540

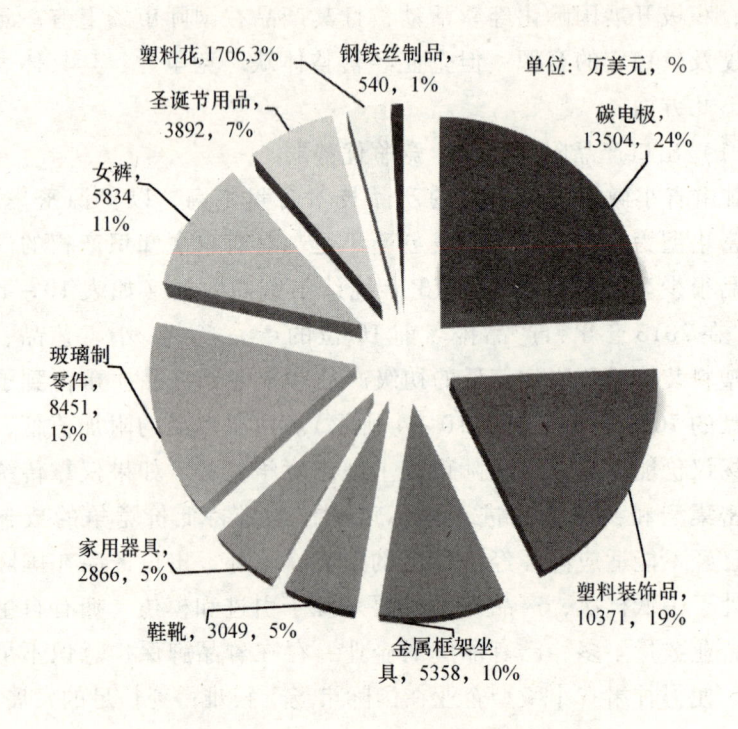

图 10-4 2013 年甘肃省出口商品结构图

资料来源：根据《甘肃省统计年鉴 2013》相关数据整理而得。

（2）大部分小微型企业国际化集中在出口贸易方式

虽然甘肃省小微型企业国际化发展迅速，增长率高，但是甘肃省小微型企业国际化程度要低于东部沿海地区，大部分小微型企业国际化采用了出口贸易经营模式，并以一般贸易为主。从 2013 年统计数据看到：甘肃一般贸易占整体出口额的比重达到 93.37%。只有很小一部分企业在国外进行了对外投资和对外承包工程，而且这些企业多为大中型企业，采取的是与目标国企业或第三国企业合资、合营的方式。甘肃小微型企业产业仍集中在初级工业产品制造和农产品的种植与初加工上。随着甘肃省小微型企业国际化发展道路的推进和政府的扶持与引导，小微型企业的国际化经营会逐步地升级。总体来说，甘肃省开展对外投资经营、承包经营的中小企业仍占少数。

（3）很多小微型企业国际化经营战略意图不明确，营销能力弱

小微型企业要进行国际化发展，必须按照国际化的经营理念制定明确的经营目标、调整经营战略，做好生产经营计划和人员组织安排来应对来自国际市场环境的冲击与压力，克服困难，利用企业拥有的各种资源及目标市场环境，制定恰当的营销策略应对可能的风险，积极应对国际市场激烈的竞争。而现实情况是，甘肃部分小微型企业国际化经营战略意识薄弱，没有明确的战略目标和配套的行动规划，国际市场竞争观念不强，导致这些企业在面对国际市场竞争时，容易迷失方向。有的企业在自身核心业务发展尚未巩固、成熟之前，盲目向其他业务扩张；有的企业还未完成原始积累阶段，持有资源不充分的情况下就急功近利，最终使企业陷入困境。

2. 企业市场定位不准确，市场与环境适应力弱

国际化经营企业在面对国际市场时，应确立经营目标，根据自己的定位，制定国际化经营战略，并结合不同市场区域环境、竞争对手制定不同的营销策略，提高自己的市场与环境适应能力。甘肃省小微型企业国际化经营一般定位于特定市场，采用集中市场进入策略，并不进入主流市场与主流产品竞争，经营运作维持在较低层面，产品出口主要方向是与我国类型相同的发展中国家。例如，临夏的地毯、牛羊肉出口集中在中东地区和东亚各国。一旦小微型企业国际化发展进入高级阶段时，面对多国市场与大型跨国企业竞争时，就会出现应对经验不足、风险预估不够等问题，无法适应国际大市场的激烈竞争。

3. 研发投入不足，创新能力差

企业间的竞争实际是科技水平与创新能力的竞争，尤其是面对国际市场，拥有高新技术和创新能力强的企业具有巨大的竞争优势

和可持续发展能力。目前甘肃小微型企业整体素质不高,技术创新能力低,而技术创新动力不足是导致创新能力低的直接原因。技术创新活动是一项长期的、耗费巨大、风险较高的战略活动,对研发活动的投入力度可以决定企业的科技实力和技术创新能力。甘肃省小微型企业经济实力弱,自身不具备科技实力或科技实力低,无法形成技术创新动力。① 据统计,截至 2013 年年底,甘肃科技型中小微型企业仅有 4000 家左右,仅占全省非公企业总数的 3.6%。同时这些企业在研发投入、承担项目、拥有有效专利数等方面都处于较低水平,且经济效益一般,物质与技术基础比较薄弱,创新能力缺乏,科技含量低,在预期内难以实现规模化的自主创新。由于企业从技术创新中获益的很少,反而要承担研发过程中可能带来的损失和风险,因而大多数中小企业没有对技术创新的强烈愿望,往往很少将技术创新经费用于技术开发。甘肃小微型企业主要将技术创新经费支出用于机器设备的购买,支出数额占总支出比重高,而用于购买技术的费用支出数额小,所占比重少。

在科技创新活动中,R&D(研究与实验发展经费)支出是衡量一个国家科技资金投入的主要指标。甘肃小微型企业 R&D 投入不足是其技术创新能力低的直接原因,严重影响了其科技创新的发展,产品缺乏技术支持。2013 年甘肃省 R&D 支出占生产总值的比重为 1.18%,较全国水平低 0.28 个百分点。从全球来看,我国的 R&D 经费支出在 GDP 中的比重仍明显低于世界发达国家水平。据有关资料显示:发达国家高新技术企业研究开发费用占年销售收入的 5%以上,一般企业应在 2%以上,而我国的中小企业每年研究与开发费用一般只有 1%的低水平投入。

4. 甘肃省小微型企业信息化建设落后,不能满足国际化发展的需要

在信息技术高度发达的今天,信息化水平是衡量一个企业整体实力的重要因素,企业通过利用、开发信息资源,能够改进企业经

---

① 范海瑞:《创新意识不强,甘肃省中小微型企业"做大"有些吃力》,《兰州日报》2014 年 3 月 25 日。

营方式，提高经营决策的效率和水平，也是企业国际化发展的重要手段。甘肃小微型企业信息化建设十分落后，具体问题体现在两个方面。

(1) 信息技术应用程度不高，信息获取的渠道少

目前，甘肃省不少小微型企业仍然在通过传统的信息来源，比如，报刊、电视广播、同行等来获得信息，部分企业不愿花费资金建设信息网络系统。尽管有些小微型企业具有接入互联网的能力，但是利用信息网络技术建立企业自己的网站，真正用于经营管理活动的不多；已有的中小企业网站主要用以发布信息，其次便是进行电子商务活动。在当前我国国际化经营咨询服务系统不健全的情况下，小微型企业信息化比率低，意味着小微型企业不易得到国际化经营所需的相关信息和知识。另一方面，部分小微型企业虽然对信息技术的硬件设备，如电脑投资不少，但是对于软件产品和网络技术投入很少。因而，小微型企业的信息建设无法真正达到整个生产销售及经营管理的层面，花费不少财力取得的硬件设备的效用无法体现，不仅没有为小微型企业国际化提供必要支持，反而成为影响其国际化发展的不利因素。

(2) 企业员工的信息技术水平低，专业信息技术人员缺乏

要想信息技术能充分地应用于企业的生产经营全过程，发挥其功效，客观上需要有专业的信息技术人员从事相关工作，更加需要有能将信息技术与经营管理活动完美结合的复合型人才。这对甘肃小微型企业而言，近期很难实现。现实情况是：甘肃省小微型企业配有专业信息技术人员少，实施技术信息化水平低，技术力量极为薄弱，已成为制约其信息化发展的瓶颈。同时，甘肃省小微型企业缺乏对员工在信息技术方面的培训和后续教育。

四 甘肃省小微型企业国际化发展面临的机遇与挑战

小微型企业作为甘肃省经济发展的生力军，不仅是经济快速健康发展的重要保证，而且是甘肃经济增长取得新优势的主要力量。近年来，在国家及省政府的扶持引导下，小微型企业发展迅猛，不仅数量迅速增加，经济实力也有所提升，在市场竞争中愈加活跃，

有越来越多的小微型企业认识到了国际化发展的主要作用。但是，小微型企业国际化发展是机遇与挑战并存，进入国际市场虽然能为企业发展提供良好的机遇和环境，但是也隐藏着各种风险。小微型企业要想通过国际化发展来提高自身，发展甘肃经济，就要有效把握机遇和做好应对挑战的准备。

1. 甘肃省小微型企业国际化发展所面临的机遇

（1）中央对构建开放型经济新体制的部署为甘肃省发展小微型企业国际化增强信心

对外开放35年来，从建立经济特区、开放沿海城市、建立沿海经济开发区，再到开放内地，我国开放范围逐步覆盖全国，并不断向纵深发展，形成了多层次、全方位的开放，建立了互利共赢的开放型经济体系。不仅提升了我国的综合国力、国际竞争力和影响力，而且为我国经济社会发展注入了新的动力，推动了社会主义市场经济体制的建立和完善，提供了企业发展和开展国际化的土壤。正是在这样的环境下，甘肃经济才能保持了持续30年的稳定增长，培育出了许多优秀企业。尤其是中小企业，呈现出蓬勃的生机，发展成为推动甘肃经济发展的重要力量。当前，国内外经济环境、世界经贸格局发生了巨大变化，为了解决开放型经济体制建设不平衡、内陆较沿海地区开发型经济体制相对滞后等问题，十八届三中全会提出了"构建开放型经济新体制"，并做出了重要部署。这意味着"开放红利期"将会延续，内陆地区对外开放的力度会不断加大。这样一来，政府从体制层面保障了对外开放，并在建设过程中做了大量的工作：2014年10月26日，新修订的《境外投资管理法》正式实施，标志着境外投资管理体制的改革，为企业减少阻碍、迅速有效地展开境外投资活动提供支持；同时，国家加快推进对外投资管理体制改革，放宽外商投资市场准入，不断创新利用外资的管理体制；另外国家进一步扩大内陆和延边开放，打造全方位的开放格局，通过各项举措明确了外向型的经济发展目标。在此环境下，甘肃省的开放程度势必加深，小微型企业将会迅速发展，赢得更多商机；而前期东部地区对外开放所积累的经验、人才，都将迅速转移到内陆，成为甘肃省小微型企业国际化的基础，为甘肃小微型企业国际化发展增添了信心与动力。

（2）世界经济逐步复苏，为甘肃企业走出国门创造了有利空间

当前，世界经济逐步复苏，各国纷纷加快了国际产业的重组和资源的优化配置，整体上国际投资呈现了回升的良好势头。很多国家政府为了刺激就业、恢复本国经济，非常欢迎中方企业到该国进行投资，与中国企业开展经贸合作；部分国家为了吸引国外资本纷纷调整本国政策法规，竞相推出招商引资的新举措；欧美发达国家和地区为了摆脱金融危机的影响，也展开了对国际产业资本的争夺。这些都为甘肃省小微型企业"走出去"创造了有利的外部空间。同时，伴随着世界经济的逐步复苏，长期看世界消费需求将会逐步进入高速增长的阶段，外部需求也会逐步回升。这样一来，不仅原有的传统市场份额继续给我国带来增长的机会与潜力，而且新兴市场进口需求的增长进一步为我国扩大出口贸易份额。这都将极大地改善甘肃省小微型企业国际化发展环境。另外，虽然目前各国经济逐步复苏，但部分传统的大型跨国公司竞争优势在 2008 年金融危机之后被削弱或丧失，为中小型跨国公司的发展提供了难得的机遇，甘肃省小微型企业应抓住机会发展国际化。

（3）"一带一路"战略的实施为甘肃省企业发展指明了方向

"一带一路"是我国对外开放战略的创新发展。"一带一路"沿线 60 多个国家有 40 多亿人口，约占世界人口的 63%，是一个巨大的潜在市场和发展空间；同时，"一带一路"建设将带动区域进出口贸易的增长和更广泛的区域合作，促进区域资源的合理配置。甘肃省地处西部内陆地区，既不靠海，也不延边，开发口岸少而物流费用高，极大地制约了甘肃小微型企业国际化的发展。而国家"一带一路"战略的部署与建设，加大对甘肃省黄金段的大力支持，为甘肃省全面深化改革、发展外向型经济、提高企业国际化发展进程带来了难得的机遇。通过建设"一带一路"，把它和区域开发开放结合起来，使得甘肃更加有力地融入该战略布局；在该战略布局下，甘肃省通过利用国家给予的各种支持政策，改善投资环境，积极开拓国际市场，不断开创甘肃对外开放和经济社会发展的新局面，为甘肃企业加快发展国际化指明了方向。

2. 甘肃省小微型企业国际化发展将要迎接的挑战

(1) 世界经济复苏步伐缓慢，外需整体偏弱

前已述及，世界经济已经开始缓慢复苏，但整体缺少能够带动经济强劲增长的亮点，外需整体偏弱。一方面，从短期来看，世界经济增长仍旧动力不足，新兴经济体增速下滑，世界贸易投资进展缓慢，世界经济复苏和压力同在。另一方面，受产能过剩和大宗商品熊市的影响，世界主要经济体主动或被动地进入一个出口通缩的年代。在这种低增速、通缩压力的形势下，国际产业转移将向更大、更广的范围内深入。这样的转型可能会酝酿着巨大的贸易机会，但也会加剧国际间的竞争，国家间的博弈更加激烈。因而，在这样的大形势下，甘肃外向型经济发展也是机遇与挑战并存。同时，我国虽然是贸易大国，却不是贸易强国，国际化发展的实力和核心竞争力都与发达国家间存在着较大差距，出口商品仍以劳动密集型为主，大量核心技术仍需进口，使得我国在对外贸易发展上面临很多挑战和风险。

(2) 受劳动力价格上涨、人民币升值等因素的影响，企业国际竞争力将有所下降

对外开放35年来，我国经济保持了年均9.9%的高速增长。但长期快速发展所导致的经济结构失衡问题进一步凸显，同时，一方面，盲目追求经济发展速度带来了诸如：资源枯竭、生态环境恶化等一系列问题，粗放型经济增长模式将难以为继。另一方面，随着我国"人口红利"的消逝，人口结构变化所导致的劳动力价格上涨、市场环境变化所导致的原材料成本上升，致使大量国际订单向越南、柬埔寨等东南亚小国转移，产业链整体转移的趋势已不可逆转。同时，对外开放以来我国贸易顺差持续扩大，再加上不断增长的巨额外汇储备，使得人民币自2005年实行浮动汇率后共升值约为20%。人民币升值必然需要提升我国出口产品的外币价格，进而削弱了我国产品的低价优势。以上种种问题给甘肃小微型企业的国际化发展带来了巨大的冲击，不仅使小微型企业面临的成本压力越来越大，而且还面临着企业升级转型、技术创新的挑战。

(3) 随着全球贸易保护主义的回潮，贸易摩擦将逐步加剧

在企业国际化发展中，必然会面临中外文化冲突、国际间利益矛盾增多的问题。尤其是近年来，为了解决气候危机、能源资源问题，绿色、低碳成为全球产业转型的方向，发达国家在这方面加大了研发投入力度，将其作为振兴经济的战略重心。同时，中国为了缩小与发达国家的差距，提出了七大战略新兴产业，并作为推动经济转型发展的落脚点。一方面，这些产业的发展需要企业更加关注绿色环保、技术革新提高经济附加值，另一方面，这些产业多数需要国家的扶持，将面临反补贴、反倾销摩擦的加剧。同时，一些具有国际竞争力的化工、光伏和纺织等国际化企业为了规避部分西方国家的"双反"措施，纷纷把企业迁往劳动力价格低廉、运输方便、又不在"双反"矛头范围内的越南、印度等东南亚国家。

第三节 甘肃小微型企业国际化发展的对策

无论从甘肃乃至国家宏观经发展需要的角度出发，还是从微观的角度出发，谋求甘肃小微型企业长久稳定的发展，都需要甘肃省小微型企业走国际化发展的道路，并不断进步。通过以上对甘肃省小微型企业国际化发展现状及存在问题的分析，可以清楚地了解到甘肃小微型企业国际化发展可以利用的优势、必须解决的问题和需要弥补的地方。结合甘肃省小微型企业发展的现实环境，可以从以下几方面促进其国际化发展。

一 加大政府扶持力度，建立健全政府扶持体系

小微型企业国际化发展过程中必不可免地会遇到发展的障碍和瓶颈，有的可以通过企业自身努力来解决克服，而有的先天劣势是无法靠自身努力来弥补的，这就需要政府从旁加以扶持、引导，达到促进甘肃小微型企业国际化发展的目的。甘肃省现有的中小微型企业政府扶持力度不够，扶持体系也不完善，为了给我省小微型企业国际化发展提供全面的服务和支持，需要加大政府扶持力度，建立健全相应的政策扶持体系。

1. 建立健全法律政策体系

2009年8月1日颁布了《甘肃促进中小企业发展条例》，提出了鼓励中小企业招商引资、扩大出口、到境外投资以及跨国经营，开展加工贸易、服务贸易、劳务合作等对外经济技术合作与交流。除此之外，法律政策应主要从以下几方面完善：首先，应当以《中华人民共和国中小企业促进法》《中华人民共和国对外贸易法》为基础和依据，加快制定《海外投资促进法》和《跨国经营法》，出台海外投资、对外劳务合作等行政法规。其次，对已有的一些法律如《海外贸易保险法》进行及时的补充和完善，保护中小微型企业的海外经营发展。另外，省政府及相关部门积极与有有关国家或地区进行洽谈，通过加强双边或多边经贸协商，签订经贸合作协定、劳务输出协定等，通过各种形式的国家协商，为小微型企业国际化发展创造良好的国际环境。

2. 完善金融服务体系

小微型企业国际化发展需要大量的资金，优化中小微型企业融资环境成为一项亟待解决的任务。政府应遵循市场规律，加强金融机构服务创新，拓宽融资渠道以优化小微型企业的融资条件。具体可以通过下列措施完善金融服务体系：建立完善中小微型企业信用体系建设，减少贷款银行与企业信息不对称问题；推动我国金融机构海外网点建设，为小微型企业国际化发展提供融资服务；继续推动完善"银政投"模式，满足小微型企业不同行业、不同发展阶段对资金的需求；引导省内高成长、高科技小微型企业通过挂牌上市的方式，尤其是在上海这样的国家政策支持的地方上市，可以提升企业形象，打响知名度，让更多的投资人信任并且迅速融资，加速国际化发展。另外，政府还应鼓励保险公司开展出口信用保险及境外投资保险，为小微型企业国际化提供投资、运营方面的保险服务，提升企业国际化信心和信用等级。

3. 加强财税扶持力度

发达国家主要是通过税收减免、资金奖励、优先采购等措施构筑财税扶持体系鼓励企业国际化发展。我国在借鉴他国经验的基础上，可以采用财政担保、建立财政信用等级、提供出口信贷担保等方式，加大对小微型企业融资的力度。另外，对国际化发展的小微型企业通过提高增值税、营业税起征点，降低所得税率或实行税收减免等方式来减轻其税收负担。还可以安排专项资金用于支持小微型企业国际化发展，清理取消和减免部分企业收费，降低小微型企业对外贸易的交易成本，为小微型企业国际化发展提供高效、便捷的服务和支持。

4. 推动小微型企业信息化建设

合理开发利用信息资源是实现企业国际化发展的重要手段。目前，甘肃小微型企业信息意识不强，缺乏全面的信息交流平台，政府信息服务实用性不高。政府应充分发挥政策引导作用，通过两方面入手向小微型企业提供信息技术支持。一方面，积极建设中小微型企业信息服务平台，为中小微型企业普遍设立网络门户，提高小微型企业互联网应用普及率，在生产、管理、销售活动推广信息技术的应用。另一方面，政府通过宣传引导，提高企业家的信息意识，针对小微型企业开展信息化培训，组织 IT 企业为小微型企业量身打造信息化管理、技术、产品和解决方案，建设信息系统和电子商务系统，并投入使用，积极稳妥地推进甘肃省小微型企业信息服务体系建设。

总而言之，政府在小微型企业发展过程中是一个不可或缺的重要角色，既是小微型企业国际化发展的领路人、管理者，通过制定各项政策建立健全扶持体系，为小微型企业提供良好的市场、经济、政策环境，支持其国际化的发展道路；同时又是小微型企业国际化发展的服务者，要发挥市场的主导地位，为小微型企业的国际化发展提供各项基础服务。

二 提高自主创新能力，完善创新机制

企业国际化靠的是核心竞争力，如果企业不具备自主创新的能力，势必不能做大做强，无法进入竞争激烈的国际市场。腾讯、阿里巴巴等现今赫赫有名的企业巨头，追溯其发展历程会发现，他们都是由一家小微型企业在重大技术变革的浪潮中一步步通过技术创新而发展起来的。当前，国内外经济环境变化所带来的影响，一定程度上阻碍了我国小微型企业的国际化发展。从国内看：由于人口

结构变化所导致的劳动力价格上涨、市场环境变化所导致的原材料成本上升，形成了小微型企业利润水平的"长期积压效应"；从国外看，金融危机爆发后，发达国家为了刺激经济复苏，掀起了一场"再工业化"的潮流，为了提高本国中小企业的竞争力，很多发达国家利用专利、专有技术以及技术标准等无形资产加强对高新技术的控制和市场垄断，从而削弱了我国小微型企业的国际市场竞争力。在这样严峻的环境下，要想顺利开展国际化经营活动，就必然要求企业提高自主创新能力，开展产业创新、技术工艺创新，提高产品的技术含量。甘肃省处在这样的大环境中，要发展小微型企业国际化、提升国际经营程度都离不开建立健全创新机制，开展自主创新活动。

要建立和完善小微型企业的创新机制，提高自我创新能力，增强核心竞争力，可以从以下几方面入手：首先，应当增强创新意识，把创新看作企业的生命力。小微型企业可以通过对各部门主管进行以创新发展为主题的培训，让他们理解创新的理论和实践经验，明白创新对于小微型企业国际化发展的重要意义。其次，培养将已有知识应用于经营管理的意识和能力。一方面，要定期对企业员工进行科学生产、先进技术、工作效率等方面的教育培训，另一方面，要大力引进那些善经营、懂业务、熟外语的高精尖国际化经营人才。再次，加强产学研结合、加快科技成果转化。小微型企业受资金限制，无法独立开展技术研发活动，可以通过政府扶持与引导，积极与科研院所进行技术研发合作，形成与科研院所技术合作研发的联动机制，为小微型企业的创新活动提供智力支持。最后，小微型企业通过政府扶持积极引进国外先进技术和设备，降低生产成本，提高生产效率；并且在引进国外先进技术的基础上，加强消化吸收再创新，充分利用世界科技存量，经过消化吸收后，转化成具有自主知识产权的核心技术，形成后发优势，加快发展。同时，还应继续实施"走出去"战略，大力加强与国外的经济技术合作，增强企业的技术和市场开发能力。

三 重视品牌建设，利用品牌优势发展国际化

甘肃省小微型企业出口的产品主要是一些科技含量少，经济附

加值低的初级产品,而其国际化经营的目标市场一般是与我国经济发展水平相当的发展中国家,不进入主流市场与主流产品竞争。然而这种选择下的市场需求弹性较大,一旦经济环境发生变化,这些消费者最不稳定。同时,随着人民币升值所导致的我省出口产品的低价优势被削弱,失去原有的市场份额,在国际市场竞争中处于不利地位。结合当前经济形势,小微型企业应当尽早转变原有的国际化经营目标市场定位,积极开展自主创新活动,提高产品质量及技术含量,并打造自主品牌,利用品牌优势发展国际化。首先,企业应当培养品牌意识,清醒地认识到品牌对国际化发展的重要意义。没有自主品牌,企业的国际化发展就只能徘徊在低层次、竞争优势小的初级阶段。其次,品牌是企业国际化发展的重要资源,是顾客对企业信心的表现。因而,企业在明确经营目标,尤其是国际化经营战略后,就需要企业注重品牌资产的积累,如:提高产品质量、加快产品创新、保持良好企业信誉等内容,只有打响了企业品牌,才能真正立足于国际市场。最后,小微型企业应当通过对市场的认真观察分析,积极调研,准确、合理确定企业品牌定位,通过品牌拉升企业形象,增加品牌价值。通过品牌发展战略加强自主品牌的建设,发挥品牌效应,增强市场竞争力,将低价优势升级为质量、品牌的竞争优势,增强小微型企业的核心竞争力和出口创汇能力。

四 发展企业集群,提高国际竞争力

企业在国际化发展过程中不仅要承受来自于国外市场的竞争压力,还会受到国内竞争者的挑战。鉴于目前甘肃小微型企业实际情况,企业集群战略是符合网络模型发展国际化的一条路径。甘肃小微型企业通过集群化发展,产生集群效应,在商品营销、技术更新、信息共享及培训等方面通过分工协作充分发挥规模经济的效益;同时,通过集群式发展可以提高原料、技术、资本及劳动力的利用效率,从而降低企业国际化经营成本,提高其国际竞争力,吸引跨国企业直接投资。另外,小微型企业通过集群化发展,集群内个体间彼此信任,相互协作,互助互惠,容易产生社会资本效应,更易获得国际化发展所应具有的资源;集群化发展过程中,小微型企业间形成紧密联系的利益共同体，可作为整体进入全球价值链，获取更多的市场信息和发展机会，促进其国际化发展。在小微型企业实行集群化发展战略实施过程中，一方面，应当认真分析比对和调研论证，寻找本省的特色优势产业，利用本省相对突出的区位优势发展集群化。企业集群是产业链上的专业化分工，并不是简单的地理位置的聚集，防止大规模的产业同构、重复建设而导致的产能过剩。另一方面，在发展企业集群过程中，可以设立不同的集群层次，既可以是全面集群，也可以是部分环节集群；可以品牌共享，也可以信息共享。最后，小微型企业应加强与大型国际化企业的合作交流，形成友好伙伴关系，当大型国际化企业境外投资经营时，可为小微型企业带来国际化发展的机会。

五 紧抓"一带一路"机遇，促进小微型企业国际化

在中共中央关于"一带一路"的战略部署下，建设"新丝绸之路经济带"甘肃黄金段，扩大向西开放，是实施新一轮扩大开放、构建开放型经济新体制的重要举措，也是甘肃省小微型企业国际化发展的重要契机。长期以来，甘肃省由于受地域限制和经济发展滞后等因素制约，出口产品总量小、结构单一，以资源型产品为主，受国际市场的影响波动大。为了促进小微型企业国际化的稳步发展，甘肃省委、省政府明确提出把全方位扩大对外开放、大力发展开放型经济作为提升甘肃经济素质和支撑转型跨越的基本取向，把企业国际化发展的主攻方向放在加大培育外贸型企业和出口型产品方面，紧紧依托本地自然资源，面向国际市场，不断开拓、积极发展外向型经济，不断提升外贸出口总量和水平。结合历史机遇，促进甘肃省小微型企业国际化发展，建设全方位、多层次、宽领域的开放合作新格局。具体通过以下措施。

1. 以点带面，打造向西开放平台

自2013年以来，甘肃省政府在对白俄罗斯、伊朗和新疆考核的基础上，分别设立了3个商务代表处，推进双方交流合作。通过双方接洽，已成功在哈萨克斯坦、伊朗和白俄罗斯举办了中国商品展示会以及出口项目推介，推动甘肃与接洽国家合作，培育和扶持了

一批面向中西亚及中东欧市场的生产基地和加工贸易基地，打造向西开放的增长极，促进甘肃经济跨越式发展，为小微型企业国际化发展提供了良好的市场环境。

2. 培育具有国际市场竞争力的市场主体，促进甘肃企业国际化经营模式的转型升级

在"一带一路"的战略部署下，甘肃省政府建设了一批具有地区优势特色的外贸转型示范基地，建成一批综合保税区、保税物流中心、保税工厂（保税仓库）等海关特殊监管区，进一步优化外贸结构，积极推动建设外贸转型升级示范基地、科技兴贸创新基地、民族特需用品产业基地建设；逐步形成与中西亚、中东欧市场深度融合的区域经济。

3. 推进国际物流通道建设，提高资源流通效率

物流通道是发展企业国际化的重要基础。甘肃地处内陆，已有的物流通道难以满足甘肃发展外向型经济的需要，借此机遇，省政府积极将兰州机场建成国际航空口岸，开辟兰州直飞中西亚、中东和欧洲等地区重要城市的国际航线。同时开通兰州到乌鲁木齐的高铁，大大缩短了运行的时间；并以兰州为中心，开通兰州国际物流专线，构建横贯甘肃东西的新亚欧大陆桥物流国际大通道。通过国际物流通道的建设，降低了运输成本，提高了资源流通的效率，为中小企业国际化发展带来竞争优势。

4. 探索创建自由贸易示范区申报，构建国际化营商环境

依托设立在兰州的国家重点实验室、工程技术研究中心等科技创新平台，加快培育形成市场导向、企业主体、金融配套、政府服务的科技成果转化体系。同时，依托甘肃华夏文明传承创新区、敦煌世界文化遗产地的旅游文化资源，服务贸易为甘肃进出口贸易发展提供了潜在能量，联合两者，逐渐形成以兰州新区为平台的产学研一体技术贸易市场，促成以服务贸易为主导的旅游购物市场的设立。为了更好发挥这两地的作用，带动区域经济发展，按照国家加快自由贸易区建设的政策支持，探索欠发达地区创建自由贸易示范区的申报。

参考文献

[1] 保成芳：《甘肃中小企业面临的管理困境与对策》，《农村经济与科技》2010年第10期。

[2] 巴曙松：《小微型企业融资发展报告中国现状及亚洲实践》，2013博鳌亚洲论坛会。

[3] [日] 长岛总一郎：《市场缝隙战略》，长春出版社1990年版。

[4] 陈金波：《论微型企业的优势及其发展意义》，《徐州工程学院学报》（社会科学版）2008年第5期。

[5] 陈剑林：《微型企业生存与发展研究》，博士学位论文，北京大学，2012年。

[6] 蔡丽华：《发达国家促进自主创新的经验与启示》，《科技广场》2007年第10期。

[7] 蔡翔、宋瑞敏、蒋志兵：《微型企业的内涵及其理论基础》，《当代财经》2005年第12期。

[8] 陈勇江：《长三角地区小型及微型企业的创新缺陷与创新提升》，《中国发展》2010年第5期。

[9] 丁文菌、张志星：《小微型企业利用融资租赁解决融资难的问题分析与对策》，《安徽化工》2012年第12期。

[10] 伏润之：《甘肃：多方发力激发非公企业深层活力》，《甘肃日报》2014年10月28日。

[11] 伏润之：《甘肃出台措施助推小微企业健康发展》，《甘肃日报》2014年8月26日。

[12] 伏润之：《甘肃加大对中小微企业科技创新扶持力度——近

250家科技型企业技术创新项目得到支持》,《甘肃日报》2014年10月3日。

[13] 方勇：《分工演进与贸易投资一体化》，社会科学文献出版社2011年版。

[14] 郭婧：《山西民营企业国际化问题研究》，硕士学位论文，中北大学，2013年。

[15] 国家工商总局全国小型微型企业发展报告课题组：《全国小型微型企业发展情况报告（摘要）》，《中国工商报》2014年3月31日。

[16] 高士勇：《小微型企业的融资难困境与发展》，《内蒙古科技与经济》2012年第3期。

[17] 古小东：《我国中小企业自主创新的困境和出路》，《广东技术师范学院学报》（社会科学版）2012年第1期。

[18] 郝福锦：《自主创新的微观主体及其路径选择》，《辽宁经济职业技术学院—辽宁经济管理干部学院学报》2010年第6期。

[19] 何建华：《破解西部欠发达地区小微型企业融资难题——以甘肃省为例》，《农村金融研究》2012年第11期。

[20] 何健聪：《小微企业融资问题实证分析》，《辽宁经济》2011年第9期。

[21] 胡占祥：《当代中国民营经济发展及相关政策研究》，硕士学位论文，天津大学，2005年。

[22] 景刚、狄慧敏、姜国刚：《碳减排背景下中小微民营企业自主创新机制研究》，《技术与创新管理》2013年第4期。

[23] 科技智囊专题研究小组：《帮助小微型企业突破困境转型升级》，《科技智囊》2012年第5期。

[24] 刘翠：《台湾中小企业快速发展动力机制的探讨》，硕士学位论文，武汉理工大学，2004年。

[25] 林汉川、魏中奇：《中小企业的界定与评价》，《中国工业经济》2000年第7期。

[26] 郎俊伟：《西部大开发应重视中小企业的发展》，《经济师》2000年第8期。

[27] 李明娟：《兰州132户小微型企业有融资需求》，《甘肃经济日报》2012年3月2日。
[28] 李建伟：《中国企业立法体系改革：历史、反思与重构》，法律出版社2012年版。
[29] 李丽萍：《民营小微型企业成长战略探析》，《中国经贸导刊》2013年第8期。
[30] 梁敏希：《中小微型企业的生存困境与对策》，《佛山科学技术学院学报》（社会科学版）2012年第5期。
[31] 刘瑞复：《企业法学通论》，北京大学出版社2005年版。
[32] 吕霞：《甘肃出台意见缓解企业融资成本高问题》，《甘肃经济日报》2014年11月7日。
[33] 吕霞：《我省2013年度民企"三个50强"榜单出炉》，《甘肃经济日报》2015年1月12日。
[34] 吕素昌：《全球经济乏力下的我国小微型企业的困境与发展》，《科技创业》2013年第3期。
[35] 李日新：《资源整合视角下的小微型企业融资创新研究》，《当代经济管理》2012年第8期。
[36] 李友志：《自主创新是实体经济增长的原动力——六十评发展实体经济》，《中国企业报》2012年3月27日。
[37] 刘伟东：《中小企业现代经营》，东北财经大学出版社2002年版。
[38] 卢振：《安徽省中小企业国际化经营的问题及对策研究》，安徽财经大学硕士学位论文，2014年。
[39] [美] 迈克尔·波特：《国家竞争优势》，华夏出版社2002年版。
[40] 马建民：《浅析甘肃中小企业发展的突破口》，《甘肃科技》2009年第10期。
[41] 马文娟：《甘肃中小企业发展的扶持政策研究》，陕西师范大学硕士学位论文，2014年。
[42] 牛新建：《甘肃出台普惠金融发展五年规划》，《中国县域经济报》2014年11月17日。

［43］欧江波：《促进我国中小企业发展政策研究》，中山大学出版社 2002 年版。

［44］［美］彼得·德鲁克：《管理的实践》，机械工业出版社 2009 年版。

［45］曲丽秋：《浅谈小微型企业政策性保护措施》，《中小企业管理与科技》2012 年第 13 期。

［46］阮烨：《中小企业国际化成长模式及对策研究——以浙江省为例》，硕士学位论文，湖南科技大学，2013 年。

［47］［美］斯蒂格勒：《产业组织和政府管制》，上海三联书店 1989 年版，第 102 页。

［48］锁倩：《中小企业的国际发展比较》，中国社会科学出版社 2001 年版。

［49］索永平：《破解县域小微型企业融资难的建议》，《甘肃金融》2012 年第 2 期。

［50］施一公、饶毅：《中国的科研文化》，《科学时报》2010 年 9 月 3 日。

［51］汤敏：《缓解微小企业贷款难的温柔一招》，《金融经济》（市场版）2009 年第 1 期。

［52］唐靖妮、黄朝晓、商琦：《扶持微型企业创业的税收政策：不足及改进》，《广西经济管理干部学院学报》2010 年第 2 期。

［53］唐友伟：《供应链金融：小微企业成长"助推器"》，《中国农村金融》2011 年第 19 期。

［54］王良洪：《国外微型企业及其作用》，《经济管理》2006 年第 1 期。

［55］王衡：《甘肃中小企业融资难导致民间借贷升温》，《经济参考报》2011 年 9 月 9 日。

［56］王国才：《"先行先试：破解小微企业融资难题"》，《金融管理与研究》2010 年第 7 期。

［57］温敏、韩双江：《化解中小企业融资瓶颈：重庆招数》，《东方企业文化》2011 年第 6 期。

［58］王景峰、王佳锐：《我国微型企业存在问题与对策研究综

述》,《未来与发展》2011年第9期。

[59] 王佳宁、罗重谱:《中国小型微型企业发展的政策选择与总体趋势》,《改革》2012年第2期。

[60] 伍万云:《民营企业自主创新之路的困境与对策》,《理论建设》2008年第5期。

[61] 王兮:《我国小微型企业融资难的问题及建议》,《科技信息》2013年第33期。

[62] 王晓明:《工信部:重点扶持小型企业和微型企业》,《光彩》2010年第2期。

[63] 魏卓明:《试论甘肃中小企业国际竞争力的提升》,《农业科技与信息》2008年第10期。

[64] [美]约瑟夫·阿洛伊斯·熊彼特:《经济发展理论》,北京出版社2008年版。

[65] 谢发平:《当代西方国家政府对中小企业发展的支持及其启示》,《经济评论》2000年第9期。

[66] 许飞:《小微型企业的国际化战略研究——基于A企业的案例研究》,硕士学位论文,首都经贸大学,2014年。

[67] 《小企业亚太论坛第四届国际研讨会文集》,《21世纪亚太国家小企业发展与支持系统研究》,暨南大学出版社2000年版。

[68] 徐凌云:《微型企业创业与和谐社会的建立》,《经济问题》2005年第12期。

[69] 于磊:《浅谈我国小微型企业融资难原因与对策》,《科技资讯》2013年10月2日。

[70] 杨柳岗、陈降明:《甘肃定向扶持小微企业》,《中国工商报》2014年9月2日。

[71] 杨林娟、柴洪:《甘肃省村镇银行调查分析——以西峰瑞信村镇银行为例》,《陕西农业科技》2012年第2期。

[72] 阎述乾、王晶晶:《甘肃省中小企业发展战略研究》,《开发研究》2010年第4期。

[73] 杨世智:《甘肃健全担保网络体系实现融资性担保机构全覆盖》,《西部商报》2012年4月7日。

[74] 郑春荣：《中小企业：德国社会市场经济的支柱》，上海财经大学出版社2003年版。

[75] 赵磊：《陕西—甘肃—新疆在"一带一路"战略中的比较优势与建议》，《西部大开发》2015年第3期。

[76] 张贡生、庞智强：《"丝绸之路经济带"国内段建设战略意义及功能定位》，《经济问题》2015年第4期。

[77] 钟红涛：《小微型企业融资难破解之道》，《业务创新》2012年第2期。

[78] 植清：《对解决小微型企业融资难问题的思考》，《时代金融》2012年第6期。

[79] 周继新：《探究小微型企业融资难原因及应对策略》，《金融天地》2012年第6期。

[80] 张帅：《西部地区中小企业国际化：现状与推进》，硕士学位论文，贵州财经大学，2012年。

[81] 郑之杰、吴振国、刘学信：《中小企业业法研究》，法律出版社2002年版。

[82] 郑以：《"一带一路"带动民企成甘肃外贸主力》，《中华工商时报》2015年5月11日。

[83] Aaker, D. A. and Keller, K. L., Consumer Evaluations of Brand Extensions, *Journal of Marketing*, 1990.

[84] Bell Michael G. H. Bell, *Transportation Network Analysis*, New York: John Wiley & Sons, 1997.

[85] David J. Teece, Gary Pisano and Amy Shuen, Dynamic Capabilities and Strategic Management, *Strategic Management Journal*, Vol.18 (7). 1997.

[86] John A. Cantwell, Paz Estrella Tolentino, Technological Accumulation and Third World Multinationals Discussion Paper, *International Investmentant and Business Studies*, 1990 (139).

[87] Johanson. J. Mattsson LG, *Internationalization in Industrial System: A Network Approach*, The Internationalization of the Firm: A Reader, London Academic Press, 1988: 303 – 321.

[88] Michael E. Porter, Location, Competition, and Economic Development: Local Clusters in a Global Economy, *Economic Development Quarterly*, 2000 (14).

[89] Rosenkopf, L., Nerkar, A. Beyond Local Search: Boundary-spanning, Exploration and Impact in the Optical Disc Industry, *Strategic Management Journal*, 2001 (20).